教育部教育学类专业教学指导委员会推荐教材

教育部教育学类专业教学指导委员会推荐教材

主任委员

谢维和　清华大学

副主任委员

张斌贤	北京师范大学	柳海民	东北师范大学
张民选	上海师范大学	戚万学	山东师范大学
陈时见	西南大学	司晓宏	陕西师范大学

秘 书 长

李曼丽　清华大学

委　员

胡　娟	中国人民大学	石　鸥	首都师范大学
刘全礼	北京联合大学	闫广芬	南开大学
杨宝忠	天津师范大学	郭　健	河北大学
董新良	山西师范大学	刘文霞	内蒙古师范大学
张宝歌	牡丹江师范学院	范国睿	华东师范大学
汪　霞	南京大学	田良臣	江南大学
顾建军	南京师范大学	徐小洲	浙江大学
秦金亮	浙江师范大学	朱家存	安徽师范大学
余文森	福建师范大学	何齐宗	江西师范大学
李　喆	聊城大学	刘志军	河南大学
黄明东	武汉大学	涂艳国	华中师范大学
靖国平	湖北大学	黄甫全	华南师范大学
孙杰远	广西师范大学	张学敏	西南大学
陈久奎	重庆师范大学	巴登尼玛	四川师范大学
董云川	云南大学	刘　凯	西藏民族学院
胡卫平	陕西师范大学	孟凡丽	新疆大学

大学生创业思维与实践

李 越　石邦宏　编著
马世洪　赵 薇

北京大学出版社
PEKING UNIVERSITY PRESS

图书在版编目(CIP)数据

大学生创业思维与实践/李越等编著. —北京: 北京大学出版社, 2019.10
ISBN 978-7-301-30776-2

Ⅰ.①大… Ⅱ.①李… Ⅲ.①大学生-创业-研究 Ⅳ.①G647.38

中国版本图书馆CIP数据核字(2019)第202069号

书　　名	大学生创业思维与实践 DAXUESHENG CHUANGYE SIWEI YU SHIJIAN
著作责任者	李　越　石邦宏　马世洪　赵　薇　编著
责任编辑	刘清愔　周志刚
标准书号	ISBN 978-7-301-30776-2
出版发行	北京大学出版社
地　　址	北京市海淀区成府路205号　100871
网　　址	http://www.pup.cn　新浪微博：@北京大学出版社
微信公众号	科学与艺术之声（微信号：sartspku）
电子信箱	zyl@pup.pku.edu.cn
电　　话	邮购部 010-62752015　发行部 010-62750672　编辑部 010-62750539
印刷者	三河市北燕印装有限公司
经销者	新华书店
	787毫米×1092毫米　16开本　15.25印张　260千字 2019年10月第1版　2019年11月第1次印刷
定　　价	48.00元

未经许可，不得以任何方式复制或抄袭本书之部分或全部内容。
版权所有，侵权必究
举报电话：010-62752024　电子信箱：fd@pup.pku.edu.cn
图书如有印装质量问题，请与出版部联系，电话：010-62756370

目 录

第一章 创业概述 1
  第一节 创业的内涵与要素 2
  第二节 创业的过程与机会 9
  第三节 创业的发展趋势 24

第二章 创业政策与服务 33
  第一节 大学生创业的政策框架 34
  第二节 大学生创业服务模式 41
  第三节 知识经济下的创业环境 51

第三章 创业素养 57
  第一节 创业素养的内涵 58
  第二节 创业素养与创业实践 66
  第三节 创业素养发展途径 76

第四章 创业决策模式 87
  第一节 创业决策的内涵 88
  第二节 创业决策的影响因素 96
  第三节 创业决策模式 107

第五章 创业模式 115
  第一节 自主创业模式 116
  第二节 公司内创业模式 123
  第三节 人力资本出资创业模式 138

第六章　创业资源与融资选择 ... 143
- 第一节　创业资源 ... 144
- 第二节　创业融资 ... 151
- 第三节　创业融资谈判 ... 160

第七章　创业企业管理 ... 169
- 第一节　创业企业生存管理 ... 170
- 第二节　创业企业成长期管理 ... 179
- 第三节　创业企业财务管理 ... 191

第八章　创业风险控制 ... 205
- 第一节　创业风险的内涵 ... 206
- 第二节　创业风险识别 ... 213
- 第三节　创业风险应对策略 ... 224

参考文献 ... 230

第一章 创业概述

当代大学生身处加速变化的社会，传统的就业观念已经发生根本转变。来源于创业意识以及创业思维发展的创业行动，已经成为大学生高质量就业的新标志。

第一节 创业的内涵与要素

创业（Entrepreneurship）由创业者（Entrepreneur）一词派生而来。法国经济学家理查德·坎蒂隆于1755年在其著作《商业性质概论》中首次提出创业者的概念。《牛津英语词典》（2010年版）中对创业者有明确定义，即在承担风险的情况下开启或运行一定业务来获取经济利益的人。《柯林斯英语大辞典》（2018年版）中，创业更是被解释为成为创业者的一种状态或与成为创业者相关的各种活动。

一、创业与创业思维

创业是一个跨越多个学科领域的复杂现象，经济学、管理学等不同学科都从各自独特的研究视角对其进行观察和研究，因而创业的概念具有多样的内涵。

创业学家杰弗里·蒂蒙斯（2005）认为，创业是一种思考、推理和行为方式，它为机会所驱动，在方法上需要全盘考虑，并且创业者应拥有和谐的领导能力。创业必须要贡献出时间，付出努力，承担相应财务的、精神的和社会的风险，并获得金钱的回报、个人的满足和独立自主性。

基于经济学视角，约瑟夫·熊彼特（1990）赋予创业者以"创新者"形象，认为创业者的职能就是实现生产要素新组合。创业是实现创新的过程，而创新是创业的本质和手段。熊彼特强调创业者的职能"主要不在于发明某种东西或创造供企业利用的条件，而是在于有办法促使人们去完成这些事情"。他认为经济体系发展的根源在于创业活动，创业是经济过程本身的主要推动力。

基于管理学视角，德鲁克认为创业是一种行为而不是个人的性格特征，创业是一种可以组织并且需要组织的系统性工作，甚至可以成为日常管理工作的一部分。

哈佛大学商学院将创业精神定义为一个人不以当前有限的资源为基础而追求商机的精神。创业精神体现在一种突破资源限制，通过创新来创造机会、创造资源的行为之中，而不是简单地体现在创建新企业或体现在创新上。创业精神可概括为没有资源创造资源、没有条件创造条件，以及用有限资源去创造更多资源。

随着信息技术的飞速发展和经济全球化程度的日益加深，创业已经成为新时代的关键词。创业不仅是一种精神、一种意识、一种素质，而且是一种思维方式。加速变化的职业市场，要求大学生转变职业发展观念，变被动就业为主动就业，以创业的方式思考和规划自己的职业发展道路。换言之，在加速变化的社会中，即使想获得一份稳定的职业（如教师），也要以创新的方式去经营，否则"稳定"就会在未来某一个时间点上落空。从这个意义上说，创业是个可以全面替代就业的、富有时代感的新概念，创业思维适用于具有不同职业期待的大学生。

综上所述，大学生创业是指大学生基于自身人力资本，整合各种要素资源，创造新价值的行动与过程。创业思维是指以创业的方式思考和规划自己职业发展道路的思维模式，从而在有效预防和控制不确定风险的基础上创造新价值、从事某职业。在充满变化的社会中，创业的内涵无限丰富，创业的边界无限广大；既可以是独立创业，也可以是合伙创业；既可以是独立创办新企业，也可以是在公司内部创业，还可以是特定职业的创造性经营。创业已经与大学生的职业规划与发展紧密相连。

二、创业的要素

创业是创造新价值的行动与过程。在个性化需求导向的社会生产中，创业与创新有着必然的联系，但创新并不必然地导致创业活动。创业的构成要素主要有创新、创意、创业团队以及创业资源。

（一）创新

约瑟夫·熊彼特（1990）认为，创业就是创新，即创业的过程就是创新的过程，创新者就是创业者，创业者通过创新使自由市场经济的内在矛盾得以克服，从而促使经济增长。奥本卡等人（Obschonka et al., 2010）研究发现，对特定领域浓厚的兴趣会促进学生创业，青少年时期的领导倾向会促进青年创业，个人能力状况也会影响青年创业。研究还发现，随着互联网的不断发展，数字能力也会促进大学生做出创业的决定。知识和大学生创业之间存在正向联系：知识增进了大学生的创业技能，促使他们做出创业的决定。还有研究发现，选择创业的年轻人具备以下促进成功的特质：有改变世界的信心、自信心和对目标长期的坚持等。自我效能感较高、愿意尝试新事物以及认同感低的年轻人创业意愿更加强烈。

心理学家吉尔福德（2005）认为，创新型人才具有以下特点：高度的自觉性和独立性，旺盛的求知欲和好奇心，丰富的想象力和敏锐的直觉，喜欢抽象思维，有幽默感，知识面广，善于观察，讲求理性、准确性和严格性，意志品质出众。美国心理学家托兰斯曾对87名教育家做了一次调查，要求每人列出5种创造型学生的行为特征，其中被提到次数较多的行为特征是：好奇心，不断地提问；思维和行动的独创性；思维和行动的独立性，很个人主义；想象力丰富，喜欢虚构和叙述，富于幻想；不随大流，不过分依赖集体的意志；主意多，喜欢搞试验；顽强，坚韧。教育心理学家俞国良教授在其著作《创造心理学》中，总结了创新型学生个性的主要特征：兴趣广泛，对创造有强烈的好奇心；目标专一，有毅力，对人生有自己的规划；独立性强，喜欢独立行事，有强烈的独立性要求，敢于冒风险而标新立异；自信心强，深信自己的作为是有价值的；对创造充满热情，有高度的责任感，感情易冲动且精力旺盛；一丝不苟，总是严峻地审视着周围，孜孜不倦地探索未知世界。

（二）创意

创意是在经济全球化和消费社会兴起的过程中发展起来的，以推崇体制创新和个人的创造力、强调文化艺术对经济的支持与推动作用为特征的经济思潮和实践。它实际上是个非常广义的概念。它不仅是指产品本身，还包括了市场的规模和增长潜力、公司的扩展、防卫策略等。1986年，著名经济学家罗默（Romer, 1986）指出："新创意会催生出无数的新产品，创造广阔的新市场，提供大量获取财富的新机会，所以新创意是推动一国经济成长的原动力。"伦纳德和斯瓦普（Leonard & Swap, 1999）将创意定义为"研发及表达可能有用的新奇点子的过程"。创意的产生需要敏锐的洞察力、丰富的想象力及深入的分析力。约翰·霍金斯（2011）把创意与创新区别开来，认为创意指的是个人的、主观的点子，而创新是客观的、经团队努力后的成果，创意常常导致创新，但创新很少带来创意。

创意就是将市场营销重新定位，将合适的产品置入合适的场所，销售给合适的消费者的营销方法。菲利普·科特勒（1999）认为，定位就是对公司的产品进行设计，从而使其在目标顾客心中占据一个独特的、有价值的位置的行动。创意体现在针对现有产品或服务寻找新的定位，创意是消费者定位、市场定位和产品定位综合作用的结果。创意产生过程如下。消费者定位：消费者分析→消费者细分→消费者选择→消费者定位，旨在寻找新的客户群，这类客户群尚未经过挖掘或挖掘得不够充分；市场定位：市场分析→市场细分→市场选择→市场定位，旨在寻找新的市场，这种市场尚未被挖掘或挖掘得不充分；产品定位：产品分析→产品细分→产品选择→产品定位，旨在选择合适的产品或产品组合满足市场定位，以适应新的消费者定位。

（三）创业团队

新企业尤其是成长导向型新企业，通常都是由两个或两个以上创始人组成的创业团队创办的。卡姆（Kamm，1990）指出，团队创业现象如此普遍，以至于无论是从创业所在地域或行业、创业类型还是从创业者性别来看，大多数初创企业都是由团队创办的。从创业绩效看，团队创业无论是成功率还是新企业的绩效表现，都要比个人创业好得多。创业团队研究基于团队理论和资源基础理论，把创业团队分为同质性创业团队和异质性创业团队。按照团队理论以及高管团队的研究成果，异质性团队更可能取得卓越的团队绩效，而同质性团队则能更高效地完成常规任务。但恩斯利（Ensley，2002）等人研究发现，创业团队的异质性构成会明显降低而不是提高初创企业的绩效。希米莱斯基和恩斯利（Hmieleski & Ensley，2007）的研究表明，不同的领导风格会对创业团队异质性、同质性构成的绩效效应产生不同的影响。

（四）创业资源

创业实际上是一种资源整合活动，即通过对资源的有效整合实现价值创造的目标。基于资源禀赋的差异，在创业资源组合的过程中各种资源的价值、地位和作用不同。有些资源高度稀缺，具有不可替代性，对创业发挥着核心支撑作用，如果失去这种资源，创业企业的商业逻辑就难以成立和实现；有些资源相对容易获得，对创业企业发挥一般支撑作用。显然，发挥核心支撑作用的资源就构成企业的战略资源，也就成为创业企业的核心依托。

三、创业的基本特征

创业是一种劳动方式，是一种需要创业者组织、运用服务、技术、器物进行的思考、推理、判断行为。杰弗里·蒂蒙斯（2005）认为，创业是一种思考、推理和行为方式，它为机会所驱动，需要在方法上全盘考虑并拥有和谐的领导能力。创业具有高创造性、高风险、高回报、高使命感以及创造性劳动素养等基本特征。

（一）高创造性

从创业企业的首创精神看，创业过程包含着新的产品或新的服务的诞生，这是创业成功的关键因素。而从整个经济社会的角度看，这无疑是产品和服务不断更新与演进的重要推动力。人类的科技进步不仅依赖于基础科学的发展，而且依赖于科技成果不断进入经济社会领域，并形成新产品与新服务，反过来，创业企业又推动基础科学的发展。可以说，创业企业对科技成果实现产业化、孕育新发明、创造新产品起着重要的作用。

（二）高风险

创业企业具有高风险。创业企业存在着资源、实力等众多方面的"先天不足"，抗风险能力较弱。实际上，创业企业的风险主要受外部环境、内部条件和资源配置三个方面的影响。一方面，创业企业对外部环境往往无能为力，且面临一些大型企业和公司的威胁；尤其是当今时代，市场需求的多样化，竞争程度的激烈，运营环境的复杂多变，使得创业企业所面临的风险也相应增加。另一方面，企业内部条件如资产、技术、人才、设备、原料、信息以及管理策略等有形及无形资源决定了创业企业的规模，内部条件越完善，抵抗风险的能力就越强。此外，创业企业的资源配置取决于企业所具备的内外条件以及资源配置策略，企业所处的经营环境越有利，机会越多，资源配置就越容易；内部条件越好，实力越强，则企业进行的资源配置也将越有利，而资源配置水平体现企业的整体综合实力。

（三）高回报

创业企业通过社会或经济机制的重组，将资源转化为最大收益。创业企业对经济的促进作用不局限于提高人均产出或人均收入水平，而且在于通过创业活动促进新的社会结构和经济结构形成。实际上，创业者将资源、劳动力、原材料和其他资产重新组合并创造出比原先更大的价值，从而获得相应的回报。创新活动从需求和供给两方面促进经济的增长。需求方面，新的产品和新的服务往往会造成新的市场需求，从而成为促进经济增长的需求因素；供给方面，新的资本的形成将提升新的生产能力，从而扩大整个经济的供给能力。

（四）高使命感

广义上说，创业无疑更应该是一种态度、心境，一种敢于追求、不满足现状的雄心和力争上游的状态，从这个角度来说，"创业"是一种贯穿我们生命始终的积极状态，是一种"生命不息、奋斗不止"的状态。纵观优秀的创业公司，几乎都有自身的使命感作为引导。创业的过程并不只是两三年，通常需要十年或更长的时间。如果创业者对自身正在创建的事物并不热爱、没有信心，那么很可能就会半途而废。使命感可以帮助创业者全身心地投入，帮助创业者熬过创业过程中的艰苦；使命感不仅作用于创业者，还可以令公司其他员工都集中精神提高生产力；具有明确使命感的产品更能得到用户的支持。

（五）创造性劳动成为必备素养

创业是一种劳动方式。区别于传统的就业方式，创造性就业不再只是找到一份养家糊口的工作，而是通过工作岗位上的创造性劳动或创造岗位来实现自己的人生价值。管理学大师彼得·德鲁克曾对1965—1984年间的美国经济进行过研究，他发现：创业型就业是美国经济发展的主要动力之一，是美国就业政策成功的核心。人类进入信息社会以后，生产方式由传统的标准化、集约化转变为智能化、个性化。换言之，人类的个性化需求正在通过信息技术和创新得到无限满足。与之相适应的，是社会对于创新人才的普遍需求，这种需求对于青年提出了全新的挑战。例如，欧盟委员会和理事会2006年发布的《关于终身学习关键能力的建议》，首次将"首创性和创业精神"（Sense of Initiative and Entrepreneurship）列入终身学习的八大关键能力。

|案例1.1 创业国度：以色列

被誉为"创业国度"的以色列，国土面积仅2.5万平方千米，其中67%属于沙漠地区，835万人创造了"以色列奇迹"。以色列是中东地区工业化、经济发展水平最高的国家，也是世界上最能集中体现创新和创业精神的国家。自1949年以来，以色列一直致力于科学和工程学的技术研发，以色列的科学家在遗传学、计算机科学、光学、工程学及其他技术产业上的贡献都相当杰出。目前，有三百多家跨国公司把科技研发中心设在了以色列。

据统计，2014年以色列国内生产总值（GDP）达2913.57亿美元，居世界第36位，而人均GDP高达37035美元，世界排名第25位。主要经济指标表明：以色列人均拥有创新企业数目居世界第一；以色列人均拥有高科技公司数量居世界第一，因而被称为"世界硅谷"；以色列人均拥有图书馆和图书量均居世界第一；以色列人均读书比例居世界第一；以色列每万人中在国际科学期刊上发表论文数在世界上居首位，人均科技论文数排名第三；人均论文引用数据位列世界第四；世界上每四个诺贝尔奖获得者中，就有一位以色列人；以色列劳动力中25%是科技专业人员，远远高于美国和日本；以色列每万人中就有近150名科学家和工程师，是世界上比例最高的；以色列从事研发的全职人员占总人口的比例为9.1%，在世界上名列前茅；以色列高科技产业的产值已占工业总产值的50%以上；以色列的科技研发支出比重位居全球第一；除硅谷以外，以色列创业公司数量第一。

以色列是世界上初创企业最多、最集中的地方，企业的存活率高达60%。以色列的创新创业，由中小微企业领衔，全国企业中98%为中小微企业，大多是高新技术企业，雇员人数占全国劳动力的50%~60%，其小企业增长率为全球第二。以特拉维夫-雅法为主的沿海城市，因其高科技化类似于美国硅谷，被世人称为"硅溪"，正因如此，其整个国家又被称为"创新国度"。（来源：张秀娥：《创业管理》，清华大学出版社2017年版。）

案例1.2 我战胜所有对手却输给时代

2017年10月15日，拥有132年历史、营业额一度达到美国全国GDP 1%的零售业巨头西尔斯，正式申请破产保护，8万人面临失业。西尔斯曾是世界上最大的私人零售企业，发明了百货店、连锁店、购物中心等零售业态，说它是零售业的"祖师爷"一点也不为过。但从2010年开始，西尔斯就一直处于亏损状态，至今已累计亏损100亿美元，同时还负债40亿美元。2017年，西尔斯加拿大公司就已破产清算，导致1.2万人失业。这个时代，没有一种商业模式可以长存，更没有一种竞争力可以永恒。企业如此，每个普通的个体更是如此。

2017年11月20日，阿里巴巴宣布以224亿元人民币拿下中国最大的线下连锁超市——大润发。随即，大润发遍布全国的仓储、物流等一流的供应链渠道也全部纳入阿里的商业帝国。不到3个月的时间，董事会换了6人，阿里巴巴的张勇接任大润发主席，创始人黄明端离职。开店19年没有关1家店铺，2010年取代家乐福成为中国零售百货业冠军，大润发在零售业堪称传奇。然而在离职时，大润发创始人黄明端却说："我战胜了所有对手，却输给了时代。"

同样被时代遗忘的，还有曾经如日中天的柯达。鼎盛时期的柯达曾创造了诸多神话，一度占据全球2/3的胶卷市场，拥有14.5万名员工，特约经营店遍布全球各地。柯达，曾把无数人的美好时光变成永恒，不仅是美国文化的象征之一，而且是胶卷的代名词。然而，随着数码成像技术的发展与普及，数码产品以迅雷不及掩耳之势席卷全球，传统胶卷市场迅速萎缩。拥有百年历史的巨无霸，最终在 2012 年 1 月被迫申请破产保护。讽刺的是，世界上第一台数码相机正是柯达发明的，缺乏前瞻性的柯达为了不让数码相机冲击其蒸蒸日上的胶卷业务，竟选择雪藏这一新技术，并坚持固守传统市场。不愿意拥抱时代变化的柯达，最终被时代抛弃，死在了自己手里。

当今世界正在呈现几何级的变化。当变化来临时，是选择因势而变，积极主动地拥抱变化，迎接挑战，还是因循守旧，墨守成规，排斥或无视变化，会造成两种截然不同的后果。

（来源：https://tech.sina.com.cn/roll/2018-10-28/doc-ihnaivxp6372927.shtml，访问时间：2019 年 7 月 28 日。）

思考与探索

1. 阐述你对创业内涵的认识和理解。
2. 假设一个创业场景，分析创业需要哪些要素。
3. 结合创业案例，列举创业的基本特征。

第二节 创业的过程与机会

创业的本质是创造或认识到新事物的商业用途（识别它是一个机会），并积极采取行动将机会转变成可行的创业行为。创业不是一个独立的事件，而是一个过程。有研究认为，创业是一个创造不断增长的财富的动态过程。

一、创业过程

杰弗里·蒂蒙斯（2005）的创业管理模型认为，成功的创业活动必须对机会、创业团队和资源三者进行最适当的匹配，并且还要随着事业的发展不断进行动态平衡。创业过程由机会启动，在创业团队建立以后，只有设法获得创业所必需的资源，才能顺利实施创业计划。

蒂蒙斯认为，商业机会是创业过程的核心要素，创业的核心是发现和开发机会，并利用机会实施创业。因此，识别与评估市场机会是创业过程的起点，也是创业过程中的一个关键阶段。资源是创业过程不可或缺的支撑要素，为了合理利用和控制资源，创业者往往要制定设计精巧、用资谨慎的创业战略，这种战略对创业具有极其重要的意义。而创业团队则是实现创业这个目标的关键组织要素。蒂蒙斯认为，创业者或创业团队必须具备善于学习、从容应对逆境的品质，具有高超的创造、领导和沟通能力，但更重要的是具有柔性和韧性，能够适应市场环境的变化。

在蒂蒙斯创业过程模型中，商机、资源和创业团队这三个创业核心要素构成一个倒三角形，创业团队位于这个倒三角形的底部，如图1.1所示。在创业初始阶段，商业机会较大，而资源较为稀缺，于是三角形向左边倾斜；随着初创企业的发展，可支配的资源不断增多，而商业机会则可能会变得相对有限，从而导致另一种不均衡。创业者必须不断寻求更大的商业机会，并合理使用和整合资源，以保证企业平衡发展。机会、资源和创业团队三者必须不断动态调整，以最终实现动态均衡。这就是初创企业的发展过程。

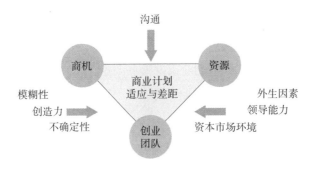

图1.1　蒂蒙斯创业过程模型

蒂蒙斯认为，在创业过程中，由于机会模糊、市场不确定、资本市场风险以及外部环境变化等因素经常影响创业活动，致使创业过程充满了风险，因此，创业者必须依靠自己的领导、创造和沟通能力来发现和解决问题，掌握关键要素，及时调整商机、资源、创业团队三者的组合搭配，以保证初创企业顺利发展。在蒂蒙斯的创业理论中，创业过程模型是目前公认的创业管理理论，其他理论都是在此基础上的补充、完善与量化。

蒂蒙斯创业过程模型具有以下含义。

第一，商业机会是创业过程的核心驱动力，创始人或创业团队是创业过程的主导者，资源是创业成功的必要保证。创业过程始于创业机会，而不是钱、战略、网络、团队或商业计划。开始创业时，商业机会比资金、团队的才干和能力及适应的资源更重要。在创业过程中，资源与商机间存在着一个适应→差距→适应的动态过程。商业计划是沟通、匹配和平衡创业者、商机和资源三要素的语言和规则。

第二，创业过程是商业机会、创业团队和资源三要素匹配和平衡的结果。处于模型底部的创始人或创业团队要善于配置和平衡，借此推进创业过程，他们必须做的核心过程是：对商机的理性分析和把握，对风险的认识和规避，对资源合理的利用和配置，对创业团队适应性的分析和认识。

第三，创业过程是一个连续不断地寻求平衡的行为组合。在三个要素中绝对的平衡是不存在的，但企业要保持发展，必须追求一种动态的平衡。在保持平衡的观念、展望企业未来时，创业者必须思考的问题是：目前的团队是否能领导公司未来的成长，处理资源问题，应对下一阶段的陷阱。这些问题在不同的阶段以不同的形式出现，牵涉企业的可持续发展。

二、创业机会识别

创业是发现市场需求，识别创业机会，并通过经营新企业满足特定市场需求的活动。机会对于所有的创业者都是均等的，每个创业者都曾与创业机会面对面。结果是，有的创业者在机会来临时，抓住不放，其事业发展出现转机；而有的创业者在面对机会时不知所措，无动于衷，其事业仍没有起色。这当中的一个关键差别是对机会的识别有所不同。

（一）创业机会识别的概念

创业行为的焦点在于识别不断涌现的新机会以创造价值和财富，机会识别是创业过程的关键环节，它体现着创业企业对机会的寻求与探索。关于所识别的机会来源存在两种观点：机会的发现观和创造观。其中，机会发现观认为创业者需要系统地审视环境变化以识别由行业、市场、技术等外部冲击形成的客观机会；而创造观则认为创业者在与外部利益相关者互动的实践过程中逐步识别潜在的机会并通过主观努力对其加以塑造和构建。

从战略决策的视角来看，决策管理行为的核心在于在市场上创造和维持竞争优势。战略领域的学者普遍认为，拥有有价值的、稀缺的和难以模仿的资源为企业创造竞争优势提供了机会，当这些资源被有效整合以形成能力时，企业才能获取竞争优势。以有价值的方式整合资源和开发新的资源组合是推动创新不断产生的动力。资源整合是企业开发新产品或服务以获取竞争优势的关键途径。资源整合包括对资源组合的拓展、优化以及重构，有助于更新已有能力和构建新的能力，而通过资源整合形成的独特能力是企业区别于其他竞争者的优势所在。

创业机会识别是从创意中筛选出具有客户需求的创意。创意是指好的想法，它只是创业者认识创业机会的阶段性成果或创业机会的雏形，但好的想法并不一定都能形成创业机会，只有那些能满足客户需求的、能够提供或开发满足需求方式的创意才可能发展成为创业机会。需求与满足需求的方式是一个事物的两个方面，是辩证统一的；需求决定了满足需求的方式，满足需求的方式又制约了需求的实现。没有需求，满足需求的方式就失去了存在的意义，反之，有需求，没有能满足需求的方式，需求也就没有可能实现。所以，创业机会究其本质是一种未满足的需求。因此，创业机会识别本质上是对客户需求的识别，由于客户需求的复杂性、多元化和动态性，创业机会识别也成为一个复杂的过程。

（二）创业机会识别的目的

创业机会识别是从若干的创意（商业想法或念头）中筛选出潜在的创业机会，或者就单一的创意从"有无需求"和"满足特定需求的方式"两方面来进行识别，其结果往往形成一个商业概念。这一概念包括市场需求如何满足、资源如何配置等问题。在识别过程中，企业主要是针对创意的市场需求进行分析，进而从创意中识别出具有市场需求且现实可行的创意。在综合考虑创业者和创业环境等因素的前提下，建立创业机会识别的标准，针对被识别创意，通过分析市场环境的系统以及一般的行业状况来判断该创意是否属于有利的创业机会，从而筛选出具有市场前景的、有价值的创意。创意可能数量众多，但其中很多在现实条件下根本无法实现，只有少量的创意经得起推敲或能够通过随后的技术性、经济性等方面的分析。创业机会识别的主要意义是剔除那些明显不合理的创意，为创业机会的形成降低不确定性，并减少团队的工作量。

（三）创业机会识别的影响因素

就内部而言，创业者个人和创业团队会对创业机会识别产生影响；从外部来看，技术环境、市场环境和政策环境，都深刻影响着创业机会识别。

影响创业机会识别的内部因素包括创业者和创业团队。（1）创业者。创业者的人格特质，尤其是创业者的人品与道德观，是影响创业成败的关键因素。在业界具有良好声誉，重视诚信、正直、无私、公平等人格特质的创业者，在识别其创业机会时通常都能获得加分。创业机会识别的主观识别标准或个性化识别标准一般包括目标和适合性、机会成本、欲望、风险与收益承受度等内容。创业者在创业过程中遭遇的困难与风险比较大，因此有必要了解他们的创业动机，以判断其愿意为创业活动付出代价的程度。一般认为，创业机会与个人目标的契合程度越高，创业者投入意愿与风险承受意愿自然也会越大，创业目标最后获得实现的概率也越高。因此，一个具有吸引力的创业机会，一般会与创业者的个人目标相契合。（2）创业团队。创业团队的特质和能力既包含团队的总体能力，也包含团队成员个人的生产及技术经验、道德观等方面。创业者与他的团队成员对于所要投入产业的相关经验、知识与了解程度的多寡，也会影响创业机会的识别。

影响创业机会识别的外部因素包括：技术环境、市场环境以及政策环境，其中任何一个环境因素的变化，都可能深刻影响创业机会识别。

（1）技术环境。技术的进步难以预测，从某种意义上说，技术是变化最为剧烈的环境因素。技术的进步可以极大地影响企业的产品、服务、市场、供应商、分销商、竞争者、客户、工艺、营销方法及竞争地位。因此，创业者应对所涉及行业的技术变化趋势有所了解和把握，应考虑一定时间和空间的技术需求。技术需求作为人的技术活动的内部条件，引导和调节人的技术活动，创造新工艺和新产品，提高劳动生产率，满足人的物质生产需求。因此，无论是从质的方面还是从量的方面，人的物质需求都将直接或间接地、中途或最终地转化为技术需求。技术进步往往意味着创业机会的不断涌现。技术进步是人类社会不可逆转的趋势，它包括技术的变革、技术的重新组合等，它们都可能让创业者识别某种创业机会。例如，当某一领域出现了革命性的新技术或新工艺时，这种新技术就会替代旧的技术或工艺，而这种替代本身就意味着新的创业机会，创业者对这种新技术或新工艺的准确识别，是创业机会的重要来源。而当市场上现有的技术通过新的组合方式得到新的运用时，往往也可能催生新的产品或服务，从而创造新的创业机会。

（2）市场环境。在现有的市场中发现创业机会，往往是创业者最先做出的选择。这主要是因为现有市场是现实存在的，创业者能够通过自己的行动真实地感知和识别，从而使创业者有"逼真"的感觉，减少创业行动的盲目性。同时，对现有市场的深入分析和认识，有助于创业者降低对创业机会和信息的搜寻成本，进而减少创业的风险，增加成功概率。对市场环境的分析可以从市场开放程度和市场吸引力等方面来进行。市场开放程度对创业机会的影响主要有三方面。首先，市场上出现了与经济发展现有阶段有关的新需求，相应地，就需要有新企业去满足这些新的需求，创业者可以识别出这些可利用的创业机会。其次，当期市场供给缺陷产生的创业机会。非均衡经济学认为，市场是不可能真正出现供求平衡的，总有一些供给不能实现其价值。因此，创业者如果能发现这些供给结构性缺陷，就可以识别出可利用的创业机会。最后，比较中外情况发现的差距中往往隐含着某种创业机会；通过与先进国家或地区比较，看看哪些别人已有的东西我们还没有，这些没有的就是差距，在其中就有可能识别出某种创业机会。

市场吸引力是产品或服务在市场上吸引消费者，获得销售份额的能力。从消费者的角度看，产品的市场吸引力是其竞争能力最主要的标志，其衡量指标是性价比和满足个性化需求的程度。在一般情况下，产品的性价比是消费者购买决策的基础。特殊的消费者还要考虑产品满足其特定需求的性能，比如，高技术产品的市场吸引力表现为包括客户核心利益在内的基本功能与使用价值，特殊功能与使用价值，与相关产品的适配性能——兼容性，模块化/集成化程度以及歧异化产品在组装线和运输过程中的区分位置（区分延迟能力），改进、升级与换代的难易程度与成本，多功能兼容与新功能增值能力，使用与维护的便利性等七个方面，其中最重要的是对客户核心利益的满足与创造能力。

（3）政策环境。政策环境主要指政府的政策、法律法规、制度等相关因素。政府的政策规定、法律法规等都可能直接或间接地对创业机会的识别造成影响。创业政策的范畴涵盖从地方到中央多级政府的活动，支持创业意味着促进创造和创新，因此创业政策对创业机会识别的影响包含两层含义：一是定量方面，如激励更多的人创建企业、提高初创企业的存活率；二是定性方面，即塑造更好的创业环境、为新企业提供更好的创业机会等。认识和把握国内外经济发展趋势与经济政策，是发掘和识别创业机会的关键因素。比如，泰康人寿的创始人陈东升在当年便是通过长期跟踪国际经济发展趋势选择保险业作为创业领域的。经过观察和研究，他发现，凡是美国流行的产品或服务，大致 5 年之后会在中国流行起来。陈东升的创业经历，为创业者发掘和识别市场中的创业机会提供了有益的借鉴。

三、创业机会评价

成功的创业都来自良好的创业机会，但如何评价创业机会是否具有发展前景呢？众所周知，80% 以上的创业活动都以失败告终。成功与失败之间，除了不可控的运气因素外，还存在着必然因素。因此，创业机会评价，对于大学生创业成败至关重要。

（一）创业机会评价的基本内涵

创业机会评价是评价主体从效益、市场、策略等方面对创业机会的价值进行综合评估，并决定下一步是否对创业机会进行开发和利用的过程。创业机会评价的特殊性表现为，它是创业机会识别和创业机会开发之间的一个过程，在完成创业机会评价并决定对其开发和利用之后，创业者就可以依据创业计划的构想，组织相关资源对其进行进行开发，以生产出满足客户需求的产品和服务。

创业机会评价目标包括以下几点。（1）认识创业机会的价值。创业机会评价无论是对创业主体还是对风险投资商而言，都是一个挖掘创业机会价值的过程。一个创业机会能否成为一个可以开发的机会，其根本标准是创业机会本身是否能够带来持续的商业价值。因此，创业机会评价的目的是挖掘其潜在的商业价值。（2）减少创业风险。风险与收益是同时存在的，创业被理解为在不受制于当前资源条件的情况下对创业机会的捕捉与利用。对于创业者来说，创业资源往往是稀缺的，创业环境往往是不确定的。因此，如何规避创业风险是创业者应该关注的首要问题。创业机会评价就是对商业概念的价值和风险进行全面的评估，从而最大程度上规避风险，创造价值，提升创业成功率。（3）吸引风险投资。对于创业者而言，创业资金通常是紧缺的，吸收风险投资能够促进创业机会的开发，而风险投资商需要对创业者提供的创业机会和创业计划进行科学的评估，这种评估甚至很苛刻。基于此，将风险投资商的评价和创业者的评价结合起来考虑，既能作为创业者评价创业机会的标准，又能为风险投资商进行风险投资评价提供一定的借鉴，为吸收风险投资基金打下基础。

（二）个人与创业机会的匹配

创业过程是创业机会、创业者个人和创业资源三者合理匹配的动态平衡过程，创业机会、创业者个人和创业资源是创业过程中关键的结构性要素。其中，创业机会表现为创业过程的核心构成要素，创业者个人是在创业过程中识别、开发和利用创业机会以及整合创业资源的主体，是新企业的能动性要素。创业的本质特征决定了创业者个人的每一次创业旅程都是"独一无二"的，其成功取决于创业者个人才能与创业机会的独特匹配程度。通常情况下，创业者个人在初期会满怀信心地进入某些其实不适合自己的创业领域，但只有真正进入这一创业过程，他才会逐步发现自己并没有足够的个人才能可以利用好这难得的创业机会。

经过一段时间的信息发现、市场反应、自我激励、动态调整，市场会选择出最适合某个创业机会的创业者。

创业者个人与创业机会匹配有三种类型：增补型匹配、互补型匹配和结构型匹配。（1）增补型匹配。增补型匹配是指有关顾客的信息与创业者个人所掌握的顾客知识相同或相似，或者有关技术的信息与创业者个人所掌握的技术知识相同或相似，从而能产生类似与成员—组织匹配中的增补型匹配的效果。这种增补型匹配会增强创业者个人的创业意图。（2）互补型匹配。互补型匹配是指创业者个人或机会因素能在一定程度上改善创业环境或者补充创业环境所缺少的东西，从而产生类似与成员—组织匹配中互补型匹配的效果。互补型匹配有利于识别创业机会。例如，创业者个人提前掌握了有关市场的知识，而外部环境提供了有关新技术的信息，如果这种新技术信息能用来解决创业者认知的市场问题，那么，两者就形成了互补型匹配。或者创业者个人先前掌握了技术知识，外部环境提供了有关市场的信息，如果创业者个人先前掌握的技术知识恰好能用来解决新的市场问题，那么两者也形成了互补型匹配。（3）结构型匹配。结构匹配是指通过直接推理、类比推理、相似性比较、模式匹配等方式，把某种知识关系应用于改进潜在或实际顾客需求与创业者个人所拥有的知识、技术和服务方法或新技术之间的匹配上（如某种技术或服务适合应用于某类顾客），这与认知领域的结构匹配理论中的结构型匹配类似。

（三）创业机会评价方法

创业机会评价方法，可分为定性评价和定量评价。

1. 定性评价

对创业机会的评价事实上是预料创业过程中将遇到的问题，因此是一种前瞻性的评价。而事情的发展往往是出人意料的，创业者在创业的过程中将会遇到许多无法量化的问题，这就给机会的评价增加了很大的难度。因此定性的评价方法在创业机会评价中是一种主要的方法。创业机会定性评价方法主要有以下几种。（1）史蒂文森法。史蒂文森法提出从以下几方面定性评价创业机会：第一，机会的大小，存在的时间跨度和随时间成长的速度等问题；第二，潜在的利润是否足够弥补资本、时间和机会成本的投资，并带来令人满意的收益；第三，创业机会是否开辟了额外的扩张、多样化或综合的机会选择；第四，在可能的障碍面前，收益是否会持久；第五，产品或服务是否真正满足了真实的需求。（2）朗格内克法。朗格内克法指出了定性评价创业机会的五项基本标准：第一，对产品有明确界定的市场需求，推出的时机也是恰当的；第二，创业机会所形成的投资项目必须能够维持持久的竞争优势；第三，创业机会必须具有一定程度的高回报，从而允许一些投资中的失误；第四，创业者和创业机会之间必须互相匹配；第五，创业机会不存在致命的缺陷。

2. 定量评价

创业机会定量评价方法主要包括标准打分矩阵、蒂蒙斯法、普坦辛米特法和巴蒂选择因素法。

（1）标准打分矩阵

选择对创业机会有重要影响的因素，并由相关专家对每一个因素进行打分，最后求出每个因素在各个创业机会下的加权平均分，从而对不同的创业机会进行比较，如表1.1所示。

表1.1 创业机会打分评价法

标准	专家评分			
操作性	很好（3分）	好（2分）	一般（1分）	加权平均分
成长的潜力				
专利权状况				
质量和易维护性				
投资收益				
资本增加的能力				
市场接受性				
市场容量大小				
制造的简单性				
广告潜力				

（2）蒂蒙斯法

著名的创业学家蒂蒙斯提出了一个定量的创业机会评价框架，其中涉及八大类共53项指标，如表1.2所示。创业者可以利用这个体系模型对产品与市场、竞争优势、收获条件、经济因素、管理团队和致命缺陷等做出判断，来定量评价一个新企业的投资价值。

表 1.2　蒂蒙斯创业机会评价指标框架

类别	指标
产品与市场	1. 市场容易识别，可以带来持续收入
	2. 可以接受产品或服务
	3. 产品的附加价值高
	4. 产品对市场的影响力大
	5. 将要开发的产品生命长久
	6. 项目所在的产业是新兴产业，竞争不完善
	7. 市场规模大，销售额潜力达到 1 千万到 10 亿元
	8. 市场成长率在 30%～50%，甚至更高
	9. 现有厂商的生产能力几乎完全饱和
	10. 在五年内能占据市场的领导地位，占有率达到 20% 以上
	11. 拥有低成本的供货商，具有成本优势
竞争优势	1. 固定成本和可变成本低
	2. 对成本、价格和销售的控制较强
	3. 已经获得或可以获得对专利所有权的保护
	4. 竞争对手尚未觉醒，竞争较弱
	5. 拥有专利或具有某种独占性
	6. 拥有发展良好的关系网络，容易获得合同
	7. 拥有杰出的关键人员和管理团队
收获条件	1. 项目带来的附加值具有较高的战略意义
	2. 存在现有的或可预料的退出方式
	3. 资本市场环境有利，可以实现资本的流动
经济因素	1. 达到盈亏平衡点所需要的时间在 1.5～2 年之间
	2. 盈亏平衡点不会逐渐提高
	3. 投资回报率在 25% 以上
	4. 项目对资金的要求不是很大，能够获得融资
	5. 销售额的年增长率高于 15%
	6. 有良好的现金流量，能占到销售额的 20%～30%
	7. 能获得持久的毛利，毛利率要达到 40% 以上
	8. 能获得持久的税后利润，税后利润率要超过 10%
	9. 资产集中程度低
	10. 运营资金不多，需求量是逐渐增加的
	11. 研究开发工作对资金的要求不高

续表

类别	指标
管理团队	1. 创业者团队是一个优秀管理者的组合
	2. 行业和技术经验达到了本行业内的最高水平
	3. 管理团队的正直廉洁程度能达到最高水准
	4. 管理团队知道自己缺乏哪方面的知识
理想与现实的战略差异	1. 理想与现实情况相吻合
	2. 管理团队已经是最好的
	3. 在客户服务管理方面有很好的服务理念
	4. 所创办的事业顺应时代潮流
	5. 所采取的技术具有突破性，不存在许多替代品或竞争对手
	6. 具备灵活的适应能力，能快速地进行取舍
	7. 始终在寻找新的机会
	8. 定价与市场领先者几乎持平
	9. 能够获得销售渠道，或已经拥有现成的网络
	10. 能够允许失败
致命缺陷	不存在任何致命缺陷
创业家的个人标准	1. 个人目标与创业活动相符
	2. 创业家可以做到在有限的风险下实现成功
	3. 创业家能接受薪水减少等损失
	4. 创业家渴望创业这种生活方式，而不只是为了赚大钱
	5. 创业家可以承受适当的风险
	6. 创业家在压力下状态依然良好

在具体定量评价时，上述每个因素，都设有创业机会的吸引力潜力最高和创业机会的吸引力潜力最低两个极端情况。一般来说，所有的创业机会都会处于这两个极端情况之间，创业者根据具体情况对其打分。最后根据打分结果的高低判断该创业机会的潜在价值。

（3）普坦辛米特法

普坦辛米特法是一种让创业者填写针对不同评价指标的不同情况，预先设定好权重值的选项式问卷的方法，评价指标如表1.3所示。对于各种因素，不同选项的得分为-2分~+2分，所有因素的得分总和就是最后的总分，总分越高的特定创业机会成功的潜力就越大，只有那些最后得分高于15分的创业机会才值得创业者进行下一步的行动，低于15分的是应该舍弃的机会。

表1.3　普坦辛米特法的评价指标

序号	指标
1	生命周期中预期的成长阶段
2	预期的年销售额
3	对于税前投资回报水平的贡献
4	销售人员的要求
5	投资回收期
6	进入市场的容易程度
7	商业周期的影响
8	为产品制定高价的潜力
9	占有领先者地位的潜力
10	从创业到销售额高速增长的预期时间
11	市场试验的时间范围

（4）巴蒂选择因素法

巴蒂选择因素法通过对11个选择因素的设定来对创业机会进行判断，如表1.4所示。如果某个创业机会只符合其中的6个或者更少的因素，那么这个创业机会就不可取；反之，则说明该创业机会成功的希望很大。

表1.4　巴蒂选择因素法的评价因素

序号	因素
1	这个创业机会在现阶段是否只有创业者本人发现了
2	产品初始生产成本是否是创业者可以承受的
3	创业机会市场初始开发成本能否承受
4	新企业的产品是否具有高利润回报的潜力
5	是否可以预料产品投放市场和达到盈亏平衡点的时间
6	潜在创业机会的市场是否巨大
7	创业者的产品是否是一个快速成长的产品系列中的一个产品
8	创业者是否拥有一些现成的初始客户
9	创业者是否可预料产品的开发成本和开发周期
10	新企业是否处于一个成长中的行业
11	金融界是否能理解新企业的产品和消费者对它的需求

总体而言，无论采用什么方法识别和评价创业机会的价值，得出的结论大体上是相似的。好的创业机会一般具有以下五个重要特征：市场前景可明确界定，

未来市场中前5~7年销售额稳步且快速增长，创业者能够获得利用机会所需的关键资源，创业者不被锁定在刚性的技术路线上，创业者可以通过不同的方式创造额外的机会和利润。

（四）创业机会评价步骤

第一，确定评价目标。确定评价目标是创业机会评价的第一步，评价目标直接影响到采用何种评价指标体系、评价方法等后续步骤。在创业机会评价开始的时候，要对评价目标的特性进行充分分析，以更好地确定创业机会的影响因素，从而确定创业机会评价的基本框架。

第二，创业机会影响因素分析。影响创业机会的因素有很多，既有创业团队的内部因素，也有创业环境的外部因素；既有社会因素，也有经济因素；既有市场因素，也有社会网络因素等。从各种影响创业机会的因素中抽象出关键性的因素，便构成了创业机会评价指标体系。

第三，构建评价指标体系。创业机会评价指标体系是在对创业机会影响因素分析的基础上构建的。蒂蒙斯法的指标体系是最全面的创业机会评价指标体系，可以作为创业机会评价的属性库。在此基础上，可结合我国国情及创业机会实际情况，构建新的评价指标体系。

第四，评价方法的应用。评价方法是对评价指标的排序和量化。创业机会评价涉及很多指标，有些指标可以量化，如潜在的市场规模、市场增长率等；而有些指标不易量化，如产品的结构等。单纯的定性方法难以对创业机会的优劣进行排序；单纯的定量方法难以对决定创业机会的关键要素进行选择。因此，应在借鉴相关模型的基础上，选择定量与定性相结合的方法进行评价。

第五，评价实施。创业机会评价的实施是评价的实际操作阶段，对定量指标和定性指标进行处理，引入需要的数据和相关专家的评定，并结合相关模型，最终得到评价结果。评价实施也是对创业机会进行选择和淘汰的过程，关键是相关数据的获取和模型的选择。

第六，评价反馈。创业机会评价是一个动态的过程，其本质是一个主观的、理论的分析过程。创业机会是否能真正成为一个成熟机会，是否可以在现实中开发，还需要进一步在实践中证明。依据创业活动实践，可以从风险规避和价值创造这两个方面对创业机会评价的结果做进一步修正。

案例1.3 如何才能成为一名成功的硅谷创业家

显然在硅谷开展创业是不难的，毕竟，如果连没有产品或资本的少年都能行，那又有什么难的呢？似乎人人都可以称自己为"网络创业家"。然而，困难的是创办自己的企业、制造顾客会购买的产品并从中获利，做到这一点需要花费一年多、甚至两年的时间。马克·霍夫曼做到了这一点，并且多次做到了。我问他："开始创业后，尤其是在这个瞬息万变的网络世界里，是什么让一个初出茅庐的创业者成为一名成功人士，什么让第一商务得以成功，而100多个其他类似的新兴企业破产、倒闭？"他的回答直指企业的核心，即制造顾客需要购买的产品，或者是我们所说的要有顾客与产品愿景。"为使创业顺利进行，必须有一些背景。那意味着你在大公司工作过并且非常熟悉这个行业。对我来说，这非常重要。有些人虽然在行业中没有太多经验，但是他们有很强的专业技能，他们也可创办新兴企业，诸如比尔·盖茨等。所以，必须有某种技能或者经验，以此作为你进行创业的资本。你必须懂得并且擅长某一方面。"

在这些市场上，你必须能够想出很多方案，并且把这些方案集中到一起。但是，从某种意义上讲，方案是廉价的，关键是能够选择出切实可行的方案，即制造什么产品才是最合适的，而且要辨认出机会是什么，这是很重要的。然后以此方案为基点，同时在市场上要善于变通。你必须倾听市场的声音，倾听雇员的心声。了解了许多之后，仍需集中于市场，迅速地调整战略。然后把这些方案、计划融会到你最终要建立的较大企业中去。这时的企业或许与你开始要建立的不完全相同。

所以，应聚焦于顾客，倾听顾客的心声；因为顾客就是上帝。你须让他们满意，听取他们关于什么好用、什么不好用的说法，然后再回到产品本身。这样的话，对下一个顾客而言，你已经先行一步。顾客在他们试图要解决的问题上可能很自私，因此，你需要看一下顾客的实际购买力，倾听影响你发展方向的其他外部力量的心声，如合作伙伴的心声等，还要预见市场前景。你必须把所有的都平衡一下。我认为，尤其是在一个快速增长的公司里，如果长期仅聚焦于顾客，顾客或许对产品的宣传及最初的产品有浓厚的兴趣，但那或许不是市场所向。譬如说，你是Sybase，你会有忠实的Sybase顾客，但是这些顾客只对企业的数据部分感兴趣。所以，你不仅要看企业的顾客，还要把头抬高，把眼光放长远，看看外面，问自己，为了成功，我还需要做什么其他产品或行业？你必须下定决心，努力做到这些。如果你不愿全力以赴，那你干不了创业家这一行。（来源：拉里·法雷尔：《创业时代》，李政译，清华大学出版社2006年版。）

案例 1.4　美国硅谷的创业发展

人类的创业活动是伴随着企业这种经济形态的出现而诞生的。随着企业的发展，创业活动在不断演化。20世纪中叶发源于美国硅谷地区的新经济引发了创业浪潮，带动了世界范围内的创新创业活动的兴起。20世纪80年代以来，创业者和变革家们已经彻底改变了整个世界的经济。一批现代高新技术创业企业不断诞生和成长，充分引领了世界范围内的创新创业潮流。新企业是美国经济繁荣发展的主要动力。

硅谷位于美国加利福尼亚州的旧金山南部地区，北起圣马特奥（San Mateo）南至圣克拉拉（Santa Clara）的近50千米的一条狭长地带，是美国重要的电子工业基地，也是世界范围内最为知名的电子工业集中地之一。

硅谷的发展事实上应当追溯到19世纪中叶的淘金浪潮。在1846年以前，加州周边大部分土地还是一片荒漠，到处都是流动沙丘。由于偶然的机会，当地的工人在河道中发现了金沙，于是成千上万的淘金者从美国的各个地区，甚至世界各个角落涌入加州。这里的人口由1847年的500人左右激增至1851年的3万人，这种人口增长速度一直持续到19世纪末。人口剧增使曾经的那个小村落迅速成为一座大都市——旧金山，从而开始了众多创业者对各种商业机会的挖掘。淘金浪潮一直持续到20世纪50年代。淘金浪潮不仅揭开了美国西部开发的序幕，而且带动了铸造、机械和木材等相关产业的发展，促进了为满足矿工生活需要的交通运输业、农牧业的发展，各类型的创业活动飞速发展，加快了美国西部城市化的进程。

在推动硅谷地区高科技产业发展过程中，弗雷德里克·特曼发挥了重要作用。弗雷德里克·特曼历任美国斯坦福大学的工学院院长、教务长和校长。他积极鼓励学生开展创业并培养学生创业能力，在推动硅谷地区高科技产业发展过程中发挥了重要作用。弗雷德里克·特曼还用自己的钱来投资学生的公司。成立于20世纪30年代的惠普即是他所投资的企业之一。

硅谷的发展是第二次世界大战后，随着微电子技术高速发展而逐步形成的。第二次世界大战之后，特别是在20世纪50年代之后，新兴技术公司的成长和发展使得硅谷地区发生了很大的变化。在其发展过程中，周边的一些具有雄厚科研力量的大学，如斯坦福大学、伯克利加州大学和加州理工学院等，以及企业服务机构、投资者与创业者形成了良好的互动。斯坦福大学占地8180亩，学校拿出其中650亩商用于发展高科技无烟工业，并积极鼓励校内的研究走向社会化和商业化。

硅谷地区经济发展的核心和动力是持续不断的创新，硅谷也被称为"创新谷"，这一地区创业活动的演变过程可以概括为：持续不断的创新浪潮推动了经济发展，在此过程中企业家充分利用各种机会探索新的商业模式；在创业活动的推动下，汇集创新人才和创新技术的新公司大批涌现。（来源：张秀娥：《创业管理》，清华大学出版社2017年版。）

思考与探索

1. 结合创业过程模型，阐述你对创业过程的理解。
2. 结合自己的创业设想或规划，分析创业机会识别的重点与方法。
3. 比较分析不同创业机会评价方法的应用场景。

第三节 创业的发展趋势

为了在未来社会中立足并取得事业上的成功，有梦想的年轻人对创业满怀热情。在变化无穷的市场环境中，无限的机会让"万众创业"成为可能。

一、知识创业兴起

与农业时代倚重土地要素、工业时代倚重资本要素不同，知识创业是知识经济时代倚重知识要素的一种新型创业行为。在知识经济时代，创新创业体现出以下特征。

第一，知识创业将更加普遍。在知识经济时代，人人都有创业的机会。由于信息产业的出现与壮大，人们获取创业机会与市场信息的渠道更加多样。技术的日新月异、市场的快速变化、人们生活节奏与方式的变化，使创业机会大大增多。根据市场、企业的需要以及技术的进步进行创业构思并实践，是每个普通人都能做到的。另外，由于创业环境大大改善，创业所需的信息可以快捷廉价地获得，创业所需的资金可以通过风险融资获取。同时，由于企业孵化器、创业中心的大量出现，资本市场的发育，从创业到成功、从投入到回报所花费的时间比以往任何时候都短。可见，在我国高等教育大众化时期，人力资本存量的知识溢出效应将在众多的知识创业活动中得到充分体现。

第二，知识创业获得成功的可能性增大。传统创业主要依赖于土地、资本、劳动力等要素，而知识创业更依赖于知识要素。技术创新能力，是企业发展的核心竞争力。掌握关键核心技术，具有自主创新能力，是知识创业的重要特征。在市场经济竞争中，只有具备自主创新能力，才能赢得市场。基于核心知识产权，初创企业可以聚集管理、技术、市场专业人员，形成可靠的创业团队；基于核心知识产权，初创企业可以通过知识产权的出售、专利的转让以获取风险投资，获得支持企业快速发展的资金；基于核心知识产权，初创企业可以有效整合各方面资源，形成推动企业发展的合力。例如，当诺伊斯等人辞职创办英特尔时，他们怀揣的不是巨额资本而是集成电路解决方案，但很快就筹到了所需的资本、场地、员工等创业要素。盖茨和艾伦创建微软时，因资本短缺只能租用阿尔伯克基（Albuquerque）一家旅馆的房间，但他们设计的程序语言一步步征服了世界。乔布斯等人创办苹果公司时，尚未脱尽稚嫩和贫困，然而他们凭着智慧和执着最终成就了一个高科技商业帝国。任正非等人创办华为公司时，从廉价租来的一套公寓里艰难起步，却凭借"知本"而非资本，成长为中国首屈一指的民营跨国公司和全球500强企业。与传统的创业形式相比，知识创业成功的案例越来越多。

第三，知识创业更加依赖创业团队。一个根据市场需求分析形成创业构思的创业者，不论他是管理者还是技术掌握者，他都可以去寻找技术掌握者或者管理者来组成创业团队。高新技术产业的创业活动更多地采用团队创业的模式，有技术的创业者希望寻求有管理经验、市场经验的合伙人组成创业团队，共同寻求资金创办企业；同样，有管理经验、了解市场、有创业构思的创业者希望寻求能支撑创新构思的核心技术人员加盟创业团队，共同发展；有资金的个人投资者、风险投资家同样希望找到拥有核心产品或服务、管理经验、技术能力的创业团队作为其投资对象。

值得强调的是，资本创业和知识创业虽是分别适用于工业经济时代和知识经济时代的不同创业模式，但在两个时代交叉的"后工业时代"，两种创业模式也会呈现出交织性。我国当前的创业活动既未完全摆脱传统资本创业的局面，也呈现出一定的知识创业特质。从这个意义上来说，中国的大众创业不仅要推动从创业数量到创业质量、从资本创业到知识创业的提升和转变，还要推动从低端的知识溢出性创业到中端的知识集成性创业，再到高端的知识原创性创业的提升和转变。

二、创业形态多元

随着技术的快速发展、经济结构的不断调整升级以及人们对个性化产品需求的增长,时代对创业活动提出了更高的要求,随之,创业也产生了新的发展模式。例如,合伙创业、公司内创业以及人力资本出资创业等。

(一)合伙创业

合伙创业是指两个以上的创业者通过订立合伙协议,共同出资、合伙经营、共享收益、共担风险,并对合伙企业债务承担无限连带责任的创业模式。相对于独立创业而言,合伙创业是一种相对"高起点、高规格、高层次"的创业模式,是为适应相对较大的创业规模、承受更大的风险而产生的创业模式,也是适应独立创业再发展、再提高的客观要求而产生并存在的创业形态。在创业环境日趋开放的背景下,合伙创业已成为现代创业的一种普遍现象。在现代企业的发展中,出现了不同的合伙人制度,他们对现有的公司治理结构进行了创新,赋予了企业更多的活力和持续发展的动力,具体有以下三种。

一是阿里巴巴模式。2010年,阿里巴巴合伙人制度提出并确定,该制度的目的是确保公司的使命、愿景和价值观得以持续健康地发展。其推出的湖畔合伙人共27人,分别为公司的创始人、与公司一起成长的管理人员以及外部引进的专业管理人才。成为阿里巴巴合伙人必须具备以下条件:在阿里巴巴工作五年以上,具备优秀的领导能力,高度认同公司文化,并且对公司发展有积极贡献,愿意为公司文化和使命传承竭尽全力等。合伙人制度基本内容是在公司章程中设置提名董事人选的特别条款,即由合伙人来提名董事会中的大多数董事人选,而不是按照持有股份比例分配董事提名权。需要注意的是,阿里巴巴所称的合伙人权责是有限的,他们不能直接任命董事;所提名的董事,仍须经股东会投票通过才可获任命,但是如果股东会不通过,合伙人可以一直提名。合伙人最大的权利是拥有提名简单多数(50%以上)董事会成员候选人的专有权,在任何时间,当董事会成员人数少于阿里巴巴合伙人提名的简单多数,不管任何情况,阿里巴巴合伙人有权指定不足的董事会成员,以保证董事会成员中简单多数是由合伙人提名。阿里巴巴的合伙人不同于股东,其持有公司股份,在退出时将不再拥有合伙人身份但可以保留公司股份。同时,阿里巴巴的合伙人也不同于法律意义上的合伙人,不需要承担无限连带责任。

二是万科模式。万科于2014年5月正式推出事业合伙人制度和项目跟投制度。共有1320位员工自愿成为公司首批事业合伙人,其中包括郁亮在内的全部8名董事、监事、高级管理人员。万科的事业合伙人制度除了具有对"野蛮人"的防范作用之外,还规定项目所在一线公司管理层和项目管理人员必须跟随公司一起投资项目,其他员工则可自愿选择参与。项目的经营成果直接和员工的投资收益挂钩。万科的跟投制度不是公司层面的，而是项目层面的。在项目层面，万科推行的小股操盘、管理输出与合伙制是结合在一起的。这种跟投制度实质上是内部创业的一个变种，使得员工成为一个个项目的老板，员工与公司一同成长，风险共担，利益共享。

三是高盛模式。高盛是华尔街最后一家保留合伙制的投资银行，尽管其1988年改组成为股份制公司，但合伙人制度在其发展中起到了重要作用。使员工产生归属感是合伙制最大的优点，员工在经年累月的工作中培养出对公司的强烈忠诚感。而成为合伙人意味着终身雇佣，几乎没有人会放弃这一备受尊敬的地位而加入其他公司，合伙人彼此间会参加婚礼和葬礼这样的家庭活动，并在这个"扁平组织"中分享所有信息。高盛在全球范围内有将近两万名雇员，但只有1.5%的雇员可以晋升为合伙人，这也是华尔街从业者梦寐以求的荣誉之一。此外，合伙人需要承担公司虚假经营、业务下滑的无限连带责任，这样的压力使得合伙人更加注重产品质量及经营风险控制。如今在高盛，员工对待两年一次的合伙人选拔像对待总统选举一样认真，一选就是7个月。每个员工都想成为300名合伙人之一。而这300人，年薪60万美元起步，还可以参与公司分红。合伙人的收益与企业绑定在一起，在企业高速成长的同时，合伙人也能获得超额收益。

（二）公司内创业

随着市场经济环境的不断改变，作为市场经济主体的企业也在不断改革创新。公司内创业是企业进行内部体制改革以适应市场发展需要的新的创业形态，对于调动员工积极性、实现员工与企业共赢的局面具有积极的意义。公司内部创业，能够为创业者提供强大的场地、技术、资金、管理、人力资源支撑，极大地降低创业者的创业风险。例如，2015年10月，川红茶叶集团在企业内部掀起了一场声势浩大的大众创业改革，将旗舰店和生产车间全权承包给员工，员工成为老板，在企业内部点燃了创业之火。2013年8月26日，因在超市偶然品尝到川红茶叶集团的红茶，便欣然辞去工作到川红茶叶集团应聘的陈芳正式成为了集团的一员；从店员到店长助理，再到店长，陈芳在川红茶叶集团内逐步成长起来，2015年10月，成了川红茶叶集团宜宾蜀南店承包人之一，也成了川红茶叶集团首批"吃螃蟹"的人。

（三）人力资本出资创业

以人力资本（劳务）作为出资是合伙出资的一种特殊情形。人力资本交易的合伙企业模式是指部分或全体合伙人以人力资本出资组建合伙企业，人力资本出资的合伙企业可采取三种组织形式,即人力资本出资的普通合伙企业、人力资本出资的特殊普通合伙企业、人力资本出资的有限合伙企业。合伙企业中的人力资本股已为新的《中华人民共和国合伙企业法》(以下简称《合伙企业法》)认可,《合伙企业法》第十六条规定,合伙人可以用货币、实物、知识产权、土地使用权或者其他财产权利出资,也可以用劳务出资;合伙人以实物、知识产权、土地使用权或者其他财产权利出资,需要评估作价的,可以由全体合伙人协商确定,也可以由全体合伙人委托法定评估机构评估;合伙人以劳务出资的,其评估办法由全体合伙人协商确定,并在合伙协议中载明。新法还对有限合伙人的人力资本出资予以禁止,表明《合伙企业法》与《中华人民共和国公司法》拒绝承认有限责任的人力资本出资的一致立场。《合伙企业法》第六十四条规定有限合伙人可以用货币、实物、知识产权、土地使用权或者其他财产权利作价出资;有限合伙人不得以劳务出资。这种对普通合伙人人力资本出资的许可和对有限合伙人人力资本出资的禁止,表明立法机关对人力资本抵押担保功能的怀疑态度以及普通合伙人承担无限连带责任能够增强人力资本出资担保功能的共识。随着法律法规的不断完善和发展,个体人力资本投资收益意识的增强,人力资本出资创业将成为一种重要的创业形态。

三、创业迈向高端

经过改革开放以来的几次创业大潮,我国创新创业质量显著提高,主要表现在以下几个方面。首先,创新创业的集聚化程度提高。创新创业不再是孤军奋战,而是成千上万的人聚集起来,形成了创新创业的良好氛围。例如,深圳、杭州等地的"创客"聚集度较高,聚集度高了,有了交流和互动,知识、经验、资源、资金等得到共享,创业的成功率就会大大提升。其次,创新创业的社会化程度提高。现在的创新创业不只是"创客"的事,政府、社会等都参与帮扶,例如,社会第三方专业服务公司为创业者提供资源、人力等方面的服务。整个社会的生态系统都帮助创业者进行创业,尤其是提供大量的创投和风投企业,为创业注入新活力。最后,创新创业的国际化程度提高。例如,深圳等地的创业公司很多都是国际化的,通过美国硅谷向全世界提供原始创新和应用创新,也有欧盟国家的一些孵化器与中国的孵化器对接,在这种大开放的理念指导下的创业活动正在彰显更强活力。

案例 1.5　海尔转型：从"人单合一"到"创业平台"

"从传统时代到互联网时代，退缩等待是死路一条。"海尔董事局主席张瑞敏在一场论坛中这样表示。66岁的张瑞敏一点也不畏惧改变——接手海尔31年，张瑞敏一直在思索着海尔的未来。而在互联网时代，张瑞敏再次调整了海尔的发展战略。如今，海尔的改变并没有标杆可供模仿，因为"学颠覆真的没有榜样"。张瑞敏说："改革开放之后高速发展都是学习人家现成的模式，但是现在没有可以参照的模式了，我们只好自己来探索。我认为，我们探索的方向是没有问题的。"

以家电制造起家的海尔，如今不再追求产品的批量化生产，而是强调"用户个性化"。"用户生态圈"是海尔连接用户需求的通道。杨君是北京的海尔用户，她在海尔用户交互平台提问"有没有专门给孩子使用的免清洗洗衣机"，没想到几个月后，"真的看到免清洗洗衣机出了迷你版"。免清洗洗衣机"小微主"（即创业团队负责人）孙传滨所从事的正是连接用户与工厂的工作。在免清洗洗衣机研发之前，孙传滨就开始通过平台向用户了解他们的使用需求，这样的好处是产品针对性强，而且"在洗衣机上市之前就已经有了用户"。杨君这类顾客提出的新需求，则成为产品持续迭代创新的方向。"我们把这些建议、创意与体验连到我们的互联工厂，于是就有了杨女士提到的迷你免清洗的洗衣机。"孙传滨介绍说，"有了这些资源，我们免清洗迭代速度是原来的三倍。我们原来生产的是洗衣机的硬件，现在可以根据一件衣服来定制它的洗涤程序。"孙传滨介绍，海尔的社区用户圈有50多万用户。用户资源快速扩大，产品销量好，迭代快，孙传滨团队的收入也实现了"超利"。在张瑞敏看来，用户个性化要实现的目标是"产消合一"：生产者、消费者合一。"小作坊一定是自产自销，大规模生产一定是产销分离；互联网时代，又是自产自销了，我就希望海尔的互联工厂变成自产自销。但是，这还不是最后的目标，最后的目标要达到产消合一。"

2014年，海尔集团全球营业额为2007亿元，利润达到150亿元，线上交易额实现548亿元。欧睿国际调查显示，海尔大型家用电器2014年品牌零售量占全球市场的10.2%，连续六年全球第一。对于这样的成绩单，张瑞敏依旧危机感十足。"现在我们无论是用传统时代的管理模式和思想，还是亚当·斯密的细分化或者泰勒的劳动时间研究流水线，都已经没用了，你不能停留在原来的经典上，你现在要创新。"张瑞敏口中的"创新"是再次迭代了2005年提出的"人单合一"管理理论——"人"是员工，"单"是用户，"合一"是把员工和用户连到一起。十年前，张瑞敏是希望将企业和市场连接在一起；十年后，他希望海尔建立一个"共创共赢"的生态圈。为此海尔正在推动"三化"，即用户个性化、企业平台化和员工创客化。

企业平台化意味着要打破原有的科层制体系，改变上级管理下级的模式，转变成"为员工提供创业服务"的孵化器。在理想的海尔创业生态圈中，原有的企业管理者将变身平台主，为创业者提供服务、支持，最终将转化为小微企业的股东。平台扶持的小微企业借助于海尔平台运行。海尔的员工将转化为创业者，平台还会引入创业团队。张瑞敏表示："我不会给你提供一个工作岗位，但是我给你提供了一个创业的机会。"员工转变成拥有决策权、分配权和用人权的创业者。张瑞敏介绍，海尔刚开始有2000多个小微企业，如今很多小微企业在工商局注册成为真正的公司。现在，海尔有77%的小微企业年销售额过亿元。美国宾夕法尼亚大学沃顿商学院教授马歇尔·梅耶认为，海尔从传统公司转变为关注客户以及为员工创造价值的平台，正是人单合一的精髓。"这个平台变得更加有价值和持续性时，财富会集聚起来。"马歇尔·梅耶说，"当有人在市场上找到一个好的创意，利用生态圈的资本和金融，利用海尔的平台，就能够实现用户价值和企业价值的双赢。"

2015年，张瑞敏再次迭代了"人单合一"理论，海尔从制造工厂向创业平台转型。如今，张瑞敏和海尔互联网转型的探索再次入选哈佛案例。"这说明大家都在探索，但都没有成功。"张瑞敏说。"2005年，我在EMBA的课堂上用海尔的案例，我说中国改革开放以来有很多的企业和企业家，但是能够称得上管理大师的人只有张瑞敏先生一个人。"复旦大学管理学院教授、博士生导师刘杰说，"在讨论海尔案例时，发现它不仅是一个故事，而且每一项变革和做法背后更多的是理论支持。"张瑞敏还提到了北宋改革家王安石——"天变不足畏，祖宗不足法，人言不足恤"。"一定要认真干，别人肯定会说三道四。河水可能会经过千山万壑，但最终一定会奔向大海。"张瑞敏说，"互联网的大潮一定会成功，我们只有跟上它奋勇前进。"（来源：《21世纪经济报道》2015年9月24日。）

| 案例 1.6　希望集团的发展历程

希望集团是我国著名的由合伙企业发展起来的家族企业，刘氏兄弟靠养鹌鹑发家。1982年，刘氏四兄弟刘永言、刘永行、刘永美、刘永好依长幼顺序卖掉手表和自行车、凑资1000元，成为农村改革后第一批养殖专业户，几年后资产

达到千万元。1989年，老二刘永行与老三刘永美共同研制出新型猪饲料，刘氏产业又一次实现向希望牌饲料的大转移。在创业初期，人力资本在企业中占主导地位，四兄弟齐心协力，只领取微薄的生活费，企业在不断滚动积累中发展；后来资金紧缺时，老三把家底押上，老二又出资较多，加上俩人在艰难起步阶段出力最多，四兄弟口头约定老三与老二占大股；1988年钱财滚滚而来之时，老二与老三主动提出利润平均分配的原则。1992年以后，刘氏兄弟提出刘氏产业要实现跨区域扩张、跨行业发展、进军高科技领域，实现产业多元化的战略设想，刘氏兄弟进行了明确分工，并在此契机下实现产权的明晰：老三与老二自愿放弃占大股的最初约定，平均划分资产，兄弟四人各占刘氏产业25%股份，刘氏企业顺利向公司制企业转变。

希望集团的历史变迁给我们的启示有以下几点。（1）合伙企业最初依靠血缘、友谊或其他稳固关系的支持发展起来，在创业阶段合伙人可以齐心协力，合伙人各方对合伙人之间的潜在纠纷普遍估计不足。（2）企业利润增长和企业规模扩大之后，出资与出力的多寡和不确定性导致明晰产权的要求日趋强烈，不明晰的产权会成为制约资本要素增殖潜力发挥的制度因素。希望集团产权问题顺理成章地解决。首先不依赖于对各方投资与积累的评估，而是依赖于在血缘关系上达成的股份平均分配的产权分配方案；假设这个企业不是由刘氏兄弟四人，而是由没有任何血缘关系的四个合伙人共同创业，这样平均安排股权的协议一定很难达成。因此，普通合伙企业的合伙人各方依法防范和化解风险的意识应该也必须加强。（3）希望集团发展到一定规模以后，继续发展成为以物质资本占有额作为出资的有限责任公司或股份有限公司，人力资本出资受到《中华人民共和国公司法》的限制和股东各方的忽视，企业仍然回归到"物质资本民主原则"表决的资本制度之中。这既不符合人力资本价值创造作用日益攀升的现状，也违背了合伙企业实践和立法的初衷。（来源：石邦宏：《人力资本交易原理》，社会科学文献出版社2009年版。）

思考与探索

1. 结合自身经历和社会观察，分析创业的发展趋势。
2. 面对日益开放的创业环境，分析自己实现创业梦想的可能途径。
3. 描述身边人的创业经历，并分析其成功或失败的主要原因。

第二章 创业政策与服务

党的十九大报告明确提出，要完善创业扶持政策，鼓励以创业带动就业。大学生创业政策与服务的制度供给，为引导和支持大学生创新创业提供了政策保障，在实践中有力地推动了大学生创业环境建设、提升了大学生创业的动力与活力。

第一节 大学生创业的政策框架

创业政策是指各级各类政府机构为支持和规范创业活动而颁布或通过的指导性文件、政策、法律法规等的总称。大学生创业政策是创业政策的重要组成部分，其宗旨和目标是通过政策激励培养大学生创业意识与创业精神、激发大学生的创业动力与创业热情、提高大学生的创业能力和创业效率。

一、大学生创业政策的发展

早在1999年，国家在颁布的《面向21世纪教育振兴行动计划》提出要加强对教师和学生的创业教育，鼓励他们自主创办高新技术企业。教育部在2002年4月召开普通高校"创业教育"试点工作会议，正式确定清华大学及其他8所高校为创业教育试点院校，并给予资金和政策支持。

2008年9月，国务院办公厅批转了人力资源社会保障部等部门联合发出的《关于促进以创业带动就业工作的指导意见》（以下简称《指导意见》）。《指导意见》给创业者带来五大利好。一是创业者市场准入门槛降低。《指导意见》放宽对新办企业注册资金和经营场所的限制，简化程序、提高效率，将小企业的产品和服务纳入政府采购范围并使之享受政府采购优惠政策。二是创业者将获更多能力培训。《指导意见》针对让创业者提高创业能力的要求，明确提出加大创业培训力度；要求健全创业培训体系，将有创业愿望和培训需求的人全部纳入创业培训的对象范围，同时，加强普通高校和职业学校的创业课程设置。三是创业者将有更多融资渠道。《指导意见》要求积极探索抵押担保方式创新，对于符合国家政策规定、有利于促进创业带动就业的项目，鼓励金融机构积极对其提供融资支持。四是创业者将有更好的市场环境。《指导意见》要求全面实行收费公示制度和企业交费登记卡制度，禁止任何部门、单位和个人干预创业企业的正常经营。同时，简化审批、办证手续，开辟创业"绿色通道"；要求全面落实鼓励创业的税收优惠、小额贷款、资金补贴、场地安排等扶持政策。五是创业者能够获得更多公共服务。《指导意见》明确提出，根据城乡创业者的需求，组织开展项目开发、方案设计、风险评估、开业指导、融资服务、跟踪扶持等"一条龙"创业服务，建立创业信息、政策发布平台，搭建创业者交流互助的有效渠道。

2011年3月，时任国务院总理温家宝在两会《政府工作报告》中特意强调："提高教育质量，增强学生的就业创业能力。"2012年4月，《教育部关于全面提高高等教育质量的若干意见》明确强调了创新创业对全面提高我国高等教育质量的重要性，并且提出了"把创新创业教育贯穿人才培育全过程"，"制定高校创新创业教育教学基本要求，开发创新创业类课程"，"支持学生开展创新创业训练"等具体要求。

深化高等学校创新创业教育改革，是国家实施创新驱动发展战略、促进经济提质增效升级的迫切需要，是推进高等教育综合改革、促进高校毕业生高质量就业的重要举措。2015年，《国务院办公厅关于深化高等学校创新创业教育改革的实施意见》提出，到2020年建立健全课堂教学、自主学习、结合实践、指导帮扶、文化引领融为一体的高校创新创业教育体系；使得人才培养质量显著提升，学生的创新精神、创业意识和创新创业能力明显增强，投身创业实践的学生显著增加。

2017年，教育部颁布了新修订的《普通高等学校学生管理规定》。该文件的出台使得，新生可以申请保留入学资格开展创新创业实践，入学后也可以申请休学开展创业。参加创新创业等活动以及发表论文、获得专利授权等与专业学习、学业要求相关的经历、成果，可以折算为学分，计入学业成绩。该文件还鼓励学校建立创新创业档案、设置创新创业学分，加强学生的创新创业教育。2017年7月，《国务院关于强化实施创新驱动发展战略进一步推进大众创业万众创新深入发展的意见》提出，进一步系统性优化创新创业生态环境，强化政策供给，突破发展瓶颈，充分释放全社会创新创业潜能，在更大范围、更高层次、更深程度上推进大众创业、万众创新。截至2016年年底，全国个体私营经济从业人员实有3.1亿人，比2015年年底增加2782.1万人。

"大众创业、万众创新"的政策导向已成为稳定和扩大就业的重要基础、推动新旧动能转换和结构转型升级的重要力量，以及实施创新驱动发展战略的重要载体。大学生是蕴含着巨大创造热情和创业潜能的庞大社会群体。国家不断出台新政策引导和激励大学生创业，不断提高政策水平和执行力度，为大学生自主创业构建坚实的政策保障体系和良好的创业环境。

二、大学生创业政策的类型

奥地利学派经济学家伊斯雷尔·柯兹纳（Kirzner，1979）认为，制度性框架对于鼓励企业家的发现和创新是极端重要的。创业政策对大学生的创业意识、创业机会以及创业质量都有着显著的影响，对创业教育的开展具有重要意义。例如，针对创业初期的企业和个人提供税收减免和其他帮扶政策，特别是刚步入社会进行创业的大学生群体，他们的人力资本价值较高，创业后的收益和成长性都很好，但是初始阶段的资金、经验都相对匮乏，面对的困难更大，特别需要诸如青年创业引领计划公益扶持基金、中小微企业扶持基金等相关政策的扶持。

荷兰创业经济学家蒂里克（Thurik，2007）基于对创业供给（创业者）和创业需求（创业机会）相互作用机制的分析，指出了政府扶持创业的六条政策渠道。一是创业需求。主要通过技术进步、收入政策等来影响创业机会的种类、数量和可获得性，以创造更大的创业空间。二是创业供给。主要通过移民政策、城镇化进程中的区域发展政策、家庭补贴及儿童福利政策等来影响潜在的和未来的创业家数量。三是通过提供金融和信息资源来连接资本与知识。金融资源包括创业投资，补贴和贷款担保等；信息资源包括提供创业信息，创业咨询及创业教育等。四是通过在教育系统引入创业元素、加强新闻媒体对创业的关注等方式来培育创业文化。五是风险补偿机制。通过税收政策、社会保障、收入政策、劳动市场法规、破产法规等来影响潜在创业家的创业选择。六是通过市场竞争政策、知识产权保护政策、企业建立政策等来削弱大企业的市场力量，消除小企业的进入障碍，增强市场的可进入性。

阿奇·佐尔坦（Zoltan，2006）提出，国家可以通过四类创业政策来激励和扶持潜在的创业者。一是个人层面的就业选择政策，即通过教育和职业选择政策，促使个人发现创业机会并选择创业行为；二是企业层面的可行设立政策，即政府通过融资政策、制度改革、技术商业化等措施来刺激新企业的建立；三是经济层面的支持政策，主要通过政府、大学、社会基金、金融机构等部门为企业成长提供资金支持；四是社会层面的保障政策，主要通过法律和制度来改善社会现状，以更高的效率进行创业、连续创新、加快经济增长以及促进社会公平。

创业政策从内容上可分为供给、需求和环境三种，每种政策工具在大学生创业阶段所起到的作用不同。供给类政策在大学生创业的初期能够给予相关支持，是推动大学生创业的技术研发、成果投入等方面的供给,能够帮助大学生创业者更好地开发新技术,主要包括教育辅导类、资金扶持类和公共平台类的政策;环境类政策则在大学生创业的过程中提供各类政策的扶持,主要是间接对大学生创业产生影响的政策因素,包括对大学生创业的整体引导、风险防控及产权保护、人力管理及法律援助等方面;需求类政策则在大学生创业成果的转化上给予支持,主要以帮助大学生创业者完成研究成果的市场转化为目的,为大学生创业者的产品营销平台提供支持,从而促进大学生不断对研究进行创新和深化,主要包括采购平台的建设、市场拓展的控制及政府采购行为等。

现阶段,我国大学生创业政策的主要关注点还是大学生是否能够创办企业,或者创业成功率的高低。长期看,把创业政策"前移",通过加强高校的创业教育提高大学生的创业素质,是创业政策绩效的动力源泉和根本保证。创业教育纳入高等教育,甚至基础教育,是建设良好创新创业环境的战略性基础工作。

三、创业政策的争取与利用

大学生创业离不开创业政策的引导、激励、扶持、帮助和保护,但是如何争取和利用创业政策来提高创业效率和增加成功概率,是大学生面临的创业难题之一。

(一)树立正确的创业政策观念

创业政策是大学生创业的推动力,但是这样的动力并不是万能的,也不是坐等大学生来使用。因此,大学生要树立主动识别与利用创业政策的观念,从而选择真正适合自己的创业政策组合。首先,提高资源收集和利用能力。大学生创业过程中普遍存在的问题是对于现有扶持政策资源利用不够。上海应用技术大学创业教育研究中心执行主任魏拴有认为,即便是校内的各种机会,很多学生也不太关注。比如,学校组织大学生创业计划大赛,奖都评完了,一些学生才来问。作为创业者的大学生,必须十分清楚自身需要的服务和资源类型,时刻关注最新创业政策动态。其次,在强化创业意识的基础上寻求政策支持。大学生往往并不拥有资金、项目、场地等创业条件,只有在强烈的创业意识驱动下才会寻找创业机会,并为创业成功做好自身能力和外部条件的准备。也只有这样,外部的政策才能发挥作用。因此,创业政策再好,也只能通过大学生的内在创业动力起作用。最后,具备灵活运用创业政策的能力和耐心。对大学生创业政策缺乏了解、了解不够或理解不正确,是困扰大学生创业群体的普遍现象。研究发现,创业初期创业者的注意力往往集中在项目本身，不会耗费过多精力去了解、研究和申请政策资助，而且不愿意在烦琐的申请过程上浪费时间。但是大学生创业与其他类型创业有很大不同，因为大学生多是白手起家，除了自身人力资本积累以外其他条件十分有限，这个时候就需要耐着性子了解和研判国家关于大学生创业的激励与保护政策，根据自己的自身特点和创业计划建构可以施加积极影响的政策组合，从而保障创业政策利用的充分性和有效性。

（二）精准理解和把握创业政策动向

为支持大学生创业，各级政府出台了很多优惠政策，涉及融资、开业、税收、创业培训、创业指导等各个方面。了解和理解这些政策，是创业的第一步。

2010年，《财政部、国家税务总局关于支持和促进就业有关税收政策的通知》明确了自主创业的毕业生从毕业年度起可享受三年税收减免的优惠政策。其中，高校毕业生在校期间创业的，可向所在高校申领"高校毕业生自主创业证"；离校后创业的，可凭毕业证书直接向创业地县以上人力资源和社会保障局申请核发"就业失业登记证"，作为享受政策的凭证。根据国家和上海市政府的有关规定，应届大学毕业生创业可享受免费风险评估、免费政策培训、无偿贷款担保及部分税费减免四项优惠政策。北京市政府在青年创业方面也制定了各项政策，每个区根据各自地区的不同情况进行设定，各个区的侧重点不同。例如，西城区在支持青年创业方面，增加了科研项目资金以及核心配套设施支持，直接或者间接的费用支持、产业技术联盟支持，以及企业进行技术研发的专项资金支持，推动重大产业的转型并提供项目落户的配套资金。针对企业自主研发，推进专利和搭建融资服务平台，提供知识产权补贴、完善公共服务体系、加强人才激励等多种政策条款，以支持创业。

因此，大学生创业者要根据自身创业区域、行业以及条件等因素，深入学习与创新创业紧密相关的政策内容，从而能够有针对性地在人才、资金、培训、专家指导以及税收减免等方面争取更多的政策支持。

（三）选择适合自己的政策资源

创业政策及其覆盖范围非常广泛，而且创业的方向、特点、行业、适用范围以及对象存在显著差异。大学生创业者首先要对创业政策的具体内容进行分析，或咨询相关创业指导专家，判断创业政策是否适合自己，从而选择并用好适合的创业政策。例如，争取国家及地方政府资金支持，创业者首先要对国家支持专项计划、政策与配套资金申请办法、时间有较全面的了解，并扩大了解和甄别政策的渠道，例如，浏览政府各部门的网站，直接与政府部门关键人员交谈，参与行业协会等社会组织举办的活动和讲座，咨询专家、专业人士以及中介机构，等等。其次要做好申请前的准备工作。一是要精心准备创业计划书，把创业目标和创业行动分解为阶段性企业发展目标与任务，让政策执行者清晰地看到创业的前景、资源整合的途径、核心优势的培育、市场潜力的挖掘以及团队建设的活力，让创业计划书"会说话"；二是精心选择适合自己的创业政策，根据创业计划书确定的长期、中期和短期目标与任务，在创业导师等专业人员的指导下选择适合自己的政策组合，确定争取政策支持的具体内容和范围，测算政策利用的经济效益和社会效益；三是精心编写申报材料，根据商业计划书和选择的政策组合，在申报材料中完整描述项目的可行性，突出创业团队的优势与潜力，突出技术和市场优势的集聚策略，突出经济效益和社会效益指标的合理性和递增性，等等。

（四）重视政策利用绩效

创业政策本身不会自动产生绩效，创业者必须通过自身的经营服务活动，使政策绩效真实产生，帮助创业企业创造出更大的价值。创业者在选择了适合自己的创业政策组合后，应该使政策的运用能真正降低经营成本，改善经营状况，提升经营能力，从而助力企业的发展壮大、使企业走上持续发展道路。大学生创业企业利用创业政策的绩效应对国家相关评价标准。在创业实践中，大学生还要提高法律和伦理意识，争取与利用创业政策要符合法律法规和社会伦理，不能因为追求短期经济利益而钻政策的空子，不能因为自身发展而牺牲他人或社会利益。此外，大学生还要扩大风险防范范围，例如防止学生身份被人利用而蒙受意外损失。

| 案例2.1 欧盟区域创新创业政策

欧盟区域创新创业政策是欧盟支持区域经济发展、解决发展不平衡和可持续协调发展的关键所在。具体的相关政策资金包括：为提升区域研究能力、促进区域合作研究的区域政策资金、研发框架资金；为帮助创新企业实现发展战略与技术转移的专项资金；为推进区域创新智慧专业化发展的专项资金。例如在现代农业领域，欧盟通过欧洲农村发展农业基金（EAFRD）、欧洲海事与渔业基金（EMFF）等对现代农业的技术创新、规模化运营、农村地区可持续发展平衡、农业竞争力提升等方面提供资金帮助，近年来累计投入达到1054亿欧元。此外，为破解欧盟区域创新创业环境差异过大的问题，降低区域间的创新创业赤字，欧盟陆续制定了《知识驱动增长》《欧盟2020》《智慧专业化研究与创新战略指南》等指导性政策文件，以确保区域政策资金能够集中使用到区域创新创业研究与创新创业实践活动中去，为区域经济持续发展提供强大的内生动力。

在实施区域均衡发展创新创业政策的同时，欧盟构建了可测评的区域创新创业评价机制，其评价体系包括基本环境、投资现状、创新创业活动和区域影响四类主要指标。基本环境指标涵盖人力资源、科研体系和城市基本设施等；投资现状指标涵盖公共研发支出、风险投资规模及数量、企业研发创新支出、企业培训投入、员工信息化水平等；创新创业活动指标涵盖创新、外部合作、知识产品三大方面，其中创新主要测评中小企业在产品、营销、组织等环节的创新数量及比率，外部合作主要测评中小企业与科研院所、高等教育机构、企业等组织的合作数量与规模，知识产权主要测评专利、商标、设计应用的数量等；区域影响指标则涵盖就业趋势与就业人群、科技产品销售、知识服务出口、新产品与新市场拓展等。欧盟基于各类指标的统计与数据分析，对欧盟成员国及所属区域的创新创业能力与产业结构、发展现状进行总体评价，为进一步制定适应区域均衡发展的创新创业政策提供依据。例如，欧盟利用区域创新创业评价指标数据对农产品供需结构、农业补贴资金分配政策进行调整与优化，重点解决欧盟各成员国在农业生产结构不合理、农产品附加值偏低、农产品价格波动等方面的问题，为维持欧盟在农业生产领域的优势提供政策与资金保障。

欧盟还遵循1998年联合国教科文组织发表的《21世纪的高等教育：展望和行动世界宣言》中对创新创业教育的阐释，陆续发布了《欧洲创业绿皮书》《行动计划：欧洲创业议程》《欧洲奥斯陆创业教育议程》《迈向更大合作和一致性的创业教育》等纲领性的创新创业教育文件，旨在整合欧盟社会资源协同开展创新创业教育工作，最终达成"让年轻人在教育系统内通过不同阶段的学习获得创新创业能力"的人才培养目标。（来源：刘玉峰：《完善政策建构机制 重视人才培养路径——浅析欧盟区域创新创业发展模式》，载《中国社会科学报》2018年12月17日。）

案例2.2　找个大学生当法人代表开公司

小唐是杭州某大学2008届的应届毕业生，毕业后进入城西一家软件公司工作。2009年年底，老板突然找小唐谈话，提出要借用他的身份证去注册一家新的文化公司。

"那时候我什么都不懂，老板说这样可以领政府补贴，我就答应了。"当时他按照老板的要求，先去学校开了"无不良信用的记录"，接着跟老板去工商局窗口签了文件，之后，就再也没涉足过新公司的任何业务了。

一开始小唐觉得老板会找自己帮忙，是因为公司看重他。可渐渐地，小唐觉得整件事情有问题，自己可能被老板利用了。"我是新公司的法人代表，那万一以后公司出了什么问题，岂不都要我来承担责任？"

幡然醒悟的小唐提出要更换法人代表，但老板说政策不允许，事情就一直拖着没办。今年初，小唐提出辞职，老板仍不同意办理法人代表更换手续。更让小唐恼火的是，公司以"工资不够交社保以及公司扣的钱"为由，拒绝给他发工资。

四处投诉后，小唐在"杭网议事厅"和劳动保障部门的介入下，向公司讨回了工资。同时，他得到了一份《责任及保证书》，与老板约定等到新公司成立满两周年时，更换法人代表；而之前新公司若是在经营方面有违法行为，小唐不需要承担责任。

根据《杭州市人民政府关于鼓励和扶持大学生在杭自主创业的若干意见》附则中的规定："大学生在杭创办企业，必须由大学生担任该企业的法定代表人，且大学生创业团队核心成员出资总额不低于注册资本的30%。"像小唐这样只出身份不出钱的情况，显然是钻了政策的空子，同时也把自己拖入了陷阱。

（来源：http://hwyst.hangzhou.com.cn/jzcj/content/2011-06/23/content_3775866.htm，访问时间：2019年7月28日。）

思考与探索

1. 列举重要的大学生创业政策及获取其支持的渠道。
2. 结合个人经历，分析和阐述创业政策对大学生创业的实际影响。
3. 结合自己的创业方向，阐述选择适合自己的政策组合的依据和策略。

第二节　大学生创业服务模式

创业服务是创业生态的重要组成部分。随着创业环境的日益改善，在创业服务领域也涌现出众多的创新型服务组织和模式。创业服务已由过去政府主导的单一模式转变为多方参与的多层次、多维度、多要素的紧密围绕技术创新、服务创新、企业成长而形成的服务集群。

一、大学生创业服务的内涵

对于刚刚毕业的大学生来说，想成功地创办企业面临很大的困难。大学生群体由于缺乏创办企业所需要的社会经验与社会资源，更需要创业服务的全面支持。政府和社会也在不断地完善创业服务体系以满足大学生群体的创业服务需求。

大学生创业服务体系是由多种社会资源和外部政策环境组成的一个系统。根据张京京和董敏（2009）的观点，大学生创业支持体系是由政府政策、创业教育、资金支持以及服务支持（孵化的支持）组成的；创业支持体系的四大支持分别为大学生创业提供了物力、人力、制度以及环境的保障。创业支持体系的核心是创业人员，只有那些具备创业精神和创新思想的人才能更好地保障创业的成功。政策的支持规范了与创业环境相关的制度法规、提供了保证创业人员与创业资金的链接平台。资金的支持是保证创业成功的关键因素，是企业发展的"粮草"。服务的支持是指支持创业的基础设施和服务环境，是创业的环境保障。只有这几个方面相互联系、相互支持，才能使创业服务体系作用最大化。

创新创业服务业伴随着信息技术和知识经济的发展而发展，通过新技术、新方式和新业态向创业企业提供高附加值和知识型的生产服务和生活服务，从而实现对传统服务业的改造升级。作为当前服务业中最具活力的部分，我国创新创业服务业的发展经历了从提供场地的1.0时代，到提供"场地+服务"的2.0阶段，再到提供"场地+服务+资金"的3.0时代，然后发展到连接"创业者+服务+经验+人脉"的4.0时代。创新创业服务业以专业化服务推动创业者不断应用新技术、开发新产品、培育新业态，涌现了以创新工场、车库咖啡、36氪等为代表的一大批创新型孵化器及配套创业服务平台。

当前我国尚处于经济转型时期，市场经济体制框架还不够完善。政府容易习惯性地选择采取行政手段，而不是通过市场机制协调和配置资源。对于扶持创业而言，这种方式在前期推进的过程中可能影响力大、进展迅速、效果明显，是应该选择的方式。但创业的环境建设最终依赖于公平竞争的市场制度，创业的动力来源于对市场机会的独特把握和对资源的有效配置。这种趋势客观上要求市场手段替代行政手段，市场制度替代行政权威；要求通过制度建设进一步推动创业环境建设的转型和升级、培育和健全创业服务体系。

二、大学生创业服务的模式

实现资源的聚集、整合和共享是创新创业服务业要解决的核心问题。要实现创新创业服务业的深度变革，就要突破不同部门、机构之间的利益博弈和制度壁垒，将创新创业服务业融入由政府、企业、大学与科研机构、投资机构等构成的创新创业生态系统中来，汇聚产、学、研、经、政等各类创新资源，促进创新资源的高效流动和自由对接，真正实现创新创业大众化、开放化、市场化发展。《国务院关于进一步做好新形势下就业创业工作的意见》提出，创新就业创业服务供给模式，形成多元参与、公平竞争格局，提高服务质量和效率。《中国创业孵化发展报告2017》披露，截止到2016年年底，全国科技企业孵化器总数已达3255家，位居世界第一；众创空间总数达4298家，与科技企业孵化器和加速器共同形成接递有序的创新创业孵化链条，实现了创新、创业、就业的有机结合与良性循环。

（一）创业孵化器

美国是企业孵化器的发源地。1956年约瑟夫·曼库索在美国纽约建立了第一家企业孵化器。随着经济社会发展，企业孵化器作为一种帮助初创企业创立与成长的政策工具和经济发展手段而被广泛采用。

美国国家孵化器研究协会认为，企业的孵化过程是一个动态的过程。通过帮助初创企业生存和发展，提供管理咨询、金融服务等支撑，规避企业在发展过程中可能遇到的风险。联合国开发计划署在相关研究报告中指出，孵化器运营的重点在于筛选具有发展潜力的初创企业，通过为每个入孵企业提供办公场地和共享的服务设施，并且有针对性地训练、开发和协助初创团队，提供专业化的服务，促进企业发展，最终实现孵化器的盈利。欧洲共同体委员会认为，应该成立创业创新中心，通过培训和咨询服务，有计划、有步骤地推进初创企业的发展壮大，并且孵化服务应该标准化，具有一整套筛选优质企业和企业家的程序。

1987年，武汉东湖新技术创业者中心（原名）正式成立，标志着火炬计划重要创新创业载体——首个中国科技企业孵化器诞生。1999年到2014年，我国孵化器产业进入了从无到有、从少到多、由弱转强的快速发展阶段。2017年5月12日，2017中国·成都国际创业孵化峰会举办。根据峰会公开的数据，全国纳入科技部火炬统计范围的众创空间4298家、科技企业孵化器3255家、科技企业加速器400余家，共同构成接递有序的创业孵化生态。截止到2016年年底，各类孵化机构吸纳和服务科技型初创企业和团队近 40 万家，带动就业超过 200 万人，拥有有效知识产权 22.3 万项，累计培育上市企业 240 余家。科技创业孵化已经成为发展新经济、培育新动能、创造新就业的重要载体，有力地支持了全社会的创业创新。

2000 年，《关于加快高新技术创业服务中心建设与发展的若干意见》指出，孵化器是一种社会公益服务机构，以实现科技成果转化、培育高新技术企业和企业家为宗旨，是高新技术创业服务体系的核心。2003 年，《科学技术部关于进一步提高科技企业孵化器运行质量的若干意见》提出，孵化器通过为入孵企业提供一系列诸如物理空间、基础设施和咨询服务等，降低创业者的创业成本和创业风险，在实现科技成果转化、助力科技企业的成长和发展方面成效显著。我国孵化器行业主管部门科技部火炬中心认为，科技企业孵化器在中国也称为高新技术创业服务中心，是以促进科技成果转化、培养高新技术企业和企业家为宗旨的科技创业服务机构，是国家创新体系的重要组成部分。

孵化器在整合区域资源、助力创新创业、促进科技成果转化等方面发挥了非常重要的作用，大大提高了初创企业的成活率。从投资主体看，可分为政府投资型、高校科研院所投资型、民间资本投资型和混合投资型孵化器；从性质看，可分为事业型、政府主导企业型和完全企业型孵化器；从属性看，可分为公益型、半公益型和完全盈利型孵化器。

国家科技部火炬中心将孵化器分为以下四种类型。（1）高新技术创业服务中心。作为科技企业孵化器的主要形式，以初创的科技型中小企业为服务对象，为入孵企业提供研发、中试生产、经营场地和办公方面的共享设施，提供政策、管理、法律、财务、融资、市场推广和培训等服务，以降低企业的创业风险和创业成本，提高企业的成活率和成功率，为社会培养成功的科技企业和企业家。（2）国家留学人员创业园。作为科技企业孵化器的组成部分，这类孵化器是经科技部、教育部、人事部和国家外专局共同批准认定的以服务于留学回国人员创业为主的公益型科技服务机构。通过各部门的政策鼓励与扶植，创业园为留学人员回国创业开辟了"绿色通道"，引进学有成就的海外留学生回国创业。（3）国际企业孵化器。这是经科技部批准设立的涉外科技服务机构，服务于境外技术研发机构、科技型企业及创业者在中国境内开展的创新创业活动。同时也为我国高新技术企业开拓国际市场、寻求境外合作伙伴、实现跨国经营与发展提供全面的支持与保障。（4）大学科技园。这是经国家科技部、教育部共同批准认定的科技创业服务机构。大学科技园作为科技企业孵化器的重要组织部分，成为区域经济发展和行业技术进步的主要创新源泉之一，是大学实现社会服务功能和产学研结合的重要平台。

（二）创客空间

众创空间是顺应网络时代创新创业特点和需求，通过市场化机制、专业化服务和资本化途径构建的低成本、便利化、全要素、开放式的新型创业服务平台的统称。该类平台为创业者提供了工作空间、网络空间、社交空间和资源共享空间，在本质上是一种微型孵化器。

众创空间是在大众创业与万众创新的背景下，面向大众创业所构建的新型创业集聚平台，正逐渐成为社会化创新创业的主要载体。众创空间是众多创业活动在特定地理空间的集聚，所形成的复杂创业生态系统。作为由为数众多的创业者积聚创业的空间，众创空间基于创业者精神促进创业者不断成长，为创业者们提供社区互动平台与生活休憩场所；作为孵化技术创新、商业创意、促进创业的空间，众创空间是孵化新技术与新商业模式的土壤；作为丰富多样的创业资源集聚空间，同时也作为一系列创业政策的集成空间，众创空间为创业资源和创业者们的对接搭建基础设施平台。

在实践层面，例如，深圳柴火创客空间创办于2011年，最初由澳洲资深创业者戴维斯发起、Seeed Studio 公司创始人潘昊出资建立。该创客空间源于一批对开源软件和电子硬件开发感兴趣的 SZDIY 社区成员，他们起初只是在线上讨论技术和产品，偶尔相约聚会。在戴维斯加入后，他引进了国外创客空间的理念，认为应该将 SZDIY 社区发展成有固定聚会场所的创客社区。与此同时，潘昊在美国参加创客博览会（Maker Faire）时，参观了各地的创客空间，他被这种开放共享的创客环境所吸引。回国后，两人一拍即合，创办了柴火创客空间，SZDIY 的社区成员成为了入驻的第一批成员。

联合办公室的概念最早出现在日本，它通过聚集企业联合办公，节省了创业企业的初期投入，也通过对企业人事、财税、品牌、公关等资源的外包和共享，让小企业节约人力和资金投入，能够轻松享有较高专业水准的服务。联合办公室和创业咖啡馆的服务内容和运营思路非常类似。在共享经济大繁荣的背景下，联合办公空间在世界范围内已然形成一个行业。而优客工场作为其中一支，自2015年4月创立之日起就被定位为一家为创业者、小微企业和自由职业者提供办公空间租赁及配套服务、全要素企业服务和加速服务的"联合办公空间＋创业加速器"。为了培养联合办公生态系统、建设商业社交平台，优客工场在布局线下的同时也在逐步完善线上系统建设,该线上系统以移动端 APP 为主要接口,辅助以 PC 端的官方网页,试图将优客工场的线下资源和服务互联化、移动化,从而打破"桌子"的物理界限,扩充优客工场的流量规模和生态圈外延。

(三)基金项目支持

在大学生创业服务类型中,基金项目支持是一条重要的措施,基金项目包括了国际性、全国性基金项目和地方性基金项目。基金项目的功能是扶助青年成功创业,带动就业;辅助企业家实现社会责任,活跃经济;协助政府解决就业难题,促进社会和谐。基金的根本使命就是要让大学生的创新创业梦想成为现实,同时,由于创新创业存在极大的失败风险,基金的使命必须还要包括承担失败风险的责任,政府要为这种失败风险提供必要的配套政策支持。扶助的内容包括:为创业者提供系统的免费创业培训;帮助青年解答创业过程中遇到的经营问题;为创业者提供"一对一"的创业导师,由其免费提供为期三年的陪伴式创业咨询和指导;由青年创业专项基金为青年提供免息免担保的创业启动资金。

国际性、全国性的基金项目,以中国青年创业国际计划和 KAB 项目为典型代表。(1)中国青年创业国际计划(Youth Business China,简称 YBC)是共青团中央、中华全国青年联合会、中华全国工商业联合会共同倡导发起的青年创业教育项目。YBC 倡导机构和倡导人共同倡导树立社会责任意识,鼓励有条件的青年人勇敢创业,以创业带动就业,推动青年创业国际计划先进理念和先进模式在中国的实践,为 YBC 发展创造良好的社会和舆论环境。(2)KAB 项目(Know About Business):为适应创新创造的时代要求,满足青年就业的现实需要,培养青年的创业意识和创业能力,共青团中央、全国青联、全国学联与国际劳工组织合作,自 2005 年 8 月起在中国大学中开展的创业教育项目。这是共青团组织通过国际合作推动中国创业教育发展的一项尝试,在吸收借鉴国际经验的基础上,探索出一条具有中国特色的创业教育之路。

(四)高校创业服务平台

高校创业服务平台是以具有较强科研实力的大学为依托,将大学的综合智力资源优势与其他社会优势资源相结合,为高等学校产学研结合、技术转移和科技成果转化、高新技术企业孵化、战略性新兴产业培育、创新创业人才培养、服务区域经济提供支撑的平台。它是高校技术转移和科技成果转化、创业企业孵化、创新创业人才培养三个方面综合性的科技创新平台。

随着中国高校对大学生创新创业的日益重视，很多高校为学生提供了诸如学籍制度改革、创业导师制度、资金扶持、实践机会等多种帮扶措施，众多高校也成立了创新创业孵化器。高校孵化器，例如西南交通大学为学生搭建的 300 多个校外创新创业实践基地、上海交通大学的交大慧谷孵化器、清华 x-lab、北大创业训练营等，一般针对在校大学生及已毕业的校友。除了孵化器还有很多高校设立了创业基金，例如，四川大学每年为学生提供 800 万元的"异想天开"基金，还与成都市政府联合成立了 1 亿元的"创业风险基金"。

三、创业服务的完善与创新

实现资源的聚集、整合和共享是创新创业服务要解决的核心问题。要实现创新创业服务的深度变革，就要突破不同部门、机构之间的利益博弈和制度壁垒，将创新创业服务业融入多主体构成的创新创业生态系统中来，汇聚产、学、研、经、政等各类创新资源，促进创新资源的高效流动和自由对接，真正实现创新创业大众化、开放化、市场化发展。

第一，进一步完善创新创业服务业的顶层设计。有关部门应研究出台创新创业服务业发展专项规划，明确其战略定位和战略方向，进一步分解创新创业服务业的发展愿景、目标、思路、发展重点与任务，统一规划设计支持创新创业服务业发展的综合发展战略，吸纳"双创"服务机构深入参与计划项目实施和成果转化工作。针对当前"双创"服务机构发展水平参差不齐的状况，有关部门应科学优化针对"双创"服务机构的认证评估体系，加大力度扶持专业化程度较高、特色鲜明、全要素孵化的"双创"服务机构，并强化对服务机构的动态监督职能，根据行业走向适时调整相关优惠扶持政策，引导创新创业服务业的良性上行性发展。

第二，构建多方协同的新型创新创业机制。全要素孵化无法从创新创业服务业自身内产生，需要政府和社会为创新创业服务业牵线搭桥，推动专利转化、研发设计、资本运作、生产装备、技术配置、市场营销等全产业链资源的整合贯通，有效引导创业企业与高校、科研机构、企业、市场、投资人和生产厂家等开展分享式合作。相关政策应鼓励行业龙头企业整合上下游产业链，围绕其主营业务方向和转型升级需求开展创新创业活动。同时，有关部门应积极完善产业技术创新公共服务平台建设，向创新创业企业提供技术支持服务，带动产业集聚发展。

第三，全方位提升创新创业服务水平。有关部门应制定完善创新创业服务业的行业规范，对接行业协会，大力推动创新创业服务机构在相关产业链与大型企业对接，积极引导"双创"服务机构依托自身特色资源和优势，借助新一代信息技术，围绕国家重点产业布局开展全要素、一站式创新创业服务，为创业者提供整个产业链的接续服务。大力引进和培养创新服务人才，特别是海内外高层次创新服务人才，邀请国外高层次创新服务人才来华讲学或在创新服务机构任职；重点推进创业服务的专业化、标准化建设，强化对现有创新创业服务人员的岗位集中培训；建立创业导师备案制度，强化对导师创业辅导能力的相关考核，全面提升创新创业服务机构的综合服务能力。

第四，充分发挥政府对创业投资的积极推动作用。创新创业企业具有高风险特性，因此在融资过程中会面临市场失灵、民间资本犹豫不决等尴尬处境。为解决这一难题，推动创新、支持创业，政府设立创业投资引导基金，利用政府信用，吸引各种社会资金聚集。然后，政府进一步明晰其引导基金的定位，合理控制基金规模与投向，强化对引导基金的监管与风险防范，交由市场化专业机构运作，将重点放在使已设立的基金尽快形成投资、发挥效益，助推创新创业服务业发展迈上新台阶。

第五，进一步优化产业结构、完善社会保障制度。产业结构的优化、社会保障制度的完善，对于大学生创业选择有积极的促进作用。优化的产业结构能够减少创业选择的不确定性，完善的社会保障制度能够降低风险预期。政府在优化产业结构的过程中，应重视鼓励和促进第三产业的发展，为创业活动提供良好的社会经济环境。同时，加大医疗、卫生等社会保障的投入，为创业者提供较为完善的保障制度，降低创业的风险。

| 案例2.3　高校创业服务平台

北京大学：向创业者提供后续创业辅导及投融资支持

2015年，北京大学创新学堂平台全面启动"千城万堂，千校万师"计划，通过与新华网等领先机构与企业密切协同，与各地主管部门签订合作协议，将"4G"创新教育推广至各地方学校与社区，让每个人获得接受高品质创新创业教育的机会。早在2008年，北京大学就创办了创新研究院，从创新与创业这个领域开始探索第四代教育模式，即"干中学，学中创"的协同创新教育模式。北京大学与中关村实施的"创新学堂""4G"教育模式，真正实现了"人人学创新，万众共创业"。"4G"创新教育的核心是"向学生学"的创新教育。学生和老师的评价方式会改变，学习互动的方式会改变，创造与分享的方式会改变，生活与工作的方式会改变。北大教授蔡剑介绍说,"课堂思辨+网络互动+大赛训练+创业实践"的"4G"创新教育方法,将"课堂思辨"作为核心,独创五色创新思维理论;"网络互动"即为与课程配套使用的"创新学堂"网络平台,学生不但可以自学创新创业课程,还可以进行真实互动服务和交易;"大赛训练"即为国际青年创新大赛,该赛事已帮助无数青年创新创业;"创业实践"即为向创业者提供后续创业辅导及投融资支持,每学期有多个课上的学生创业项目获得了天使或风险投资并高速成长。

清华大学:投入使用全球最大的校园创客空间

清华大学李兆基科技大楼,是专门为学校的创业者提供创新创业培育孵化的基地,也是目前全球最大的校园创客空间。清华大学创新创业教育平台包括学生科技兴趣团队、创+、i.Center 以及 x-lab 等。此外学校还为参与创新创业的学生制定了全新的课程培养方案,打破院系间壁垒,进行跨学科的专业选修,并设计了专业学位课程,学生在进修后还可以获得专业学位。学生科技兴趣团队是 2010 年由学生自发创办的学生社团,致力于让更多的师生理解科技与艺术,爱上创新与创造,目前已有科技兴趣团队 20 余支,人数逾 600 人。i.Center 是由清华基础工业训练中心与校内各院系和校外合作单位联合成立的,主要开展工程训练实践和创客教育,每年有近 2 千学生参加教学活动,90% 是本科生。x-lab 是清华大学新型创意创新创业人才发现和培养的教育平台,于 2013 年成立。截止到 2015 年 5 月底,已经有超过 1 万人次的清华及社会的青年学生参与了 x-lab 的各类活动,600 多个由清华在校生和校友创立的项目加入清华 x-lab 空间,经过其培育,所有注册公司的项目融资金额已经突破 3 亿元。

香港科技大学:创业基地设立咖啡厅,学生自主制订商业计划

香港科技大学已形成一个跨领域学科体系,由一位担任协理副校长的教授专门负责跨领域学程。学生除了参加学校设计的跨领域课程外,也可设计自己感兴趣的跨领域学习内容,比如分子生物科技,它同时需要有理学、工学、医学相关专业的背景,学生可以在经过教授同意后,自选他所需的课程。课程涉及创业的部分,学生也可以选择到学校的商学院和工科学院上课,所有这些课程均可获得学分。在课程以外,香港科大为学生设立了创业中心,并建成一个创业交流基地,帮学生把创业基地内的硬件设施做好,然后让各个学院的学生自由地参与进来,自行在创业交流基地内组合讨论、交流、分享心得,教授会参与指导,但不会干涉他们的选择,允许学生从错误中学习。在创业交流基地内,学校还设置了咖啡厅,让学生制订商业计划、自己经营,一个学期轮换一次。通过这种方式

让他们学会如何规划及开展生意、建立团队文化，解决运营所产生的各种问题等等。（来源：根据资料整理。）

案例2.4　国外孵化器服务模式

国外孵化器产业起步较早，在运营过程中由市场占据主导地位，经过多年的发展已渐成熟，对我国的孵化器产业具有重要参考价值。

美国最初的孵化器主要由政府直接投资建设，但是随着孵化器产业的发展，政府从最开始对孵化器的直接资助逐步转变成为提供信息和网络支持，制定政策和法律法规等支持服务。孵化器从过去单一的投资主体逐渐转变成为多元化的投资主体，孵化器也从过去帮助企业创业发展成为了营造创业生态，为企业的生存和发展提供保障。另外，除了少部分由政府投资建设的非营利孵化器以外，美国的孵化器大多遵循现代企业管理模式，首先必须是自负盈亏的市场竞争主体，其主要服务模式是金融投资服务，为初创企业提供创业风险资金，实现社会资金的整体优化运作。

德国的孵化器在早期发展过程中，主要由政府提供建设资金，并在全国主导建设工作。但从目前情况来看，德国在海外投资建设的孵化器正在逐渐增多，孵化器国际化趋势明显。德国的孵化器创新服务模式是：设立海外孵化器，实现跨国技术合作与资源整合。

以色列孵化器产业发展的最大特色是：政府对创业企业的风险投资和绝对让利。以在政府资金的引导下，制定了严格的入孵企业股权占比模型。在入孵企业的股权占比结构中，企业占股50%，孵化器和政府分别各占股20%，创业企业员工占股10%。以色列的孵化器针对每个项目，提供专业的职业经理人来指导和管理，共同分享产业链资源和商业资源。另外，孵化器有专业的管理团队为每家入孵企业提供发展、战略、市场、人力资源等全方位的指导。政府在孵化器管理过程中扮演了一个"只输不赢"的绝对让利角色，在企业成立五年内，任何企业和个人能以政府投入资金加上利息的成本购得政府所持有的股权，政府不得以任何理由拒绝。以色列孵化器的服务模式是：创业孵化服务＋股权投资。

英国的孵化器大多由政府、企业和高校联合共建，采用完全企业化的运作手段。政府主要在建设初期投入建设资金，运行过程中利用高校的科研资源和品牌，促进科技成果转化。企业投资资金并不占有孵化器的股份，企业主要通过孵化器宣传自己的品牌，并且通过与孵化器的合作，发现自己需要的创新技术和产品。服务特色在于：政府资金、高校科研资源与大型企业资源的整合。大型企业通过孵化器挖掘适合自身的创新产品，提升创新能力。（来源：根据资料整理。）

> **思考与探索**
>
> 1.结合个人经历和社会观察，分析和阐述大学生创业服务的基本内涵。
> 2.结合自己和身边人的创业计划，分析和阐述有效利用企业孵化器的方法与策略。
> 3.结合自己的创业方向，分析并阐述选择适合自己的创业服务模式的关键路径。

第三节　知识经济下的创业环境

外部环境对初创企业的生存和发展具有十分重要的影响力。创业环境是创业过程中多种因素的组合，包含政府和规程、社会经济条件、创业和管理技能、创业资金支持、创业的非资金支持五个维度。全球创业观察（GEM）提出了解释经济增长机制的理论模型，模型的核心部分提出了创业活动促进经济增长和创业就业的传导机制，并详细介绍了创业环境的九个条件，即金融支持、政府政策、政府项目、教育和培训、研发开发转移、商业环境和专业基础设施、国内市场开放程度、实体基础设施的可靠性、文化及社会规范。促进以创业带动就业，为创业者提供良好的创业环境，成为新时期政府决策的重点工作之一。各级政府纷纷对大学生创业政策进行了改进和创新，从而更好地为大学生自主创业提供有利的条件。

一、创业政策支持力度加大

创业政策的最终目的是刺激人们的创业激情和创业行为。经过全面深化改革，中国的创业环境已经发生了显著变化，市场在资源配置过程中的决定性作用得到加强，政府职能转变取得实质性进展，政府现代治理能力显著增强，创业相关的法律法规取得进一步突破，经济社会竞争环境更宽松、公平，创业孵化服务专业化水平得到有效提升。当前，密实的创业政策形成了创业政策组合，为创业创新的深入开展提供了政策支撑。

政府相继颁布加强创业服务建设的政策文件。例如，2015年，《国务院关于进一步做好新形势下就业创业工作的意见》，部署了进一步促进就业、鼓励创业的方针，以稳就业惠民生、助发展，这是指导当前和今后一个时期就业创业工作的纲领性文件；2014年，《教育部关于做好2015年全国普通高等学校毕业生就业创业工作的通知》，要求各高校建立弹性学制，允许在校生休学创业；2015年，《国务院办公厅关于深化高等学校创新创业教育改革的实施意见》指出，深化高等学校创新创业教育改革，是国家实施创新驱动发展战略、促进经济提质增效升级的迫切需要，是推进高等教育综合改革、促进高校毕业生更高质量创业就业的重要措施；完善学籍管理规定、创业税收优惠、创业担保贷款和贴息以及取消高校毕业生落户限制等大学生创业优惠政策，为大学生创业提供了良好的政策环境和创业服务。

创业融资渠道增多，处于创业起步阶段的创业者越来越容易获取创业资金。数据显示，截至2015年年底，有关部门共设立了780只政府引导基金，由税收和政府支持贷款提供的资金，总额超过2万亿元。一系列政策组合，正推动着中国从"世界工厂"转型为创业强国。

二、创业经济形势日趋向好

研究证实，产业转型升级的过程是一个创新驱动与结构调整的过程。全球性创新驱动转型、结构调整从未间断过。进入新时期，全球经济发展再次进入科技创新和结构调整的阶段。

首先，随着产业结构调整升级，我国经济发展进入了新常态。在经济结构调整的过程中，创新驱动成为经济发展的核心要素。没有创新，企业就会失去可持续发展的动力。无论是初创企业，还是处于成长阶段的企业，在未来经济社会发展充满不确定性的时代，都需要具有强烈的创新创业精神。

其次，居民的个性化需求，为创新创业提出了更高要求，同时也为创新创业创造了新的机遇。随着我国居民收入水平的提高，发展改善型消费比重上升，居民消费结构进入快速升级期，能否满足居民的个性化需求决定着创业成功的概率。

最后，新技术的涌现、互联网的运用、新能源和新材料的开发，为创业者提供了新的技术条件和创业空间。利用新的技术、新的思维，创造新的商业模式，越来越成为创业成功的基本条件。因此，经济结构转型升级的宏观环境、居民的个性化需求以及新技术的不断突破，为创业者提供了广阔的创业空间。

三、创业文化氛围日益浓厚

创业文化是指与社会创业有关的意识形态、文化氛围,其中包括人们在追求财富、创造价值、促进生产力发展的过程中所形成的思想观念、价值体系和心理意识,主导着人们的思维方式和行为方式。创业文化鼓励资源流动,促进资源优化整合,达到动态最佳配置并达成增进社会福利的社会目标。如在我国珠三角地区,海洋文化中冒险、开拓、自由漂流、四海为家的精神激发一代又一代的珠三角人们背井离乡,远涉重洋,开拓创业。在 20 年前,创业并不被主流观点接纳,甚至是"走投无路"的选择,而在当今社会,自主创业已经成为最积极、最主动的就业形式。创业与创新的理念在国内持续传播,越来越多的年轻人开始选择自己创业拼搏。这类被称为"创客"的年轻人富有激情,敢于冒险、思维超前,使社会逐渐形成了想创业、敢创业、能创业的创业文化环境。同时,随着改革开放的深入推进和社会伦理的发展进步,社会逐渐形成了包容失败的创业文化环境。鼓励创业,包容失败,有助于提高高校大学生开拓进取的勇气,解除大学生的思想负担,坚定大学生的创业信心与信念。

四、创业教育效果显著

培养和发展大学生的创业意识和创新能力,是创业教育的核心目标。在这个科技日新月异、瞬息万变的时代,创新是经济社会发展的现实需要和动力基础。教育如果还是用传统的方式把现成的知识灌输给学生,而不是让他们具备探究未知世界和解决实际问题的能力,这些未来的公民将很难在持续变化的社会中生存和发展。

不难理解,未来社会需要具备创新能力的现代公民,而不再是传统的专业型或技能型劳动者。换言之,创新人才培养正在成为现代教育的基本目标。这就要求教育不仅注重学生的知识积累,更要重视学生的创新创业能力培养。

通过创新创业教育的开展,大学生的创业意识和创新潜能得到激发,创新创业能力得到提升。创新创业教育作为高等教育改革的重要抓手,应与高校人才培养相衔接,注重培养当代大学生的开拓创新意识,充分发挥大学生专业知识的优势,激发大学生的创业梦想并将其变成现实。

五、创业壁垒显著减少

创业的艰难使得很多大学生的创业以失败告终，引起社会的极大关注。我国的创业环境，在全球创业观察调查的全球 37 个国家和地区中仅排在 23 位，属于中下水平。

在 2014 年夏季达沃斯论坛上，李克强总理表示，要破除一切束缚发展的体制机制障碍，让每个有创业意愿的人都有自主创业空间，让创新创造的血液在全社会自由流动，让自主发展精神蔚然成风。政府通过简政放权，将各种对创业活动不利的壁垒逐步清除。《国务院关于进一步做好新形势下就业创业工作的意见》提出，要为创业营造宽松便捷的准入环境，继续优化登记方式，放松经营范围登记管制，支持各地结合实际放宽新注册企业场所登记条件限制，推动"一址多照"、集群注册等住所登记改革，分行业、分业态释放住所资源；全面完成清理非行政许可审批事项，再取消下放一批制约经济发展、束缚企业活力等含金量高的行政许可事项，全面清理中央设定、地方实施的行政审批事项，大幅减少投资项目前置审批；对保留的审批事项，规范审批行为，明确标准，缩短流程，限时办结，推广"一个窗口"受理、网上并联审批等方式；另一方面，创业门槛不断降低。2014 年，国务院批准《注册资本登记制度改革方案》（以下简称《方案》）。其中，放宽注册资本登记条件，明确降低了创新创业的门槛。《方案》规定，除法律、行政法规以及国务院决定对特定行业注册资本的最低限额另有规定以外，取消有限责任公司最低注册资本 3 万元、一人有限责任公司最低注册资本 10 万元、股份有限公司最低注册资本 500 万元的限制；不再限制公司设立时全体股东（发起人）的首次出资比例，不再限制公司全体股东（发起人）的货币出资金额占注册资本的比例，不再规定公司全体股东（发起人）缴足出资的期限。制度的放宽让更多的徘徊在创业大门之外的年轻人看到了创业的希望。

| 案例 2.5　"双创"实质上是一场改革

现代经济发展表现出一个强烈特征，那就是跨界融合。形成融合发展的途径是多样的，其内在动力来自于企业追求自身最大化利润，其基本样式是技术创新和模式创新。然而，长期以来，由于制度壁垒、行业管制等原因，中国企业间的跨界合作有着种种难以逾越的障碍，进而严重地影响了产业和经济的融合发展。

创业经常被理解为只是初始创业。大部分民间创业确实始于初创。创业者的梦想总是要做强做大企业，他们中的成功者之所以在不同程度上实现了这个梦想，就是因为持续地再创业。正如经济学家威廉·鲍莫尔在将熊彼特的理论范式运用于创新增长的实践时说过的，市场经济的最佳形式就是大企业型和企业家型两类企业的混合。后者指的就是初创企业，或者创业者的企业。在中国今天的经济生活中，也共存着这两类企业。在中国的大企业型的企业中，相当大的一部分是国有企业。央企技术、人才、资金、资源雄厚，开展"双创"站位更高、潜力更大、机遇更多，大有可为。央企开展创新不能再走"关起门来、单打独斗"的老路，而要通过搭建"双创"平台，创新机制，吸引众多中小微企业成为创新共同体，聚众智汇众力提高创新效率。

中国航天科工集团打造航天云网，开展"双创"，依托"互联网+"平台，不仅内部活跃着2000多个"双创"团队，而且广泛聚集社会上各类创客和创新资源，既解决自身难题，更带动提升全社会创业创新热情和创造能力。在海尔集团，创客和小微创业是张瑞敏提出的内部改革概念。按照他的理念，海尔现在主要由三类人群组成：第一是平台主，像海尔轮值总裁这样的职位便属于大平台主；第二是小微主，指那些依托于海尔内部不同平台成立的初创公司；第三类是创客，即在小微公司中持有一定股份的创业者，他们需要与海尔签订对赌协议，只有达到一定目标值才可兑现股份。目前，海尔产业金融平台下共有9个创客团队，涉及的领域包括医疗、健康消费、智能交通、社区金融、物流、食品农业等各个方面。随着近两年海尔内部改革加速，已形成大约20个平台、183个小微公司，创业项目涉及家电、智能可穿戴设备等产品类别，以及物流、商务、文化等服务领域。也有越来越多的外部人员选择海尔平台进行创业。

正是基于这些丰富的实践，"双创"实质上是一场改革，它抓住了生产力中"人"这个关键，依托"互联网+"把无数"个脑"连接成"群脑"，实现企业需求与社会海量创新资源的精准对接，既可以提升大企业创新能力，又能够催生出无数个小创客CEO，将极大增强经济社会发展动力。由"双创"倒逼的改革还有着不可替代的宏观意义：唯有"双创"，中国才能完成经济的转型升级；唯有"双创"，才能推动结构性改革，转变政府职能；唯有"双创"，才能使中国跨越"中等收入陷阱"，成为高收入国家，进而开始向发达国家、现代化国家的进程。
（来源：陈宪：《"双创"实质上是一场改革》，载《文汇报》2017年5月5日。）

|案例 2.6 创业板是全球服务创业创新成长最快的市场

2016年10月28日,在创业板成立七周年之际,证监会新闻发言人邓舸表示,创业板已经成为创业创新型企业聚集地,为供给侧结构性改革和经济转型升级提供重要支持,是全球服务创业创新成长最快的市场。邓舸指出,以市场化的制度供给激发创业创新,以创业创新引领经济转型升级,这既是国家赋予创业板的历史使命,也是创业板自身发展的内在要求。七年来,创业板打造围绕创新配置资源的市场化引擎,推动创新链与产业链、资本链紧密结合,融入并有力配合一系列国家战略实施,已经成为创业创新型企业聚集地。

统计数据显示,创业板上市公司中,四成以上企业拥有国家火炬计划项目,七成以上企业为战略性新兴产业公司,八成以上的企业拥有核心专利技术,高新技术公司占比超过九成,创新特征明显。同时,创业板上市公司业绩保持高速增长,研发强度持续提升,电子信息技术、环保、新材料、新能源、高端制造、生物医药等战略性新兴产业表现突出,培育出一批新兴行业龙头企业,成为中国新经济的典型代表。

创业板的设立还带动了创业投资热潮,改善了创新企业融资环境,创业板为创业投资提供了有效的退出渠道,吸引带动了大量的政府和社会资金流向科技创新型中小微企业。截至2016年9月30日,创业板共有439家公司上市前获得创投的资金支持,初始投资总额达到173.9亿元。(来源:《证券日报》2016年10月29日。)

思考与探索

1. 根据社会观察和信息分析,阐述全球创业环境发展的未来趋势与特征。
2. 结合个人特点,分析创业环境对大学生创业的促进作用和消极影响。
3. 根据自己的创业计划,分析创业环境改善的方向和重点。

第三章　创业素养

创业素养是创业知识、创业能力以及创业品质的有机综合体。创业素养的高低，直接影响创业的方向、行动与效率。

第一节 创业素养的内涵

创业素养是大学生创业的核心基础。它是创业知识、创业能力和创业品质的内在统一体。其中，创业知识是促进创业成功的核心要素，创业能力是指多种能力要素的有机综合体，创业品质是指个体在创业活动过程中表现出的综合心理素质。

一、创业知识

基于人类文化视角，知识是指人类在对世界的认知和改造过程中获得的结晶和积累的经验；世界经济合作与发展组织（OECD）从经济视角出发把知识视为蕴含在人（又称人力资本）和技术中的重要成分，向来是经济发展的核心。知识是经济进步的发动机，从资本的角度理解知识的内涵，知识是资本的重要构成。

创业知识是大学生创业的基础资源。大学生只有不断学习和积累创业知识，获取创业资源，快速适应环境变化，才能实现创业成功。阿尔瓦雷斯和布森尼兹（Alvarez & Busenitz，2001）认为，创业知识代表着如何利用概念化和抽象化的知识去找寻、获得有潜在价值的资源并加以整合、利用的能力，以及为创业者找到高效配置专有知识、利用市场机会创造利润的方式和方法。维丁（Widding，2005）认为创业知识具有多功能性，主要包括产品、市场、组织和财务四个方面的知识。库伯（Cope，2005）提出创业知识包含四类，即创业者自身的优势和劣势、发展方向、兴趣和目标等方面的知识，商业活动方面的知识，创业环境和管理网络等方面的知识和管理新企业方面的知识。罗哈斯（Roxas，2008）将创业知识系统地划分为功能导向型知识和战略导向型知识，前者包括销售、市场、生产、人力资源管理、财务管理等方面的知识，后者包括战略和竞争分析、成长管理、商业环境评价等方面的知识。塔迪厄（Tardieu，2003）把创业知识分为关于机会识别、评价与利用的关联性知识和可行性知识两大类：第一类针对市场和顾客，包括营销知识、竞争程度、价格知识、不同顾客偏好等方面的知识；第二类针对支撑创业的各种职能和环境，包括技术知识、管理知识、制度知识、当地环境知识等。

杨道建等人（2018）认为，创业活动本身是一个复杂系统，知识是促进创业成功的核心要素，影响创业活动的各个环节。创业知识是社会、经济、文化构成的，创业知识形成了大学生创业活动这个复杂系统的"场"，确定知识以及默会知识中的各个要素都在"场作用力"下最终影响创业成长。潘剑锋（2002）认为，创业知识主要有经营管理知识、人际交往与公共关系知识、政策与法律知识、税务、保险、金融知识、专业技能知识、经营管理知识、学习知识、生活知识、消费知识、职业知识等方面的知识。单标安、陈海涛（2015）将创业知识看作那些在新企业创建或成长过程中能够用于识别机会、合理配置资源、运营管理新企业以及进行创业战略选择并能创造出经济效益的知识，包括三类：第一类是与市场或顾客相关的知识，如市场需求、顾客偏好、市场竞争程度等，该类知识主要用于机会的识别和评估；第二类是功能导向型知识，如人力资源管理、财务管理、营销管理、生产管理等，该类知识主要用于实现创业资源优化配置和运营管理新企业；第三类为战略导向型知识，如市场竞争策略分析、营销策略分析、产品策略分析等，用于指导新企业战略层面的决策行为。

创业知识与创业者经验、创业学习的概念极易混淆。根据大卫·科尔布的学习环境理论，三者具有本质的区别。经验来自于创业者参与或观察商业活动的直接结果，反映个体对现象的不同认识；知识来自于个体经验，是对具体经验反思和抽象化的过程，即学习过程。根据波利蒂斯（Politis, 2005）的观点，创业者经验转化为创业知识的过程是创业学习过程，即创业知识是学习的结果，来源于先前经验（根据后续的研究，基于先前经验的学习只是创业学习的方式之一）。创业者先前经验对创业活动的影响并不总是积极的，因为环境的变革和创业活动的不确定性会影响先前经验的作用效果，过于依赖经验甚至会带来负面效应。创业活动成败的关键并不在于创业者先前经验的多少，而在于如何通过创业学习过程获取并管理创业知识，创业者所掌握的创业知识越丰富、越全面，其取得成功的概率就越大。

创业知识是开展创新创业活动的前提，是大学生创业活动的必要知识储备，关系到创业者未来竞争力和可持续发展能力，需要通过系统化的理论培训和创新创业专业知识技能训练来习得。总体而言，创业知识主要包括进行创业活动所需要了解的法律法规、行业知识、管理方面的知识以及社会经验，如营销管理学、人力资源管理学、财务管理学、商业计划写作的知识与技能、成本预算与风险预测等。大学生只有充分了解与把握创业知识,才能有效解决创业过程中遇到的问题,从而促进创业活动的顺利进行。

二、创业能力

创业能力在创业过程中至关重要。创业能力是大学生创业素养中的一个基本概念,在大学生创业过程中扮演着重要的角色,直接决定着大学生能否成功创业。

1904年,英国心理学家和统计学家查尔斯·斯皮尔曼(1999)提出了能力的二因素说。该理论认为,能力是由两种因素构成的,一个是一般因素,称为G因素;一个是特殊因素,称为S因素。G因素是每一种活动都需要的,是人人都有的,但每个人的G的量值有所不同;所谓一个人"聪明"或"愚笨",正是由G的量的大小决定的。由此,斯皮尔曼认为,一般因素G在智力结构中是第一位的因素。特殊因素S则因人而异,即使是同一个人,也有不同种类的S,它们与各种特殊能力如言语能力、空间认知能力等相对应,每一个具体的S只参加一个特定的能力活动。完成任何一种活动,都需要由一般能力因素G和某种特殊的能力因素S共同承担。

创业能力是多种能力要素的有机综合体,是多个能力要素共同作用的结果。创业能力包含哪些因子,这些因子具有什么内涵,是明确大学生创业能力框架的重要内容。已有研究对创业能力的因子结构进行了广泛探索。曼等人(Man et al.,2002)通过综述文献及访谈香港中小企业主,整理出创业能力的六个维度:机会能力、关系能力、概念性能力、组织能力、战略能力、承诺能力。陈等人(Chen et al.,1998)构建了创业能力的5个因子:市场、创新、管理、风险承受、财务控制。德·诺布尔等(De Noble et al.,1999)研究发现,正在实施创业活动的个体正面临着几个特定的情境,即正在开发新产品或市场机会、正在建造创新性环境、正在启动投资者关系、正在定义关键目标和开发关键性人力资源。基于这样的理解,德·诺布尔等认为,创业能力体现在下列六个技能维度:(1)风险和不确定管理技能维度,即在持续性的压力和冲突情境中高效工作;(2)创新和产品开发技能维度,即产生新颖的创意及开发出新产品;(3)人际关系和网络管理技能维度,其关键之处在于能与潜在投资者搭建并维持良好的关系;(4)机会识别技能维度,主要体现在发现和识别出新产品或服务的市场机会;(5)处理和配置关键资源的技能,特别是能够招聘和培训关键员工;

（6）发展并保持一个创新环境的技能，这表现在开发出鼓励员工尝试创新的环境。

基于创业者角色分析，钱德勒等人（Chandler et al., 1992）认为，个体在整个创业过程中需要完成三个角色的工作，即创业的角色、管理的角色和技术职能角色。创业的角色是指创业者必须研究自身所在的环境，选择有利可图的机会，并规划出战略；管理的角色就是需要创业者开发计划、编制预算方案、评价绩效以及为顺利执行战略需要完成的其他工作；技术职能的角色即指创业者能够运用特定领域中的工具和技术。因此，创业者为了顺利履行上述角色的责任而获得良好的创业绩效，需要具备以下方面的能力：（1）识别出可利用的机会；（2）驱动企业完成从创建到收获的整个过程，这需要个体发自内心的长时间努力工作；（3）概念性能力：协调组织内所有的兴趣、利益和活动；（4）人力能力：能够与组织中的人士一起工作，理解并激励他们；（5）政策性能力：包括提升地位、建立合适的联系；（6）使用特定领域内的工具和技术的能力，有时还需要他们成为某行业的专家。

我国学者郁义鸿和李能志（2000）认为，创业能力是指在一定的条件下，人们发现和捕获商机，组合各种资源并创造出更大价值的能力，换句话说，就是潜在的创业者将自己的创业设想成功转变为现实的能力。吕荣（2011）认为，创业能力包含了自主学习能力、机会识别能力、管理沟通能力、组织协调能力、领导决策能力和挫折承受能力。尹苗苗和蔡莉（2012）将个体层面的创业能力分为以下几个方面：创业者特质、机会识别能力、构想能力、承诺能力、机会评估能力、机会利用能力和关系能力。杨道建等（2018）将大学生创业能力划分为机会发掘能力、组织管理能力、战略决策能力、资源整合能力、创新创造能力和挫折承受能力等六个因子。

综上所述，创业能力是创业者成功识别和追求机会的一系列知识、技能和态度的集合，是一组与创业成功行为有关的特定的能力。创业能力可划分为：机会识别能力、团队管理能力、融资能力、运营管理能力和风险应对能力等维度。大学生创业能力对个体创业与否及创业成功与否具有显著作用，同时对初创企业的绩效和发展也有重要影响。

三、创业品质

个性品质是个体心理及行为模式的结合体，反映个体对外界压力的主观意识，对个体的决策过程有较大的影响。创业品质是个体在创业活动过程中对心理和行为起调节作用的心理特征，是在先天的基础上可以通过后天的学习而获得的综合心理素质。不同学者基于不同的侧重点，对于创业品质的定义不同。毋庸置疑，成功的创业者具有特定的品格特质。

美国管理学专家威廉·拜格雷夫（2017）认为，优秀创业者应该具备十大品质，即"10D"要素：理想（Dream）、实干（Doers）、奉献（Dedication）、分享（Distribution）、命运（Destiny）、果断（Decisiveness）、热爱（Devotion）、周详（Details）、决心（Determination）和金钱（Dollar）。默里和麦克米伦（Murray & MacMillan，1988）认为，创业品质包括成就欲望、承担风险、内控性、识别并利用机会、处理问题的风格、个体价值观等。米顿（Mitton，1989）根据其对创业者的观察，兼用学术和实践的眼光，总结出九项成功创业者的典型性行为：全局眼光，对组织内外各方面的因素能够有全面的考虑；善于发现机会，采用新的组合方式来整合信息和资源；全身心地投入，朝向目标急切地付诸行动；控制全局，培养下属服从调遣的忠诚度；采用实用主义的观点来判断正误，判断尺度更加灵活；乐于接受不确定性，同时善于将风险分散或转移；保持社会网络的联系，通过社会网络获得帮助和支持；礼遇人才，善于吸引和雇佣比自己能力高的人；大多在与其他创业者的接触中，了解相关的隐性知识。

国外学者在进行创业者人格研究中，认为成功创业者都具备坚强的毅力以及强烈的企图心、明确的目标、知人善用、较强的学习能力、对待金钱的正确价值观等共同的人格特征，这些人格特征在创业者创业过程中起着重要的作用和影响。还有学者则将勤勉、自信以及富有冒险精神、灵活机变等性格因素作为创业者创业成功的共同人格特征。此外，也有学者对创业者及非创业者的人格表现进行了研究，并得出相应的研究结论。其中，以对成功的需求、具有冒险倾向、职能、对不确定的容忍等人格表现最为突出。比如，一些学者利用相关的研究工具进行检测对比，得出创业者与非创业者在对不确定性的容忍上具有较大的差别，其中创业者对不确定的容忍要更甚于非创业者。而另一部分学者，将创业者区别于非创业者的人格特质概括为更加突出的自控以及成功需求、积极的改变态度、不确定性的容忍、坚持性和创造性、冒险与参加令人兴奋的活动等，并且认为创业者的这些人格特征是可以通过后天培养实现的。

陈美君（2009）引入了主动性人格的概念，她认为主动性人格（包括积极性、坚韧性和变革性）对创业意向具有显著的正向预测作用，这是因为主动性倾向高的个体具有更高的目标感和控制感，并且完成任务的效能感相对较高，这会间接影响到个体的创业意向。王娇玲、闻雯等人（2001）将个人潜在的创业特质分为亲和力、冒险精神、风险承担力、创新能力、内在控制力、毅力、独立性、责任感、社会经历、创业效能感等，他们认为，是否具备冒险精神和风险承担力为是否会创业的关键，而是否具备亲和力、创新能力、内在可控制力、毅力、独立性为是否能成功创业的关键。此外，成就动机也是影响创业意向的重要因素，如葛宝山、王侃（2010）曾以网络创业者为例指出，个人特质中的创新性、个人导向成就动机和社会导向成就动机三个特质对网络创业者的创业意向具有显著的影响。陈巍（2010）也认为，除风险承担和内控制源之外，创业者特质中的成就需求对创业倾向有显著的积极影响。

钱永红（2007）在研究性格特质对创业意向影响的显著性时，加入了性别这一背景变量。她发现，对男性而言，风险承担和价值取向对个体创业意向的路径系数达到显著，即个体对创业风险的好恶很大程度上影响着个体对创业的态度，对风险越是采取规避的态度，个体选择创业的可能性就越小。与之相对，对女性而言，成就动机、追求卓越和价值取向对个体创业意向的路径系数达到显著性水平，即女性的创业意向则更多受到个体对成就和自我价值追求的影响，它们的产生更多是由于受到自我实现和人生目标追求的驱动。男女在个体特质水平的差异，显示出女性的创业意向更多是理想驱动的，而男性的创业意向则更为理性，因为男性的创业意向主要受到个体对创业风险的承担意愿的影响，同时，男性将创业视为一种获得财富的手段。针对存在于男女创业意向间的差别，钱永红认为，由于女性的创业意向更多受到个体的成就动机和追求卓越的个人特质驱动，为了能够有效提升女性创业意向，应该通过加强宣传等手段，鼓励那些更加追求个人成就和"希望能够成就一番事业"的女性，从而更有效地刺激女性创业者的动机。

2008年，詹姆斯·费希尔和詹姆斯·科克（Fisher & Koch，2008）在分析了美国234名经理人（102名创业经理人和132名非创业经理人）的问卷调查和访谈结果后认为，有些创业者是天生的，不是后天培养的；存在受基因决定，后天无法培养的创业人格特质。这些创业人格特质包括乐观、外向、充满活力、自信、有远见和乐意承担更多风险。在众多创业人格特质中，乐意承担更多风险被认为是最突出的标志。大学生可以利用创业人格特质量表分析自己的创业人格，从而更深刻地了解自己，深入思考自己是否真正适合创业等。

| 案例3.1 从萌生创业想法到新企业成立初期

蚌埠经济开发区魔幻屋魔术工作室，成立于2015年9月，是一个以魔术培

训、魔术商演、魔术体验和魔术产品设计研发与销售等项目为主要业务的工作室。魔幻屋创建初期的主营业务以销售魔术道具、教学光盘和书籍为主。随着创业活动的不断推进，魔幻屋的产品形式不断丰富、创新想法不断涌现，业务范围也逐渐扩大，魔术表演和魔术培训等项目成为重点开发对象。

魔幻屋的2位主创人员分别是安徽财经大学魔术协会会长和教学表演部部长。他们在魔术表演和组织管理方面的相关经验充足，为其识别出创业机会提供了经验支撑，并且他们对商业经营有浓厚的兴趣，在得知大学生创业孵化基地能为其提供创业机会时便萌生了创业的想法。创业想法形成之后，2位主创立即开始向创业成功的同学咨询申请创业项目的过程等相关事宜。最终魔幻屋魔术工作室于2015年9月正式入驻安徽财经大学创业孵化基地。随后，另外2位具有会计和工程管理专业背景的同学也加入进来，负责工作室的财务和宣传工作，自此魔幻屋的组织结构初步形成，并确立了早期的发展目标和主营业务。创立初期，魔幻屋的主营业务是销售魔术道具，包括专业道具和非专业道具。经营一段时间后，创建者通过观察身边大学生的消费行为以及总结大学生的消费经验，发现专业道具在校园内受众狭窄。因为专业道具价格高、操作难，而大学生没有收入来源且最多只是魔术爱好者，因此对专业道具的需求量不高。随后，魔幻屋及时做出调整。将销售策略调整为仅销售非专业、简单易学的魔术道具。

根据上述关键事件的描述和分析，可以看出魔幻屋在创建期面临并解决了4个方面的问题，即如何发现创业机会、获取合法性、形成完整的组织结构、确立组织的业务范围和发展目标。以上问题的解决依靠的是分析内外部环境的知识以及组织构建过程的知识。第一，魔幻屋创建者拥有的行业经验（经验学习）使其捕捉到魔术的发展潜力以及目标顾客的消费偏好，并据此确定了仅销售非专业道具的发展目标。第二，先前的表演经验（经验学习）及在校园中获取的人气增加了创建者的创业信心，并且为组织业务开展奠定了基础。第三，团队成员之间的职能经验异质性（经验学习）丰富和完善了魔幻屋的组织结构。第四，通过借鉴其他创业成功的案例（认知学习）了解到新企业创建的过程以及创业孵化基地的规章制度和运行规范。第五，通过创业实践（实践学习）发现销售专业道具盈利空间小，因此及时分析市场需求，调整销售目标。可见，该阶段魔幻屋的创业学习方式以经验学习为主，认知和实践学习为辅。（来源：丁娟、肖仁桥、陈忠卫：《新创企业如何有效获取创业知识——基于创业学习视角的案例研究》，载《重庆科技学院学报（社会科学版）》2017年第8期。）

案例 3.2　比尔·盖茨的创新与创业能力

"从孩提时，比尔·盖茨就下定决心要做些标新立异的事情。他希望所从事的事业永远充满快乐，充满激情，延续一辈子，成为个人的标志。"心理研究专家约翰·菲利普这样写道。

17岁，比尔·盖茨成立了第一家软件公司，从一开始，盖茨的目标就是将这家小公司发展成为软件巨头。"从小，比尔·盖茨花大把大把的时间培养兴趣，寻找最能令自己着迷的东西：尝试寻找各类问题，不断验证自己的想法。"《择业的时机》的作者、职业咨询师安德里亚·凯说。

尽管38岁就成为亿万富翁，但比尔·盖茨从来没有停止过创造的步伐。他的目标不只是金钱，他对他的事业非常着迷，对创造新鲜事物保持巨大的激情。当选择好一个职业，你应该一直对它保持兴趣。

在比尔·盖茨的职业生涯中，追随激情使他获得成功，从最初的编程工作到最后的慈善工作，他永远不做没有把握的事。"读者看到比尔·盖茨之所以成功，是因为比尔·盖茨永远把自己当作一个成熟而完整的、真正的人，而不仅仅是个商人。"职业咨询师亚历山大·利瓦伊说道，"你不得不承认，成功源于清晰的定义，不断徘徊只会让成功的机会越来越模糊。"（来源：郑美群：《职业生涯管理》，机械工业出版社2010年版。）

案例 3.3　山姆·沃尔顿的十大准则

山姆·沃尔顿建立了世界上最大、最成功的零售企业，成为美国极其富有的人。他出身卑微，毕业于密苏里大学。1940年大学毕业后直接到 J. C. Penny 公司工作。但他发现自己对零售业有极其狂热的爱，尤其喜欢零售业中的激烈竞争，喜欢迎接蕴含其中的各种挑战。于是他于1945年购买了名为本·富兰克林的一家商店，而这家商店就为他构建"沃尔玛"打下了基础。

20世纪60年代早期，这个时候的美国零售业开始向大型折扣商店发展，山姆·沃尔顿花了很多时间去拜访其他零售商店，尤其向Fedmart的创始人索尔·普莱斯借鉴了一些经验。在了解整个行业的相关情况，进行了信息梳理和独立思考之后，他认为超级大型的连锁方式将为未来零售业的一个发展方向，于是第一家"沃尔玛"连锁超市于1962年成立了。随后Kmart、Target、Woolco等连锁超市也应声而起，开始与沃尔玛形成竞争，但沃尔玛远远领先于其他超大型连锁超市。那么，山姆·沃尔顿的秘诀是什么呢？他曾经说到自己成功的秘诀是：(1) 不断渴望前进，并且能激励创新和变革；(2) 与所有员工共同分享利润，调动每个员工的主动性，使每个员工成为企业的主人，这样大家就能为了同一目标而努力；(3)企业内的所有员工要互相沟通，交流信息，在做决定时，大胆给员工授权，提高每个员工的责任感；(4)自己永远不知疲倦，及时调整所有正面和负面的情结，保持积极向上的精神。

以此为基础，山姆·沃尔顿总结了创业者需要遵循以下十大准则。

准则1：敬业，热爱并忠于你的事业；

准则2：与员工分享你的利润；

准则3：要不断激励员工，同时鼓励竞争，并进行评估；

准则4：交流所有信息，发现危机；

准则5：用精心挑选的言辞感激你的同事；

准则6：抵抗住每次的压力，相信自己，并庆祝你的每次成功；

准则7：倾听所有人的意见，广开言路，但必须学会自己思考；

准则8：要对顾客负责，做得比他们期望的更好；

准则9：节约费用，不铺张浪费；

准则10：不墨守成规，要逆流而上，另辟蹊径。

（来源：张斌、申仁洪：《大学生创业基础理论与实践》，高等教育出版社2013年版。）

思考与探索

1.结合案例，分析和阐述大学生创业者应该具备的创业素养。

2.分析自身的核心素养结果以及隐含其中的创业特质。

3.结合案例，分析和阐述提升大学生自身创业素养的途径。

第二节　创业素养与创业实践

当今是知识经济、信息经济时代，大学生创业面临加速变化、高度不确定性的社会环境。创业素养与创业实践的关系也正在发生深刻的变化。

一、创业知识与创业实践

创业是复杂的活动，需要创业者获取多方面的创业知识（包括产品、市场、战略等知识），以创建和管理初创企业。扎实的创业知识，可帮助大学生创业者正确地认识自我、了解创业活动可能存在的困难,从而做出理性决策。因此,创业知识被认为是决定创业成功的关键要素。那些有过创业经历、管理企业经历的创业者之所以更可能获得成功,是因为他们积累了相应的创业知识,从而对自身所处的内外部环境有更加清醒的认识,因而更有助于激发他们创业意愿,促进他们对机会的识别和利用,提升初创企业的资源配置效率,克服新企业的新生劣势以及构建竞争优势等。

第一,激发创业意愿的形成。创业知识能够加强个体对创业的资源需求和挑战的认识,打破个体对创业的认知偏见,帮助其了解机会的潜在价值和经济收益。掌握一定的创业知识能增强个体的自我效能感,激发创业者的创业激情,从而促进个体创业意愿的形成。特别是创业者早期的创业教育或工作经验积累所获得的创业知识起着极为关键的作用,能帮助创业者更好地了解创业的价值和风险,通过形成创业认知来增强自信心,从而产生创业的强烈意愿。

第二,推动创业机会开发。创业者对创业机会的识别、评价和利用来自于其对外部环境的认知程度和自身的警觉性,而这两部分在很大程度上取决于积累的创业知识。一方面,创业知识增强了创业者市场评估、新产品开发和商业化的能力,提升了个体识别和利用创业机会的可能性。研究发现,与机会相关的创业知识决定了创业者是否可以感知到机会以及如何去利用这些机会。另一方面,创业知识可以减少不确定性,增强创业者克服困境的能力,积极影响其对机会的评价和利用。

第三,促进创业资源开发。根据波利蒂斯(Politis,2005)的研究,创业者面临的最大困境是如何识别有价值的机会,以及如何获取所需的资源并将其予以开发。能够获取充裕的资源是创业成功的关键,而创业者自身资源有限,新企业创建的初始阶段缺乏盈利能力、面临较大的风险等因素使得资源获取的难度更大。具备相关的创业知识可为创业者提供资源信息,包括获取渠道、成本和可行性等。创业知识也被看作一种特殊的资源,可用于配置其他资源,促进资源的开发。同时,创业知识也是创业能力的基础,创业者通过知识的积累帮助新企业构建创业能力。

二、创业能力与创业实践

学习、能力与成功之间,必然存在某种联系,而能力到成功之间还会受到环境的影响。大学生要想创业成功,避免过早失败,在创业之前就应意识到掌握基本创业能力的重要性。

（一）创业能力对创业行为的影响

创业能力对个体是否选择创业以及新企业如何成功运作具有重要的作用，是驱动创业活动并使其获得成功的重要因素。哈黄和希梅诺（Hoang & Gimeno, 2010）提出了不同角色、不同能力对创业者成功影响很大，越处于中心岗位的创业者越容易坚持创业，从而获得成功。班杜拉（2003）提出创业自我效能对创业行为的影响具体表现为以下两点。(1)影响创业选择范围和创业选择的行为。创业自我效能会直接或者间接地影响创业选择范围的大小以及创业态度。创业自我效能感强的人会更加主动去探索创业道路，学习更多创业知识，从而拓宽自身的创业选择范围。同时，在遇到困难时也会更加努力克服，为自己赢取更多创业成功的机会。基于上述讨论，甚至有观点认为，在创业过程中，创业自我效能感比创业能力有更大的影响作用。(2)高创业自我效能感更有利于创业策略的动态调整。高创业自我效能感者具有更大的创业选择范围，因此在创业失败后，创业自我效能感强的创业者可以很快转换其创业选择，找到新的创业机会。在复杂的创业环境中，创业自我效能有助于创业者战胜压力、自责和沮丧，并且能够提高创业者对成功机会的感知。张玉利和王晓文（2011）认为，创业者或创业企业的创业能力是驱动创业活动顺利开展并取得成功的关键因素。

（二）创业能力对创业意向的影响

创业能力对创业意向有显著影响，并且创业能力能够在创业培训中得到显著提高。创业能力的高低是影响创业的重要因素，而提升能力的主要途径是教育。对自身创业能力评价较高的人，越有可能相信自己将来会选择创业。奥本卡（Obschonka，2011）通过实证研究发现，人在早期（青少年时期）的创业能力会对其日后取得创业成功产生正向影响，而初次创业者既有的人力资本和社会资本也会对取得创业成功产生正向影响，但不会在其早期的创业能力与日后的创业成功之间产生中介效应。原因就在于创业环境在不断变化，与环境匹配的创业能力也应该随环境不断变化，创业能力要与动态变化的环境相互匹配。陈淑妮等（2012）认为，创业能力的两维度（机会能力和运营管理能力）对创业意向有显著的正向影响，同时机会能力和运营管理能力对创业准备也有显著的正向影响，即创业能力越高的人创业意愿越强。朱蕾蕾（2014）通过实证研究，证实了创业能力对大学生创业意向的影响作用以及创业能力在创业环境与大学生创业意向之间具有中介效应，提高创业能力有助于大学生更好地识别和合理利用周围环境中的创业机会和整合利用组织中的各种资源。提高创业能力最直接的方法就是加强创业教育与培训。

（三）创业能力对创业绩效的影响

研究表明，创业能力与企业绩效、企业成长和经济发展水平正相关。具备创业能力有助于创业企业抢先发现机会，提升风险承担意识和客观评估机会；有利于创业企业提升财务绩效和战略绩效，对于初创企业竞争优势的获取和维持具有重要意义。创业者的机会识别和利用能力决定了整个创业活动的行动方向，能够直接给企业带来投资收益或者利润。具体而言，机会识别能力促进了初创企业对多样化新机会的搜索和感知，并以此获取新的竞争优势，而机会利用能力则有助于新企业吸引、整合和利用资源以维持现有竞争优势。

具备创业能力不仅有利于创业者识别机会，而且还有利于他们为开发机会获取资源。一旦创业，创业者就需要整合各种资源。是否具备成功获取资金的能力则是创业者能否成功建立企业、提升创业绩效的关键。创业过程困难重重，坚持还是放弃是创业者面临的重要且艰难的抉择。那些对创业、对员工、对其他利益相关者做出郑重承诺的创业者，无论是面对失败还是成功，都能保持激情和动力，并最终取得较好的绩效。面对纷繁复杂的创业环境，具有构想力的创业者能够根据外在市场环境的变化和企业自身的经营状况，及时调整发展战略和行动方向，避免环境动荡带来的损失，进而促进企业的成长和发展目标的实现。此外，创业者有效领导、激励和监督员工，合理配置新企业的人力、物力和财力，协调各个利益相关者之间的利益和诉求，都会提升生产效率，促进企业发展。

曼等人（Man et al., 2002）创新性地研究了创业能力与中小企业竞争力的三个维度（潜力维度、过程维度、绩效维度）之间的关系，并构建了一个关于中小企业竞争力的多维度概念模型。其中，创业能力与中小企业竞争力的三个维度之间的关系又可分别概念化为三个"创业任务"。任务一：形成竞争范围；任务二：建立组织能力；任务三：设定目标并采取行动。创业者可以通过适当地使用其创业能力来获得更广阔的竞争范围（任务一）、开发更好的组织能力（任务二），并利用已得的竞争范围及组织能力取得组织的长远绩效（如图3.1所示）。该研究指出竞争范围与组织能力在创业能力与企业绩效间起到调节作用，但这种作用仅限于在企业拥有战略能力与承诺能力的情况下，因此该调节作用还有一定的局限。

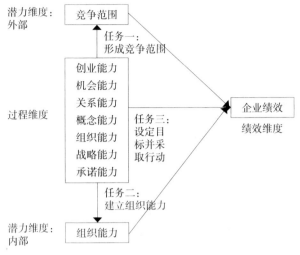

图 3.1 曼等人建构的模型

三、创业品质与创业实践

从事创业的创业者必须具备特定的个性和心理特征，如高成就动机和高风险偏好。对大学生创业者而言，是否具备创业精神、创业警觉性、自信、诚信、责任与使命感以及风险偏好，在很大程度上反映了大学生是否具备相应的创业品质。当创业机会降临时，具有创业品质和潜力的大学生会表现出较强的主动性。

（一）创业精神

熊彼特（1990）认为："创新是创业的本质和手段，创业就是实现创新的过程。"1985年，被誉为"现代企业管理学之父"的彼得·德鲁克在《创新与企业家精神》一书中提出，创新是组织的一项基本功能，是管理者的一项重要职责。德鲁克首次将实践创新与企业家精神视为所有企业和机构有组织、有目的、系统化的工作。德鲁克还指出，无论是出于怎样的个人动机——不管是为了钱、权力还是出于好奇，或者是追求名声的欲望以及希望博得他人的认可——成功企业家都设法创造价值、做出贡献。此外，成功企业家设定的目标很高，他们决不仅仅满足于对现存事物加以改进或修正。他们试图创造出全新的价值和满足，试图将"材料"转化成"资源"，而且试图将现在的资源结合在一种新型的、更具生产力的结构里。

米勒（Miller，1983）指出，如果个体表现出创新、承担责任和主动进取的行为，那么他就具有创业精神。霍华德·史蒂文森（2002）将创业精神定义为追寻现有资源范围以外的机遇。"追寻"指绝对专注的态度。创业者能察觉转瞬即逝的机遇，在有限时间内展现实力，吸引外部资源。"机遇"指在以下一个或多个方面有所作为：推出创新产品；设计全新商业模式；改进已有产品，使其更加质优、价廉；发掘新客户群。创业者完全可能兼顾这些方面，例如用全新商业模式推出一款创新产品。"现有资源之外"指突破资源限制。初创企业刚起步时，创始人只能掌控现有的人力、社会和财务资源。很多创业者主张自力更生，节衣缩食，万事不求人。固然，有些初创企业可以仅凭一己之力生存下来；但为了长远发展，创始人必须设法引进生产设备、分销渠道、营运资本等外部资源。

创业精神就是一个人不以当前有限的资源为基础而追求商机的精神。换言之，创业精神代表着一种突破资源限制，通过创新来创造机会、创造资源的行为，而不是简单地体现在创建新企业，或体现在创新上。因此，是否具有用有限资源去创造更大资源的创业精神，是大学生创业品质的重要体现，也是能否坚定创业梦想、并取得创业成功的重要因素之一。

（二）创业警觉性

1973年，奥地利经济学派的柯兹纳首次从个体因素的角度诠释了机会识别问题，并提出了识别创业机会是个体创业警觉作用的结果，即个体对未被别人发掘的信息或资源以及市场需求的敏感力。1979年，柯兹纳将创业警觉性重新定义为一种发现未被别人关注的市场机会的能力。1985年，他将警觉性的概念再一次扩大，认为广义的创业警觉性能够激发人们大胆构想未来。凯什和吉拉德（Kaish & Gilad，1991）认为创业警觉性就是创业者将自身置于信息流中并保持高度的警惕性以期增加识别创业机会的概率。霍华德·史蒂文森（2002）提出创业活动是一个过程，并在此基础上用创业者的警觉性来诠释其机会感知力，机会感知力越强，创业者越容易察觉出那些具有潜在商业价值的创业机会。加利奥和陶布（Gaglio & Taub，1992）认为创业警觉性对个体识别创业机会非常重要，只有当创业者的创业警觉性达到了一定的程度时，才更有可能洞察到那些他人难以获得的创业机会并成功地加以利用。马克曼等人（Markman et al.，2001）从缺失创业警觉性的角度来分析两者的关系，他们认为警觉性并不一定能够让创业者识别创业机会，但是如果缺乏创业警觉性会影响创业者的思维模式，从而产生无意义的决策，无法准确地发现和识别潜在的创业机会。

苗青（2006）采用实证分析的方法，证实了创业警觉性对创业机会的盈利性识别有正向影响。随后，徐凤增和徐亚平也都分别证实了创业警觉性对机会识别有积极影响。徐凤增（2008）将创业警觉性定义为一种对尚未被发掘的市场机会的持续关注能力，这种关注能力能够使创业者对复杂环境中潜在的信息保持一定的敏感性。高明明（2012）认为警觉性是创业者对信息的敏感性把握，这种敏感性有利于创业者及时准确地觉察到市场中他人难以获得的商业机会。有创业经历的创业者的创业警觉性更高，原因在于创业者亲身体验过发掘和识别机会的整个过程，对潜在的商业信息有很高的敏感度，从而能够及时准确地发现机会的隐性知识并成功加以利用。

（三）创业信心

自信是个体长期保持的对自我能力的感知和评价，反映了个体对自身能力、重要性和价值认可的程度。对大学生创业者而言，自信就是坚定不移地相信自己的理念、目标，并能在此基础上做出重要的决策。有强烈自信心的创业者，由于坚信自己的能力并对未来保持着一种乐观的态度，通常会为自己设定更高的目标，并因为强烈自信心的驱使，主动迎接挑战。创业者在逆境和困难中的主观感受会因为其强大的自信心被削弱，而解决问题的可能性和自觉性会被加强。因此，在创业过程中，自信是创业者应对高不确定性、模糊创业环境的重要认知工具，自信能够降低风险对创业者制造的心理压力，提升其积极应对困难的意愿，帮助创业者渡过最艰难的创业阶段。

（四）诚实守信

诚信是商业社会的道德基础。市场经济是道德经济，法治和诚信是现代市场经济的两大基石。诚信不仅是做人的基本准则，还是市场经济的必然要求。诚实守信对于交易行为是必不可少的，否则，双方往往会陷入"囚徒困境"而最终承受更大损失。建立在诚信基础上的交易行为，因为降低了交易成本而使效益实际增长。

对于创业者而言，诚信是保证个人成功和良好商业关系的黏合剂。越讲信用的人，越能开发资源并得到朋友的支持和认同。与创业者相关的人群，如投资者、合伙人、客户、供应商、渠道商、银行、借贷机构等，都十分重视创业者的诚信记录；尤其是风险投资者，几乎不可能向诚信有问题的创业者投资。诚实守信的道德品质有助于创业者建立和维持商业信任与信用关系，而这种品质，尤其在初创企业的创业者身上被要求有更高体现。因为信用要靠积累，其是在买卖关系、合作任务、共同项目中慢慢积累起来的。一次不讲诚信，将会永远被打上不守信用的标签，会由一个群体迅速扩散到另一个相关群体。因此，诚实守信的创业品质对于大学生创业者来说尤为重要。

（五）责任与使命

责任是一种客观需求，也是一种主观追求；是自律，也是他律，责任能使人产生出勇气、智慧和力量。企业家精神的本质就在于企业家个人内心的人格品质，这种人格品质包括两个方面：实现个人价值和承担社会责任。它促使企业家具有强烈的成功欲，强调个体价值的自我实现；当企业发展到一定阶段，社会责任日益成为企业家必须面对的一个迫切问题。企业家热衷于公益事业，将个体的事业看成是对社会责任的承担，认为关注国家利益、社会民生、工人生活保障等问题是他们不可推卸的责任。在一个成熟的社会中，商人赚到钱就必须回报社会。从历史经验来看，财富只有回到社会财富循环中才能真正发挥其价值。积极的商业价值观和行为规范，就是对社会、对国家的一种责任感和使命感。

（六）风险态度

创业是对未知领域的探索和开拓，其间会遭遇种种险境。机会总是与风险共存，要想抓住别人未曾察觉的先机，就必须承担别人未曾承担的风险。所以，只要从事创业活动，就必然会与某种甚至几种风险相伴。同时，创业所涉及的领域越广，企业规模越大，风险也就越大。对于创业者而言，有热情、有自信地投身创业事业中很重要，但是理解创业的潜在缺陷和风险同样也很重要。创业成功者并非赌徒，他们是有计划地冒险，在决定冒险时，他们会仔细而周全地计算风险的大小，并且尽一切可能让各种事件朝着有利于他们的方向发展。敢于理性地冒险，对瞄准的目标敢于起步，以一种积极的心态不断地对潜在的风险进行消解，久而久之，在这种灵活应变的过程中，创业者的冒险精神就形成了。当机会伴随风险出现的时候，就会毫不犹豫地通过经验、理性分析来化解风险并抓住蕴藏其中的机会。真正的创业者就应该具备这样的素质。霍华德·马克斯（2012）在其风险投资的心得里说道："庞大的风险控制团队和复杂分析模型的结果，却往往还不如一个成熟投资者的主观判断。"成熟投资者对风险的主观判断，其实就是创业者所具备的洞察并化解风险的素质。

| 案例3.4　从学生到创业者的转变

"我是一个冒险者，"22岁的杰西卡·纳姆说道，"但是还没有到愿意独自冒

险的程度。"所以当纳姆打算创建自己的风味面包店时，想到的不是独自一个人，而是用团队的形式。

纳姆在布朗大学读书的时候，利用晚上上完课到睡觉之前的那点时间在宿舍里烘焙面包，本来这只是为了将自己的兴趣转化为当时创业课程的学分。但因为香蕉面包和果仁摩卡巧克力饼的独特风味，使得上门购买的同学越来越多，纳姆就干脆下定决心真正创业。由此，"杰西卡奇迹"（Jessica's Wonders）面包店由此创设。创业之初，纳姆就下定决心不能单打独斗，尽管这只是一个小小的面包烘焙店。纳姆吸纳了做市场策划和懂财务的同学，苏伊斯和琼妮。苏伊斯在他们的创业经管计划中，将标志性的产品进行了描述："夹着熟香蕉的温润的面包，充满往外溢出的草莓浓汁儿，每口都是全新的享受，加上咬下去就嘎吱作响的肉桂末，这种美妙的滋味在心间回味无穷。"此描述帮助他们在布朗大学年度创业经营计划大赛中获得亚军。也正因为这个描述，帮助他们吸引到了史蒂夫·马萨斯基的目光。作为一名经验丰富的创业促进者兼天使投资人，马萨斯基看好纳姆的创业计划，并投入了75万美元准备让纳姆大干一场。他对琼妮进行了更商业化的财务培训，包括现金流管理、财务报表分析、资产负债损益表分析等，并对纳姆提出需要进一步了解和学习市场营销服务、人力资源管理等的建议。他安排纳姆到纽约一家广告代理公司进行2周的实习，提高纳姆的促销技能，还亲自指导纳姆如何挑选合适的人到合适的岗位中去，马萨斯基认为"杰西卡奇迹"完全有连锁化经营的潜力，他坚信3年内"杰西卡奇迹"能够创造1300万美元市值的"奇迹"。

在经过学习和提升后，纳姆认为自己应该从一个面包师转变为首席执行官（CEO）。于是，她将自己烤制面包的配方和调味的灵感写成一本手册，又在可能的合作伙伴里挑选出专门的烘焙能手，而自己则在马萨斯基的指导下全面经营面包店。随后，根据市场反馈，纳姆觉得"杰西卡奇迹"应该有自己的品牌，于是在商业意识的引领和苏伊斯的大力推促下，纳姆决定将自己的头像做成商标，并在市场营销中制造噱头。"她面目清新，聪明伶俐，曾经参加过罗得岛州小姐选美比赛，她明白她自己就是产品，她成为一个市场化标志的话，一定能够产生轰动效应，而我们也将在更大范围内销售美味的烘焙产品。"杰西卡·纳姆的名字和肖像出现在她销售的每件产品的标签上，"杰西卡奇迹"正以连锁的形式走向全国各地。（来源：张斌、申仁洪：《大学生创业基础理论与实践》，高等教育出版社2013年版。）

案例3.5 为什么通用技能对职业成功至关重要？

我的职业生涯的第一份工作是在一家世界顶尖的玩具公司担任设计工程师，之后我成为一家知名电脑公司的市场专员。但在过去的20年中，我一直投身于招聘及人才发展。为什么我的行业和职能可以有如此戏剧性的转变？

我经常告诉候选人要努力培养那些"通用"技能和能力。这样无论最终从事哪个行业或职业，你都将从中受益。这些技能主要包括：人际沟通能力，分析及解决问题的能力，项目管理能力，销售技能，团队建设及领导力。在你的职业生涯中，无论身处哪个行业或职能部门，这些技能你都会需要，并且它们能影响你的职业成功。例如，当管理公司和他人时，就需要你与人沟通、打交道。当我们要成功完成某事时，分析及解决问题的能力就必不可少。良好的项目管理能力在事情的实施过程中有着举足轻重的作用。出色的销售能力、影响力能让你更好地被管理层、同事或客户、顾客所接受。而团队建设和领导力在各行各业都很重要。

在我担任设计工程师时，培养的问题分析及项目管理能力，帮助我更好地胜任市场专员一职。而市场专员时学到的沟通及销售技能，以及就读MBA时培养的领导力，使我最终能够创办自己的公司，将招聘及人才发展顾问作为我的终生事业。事实上，要明确未来10年、15年或者20年你会喜欢做什么，并不是一件易事，尤其当你还处于职业生涯的早期。但请别太担心。在寻找的过程中（可能需要好几年），你只要尽量抓住那些可以助你培养通用技能的工作或机遇，当最终明确你真正喜欢的职业时，你将发现这些技能在不同的职业道路上都会适用。（来源：黑苹果青年网。）

案例3.6 肖克利的目标选择

美国物理学家威廉·肖克利因发现晶体管效应，获得1956年诺贝尔物理奖。后来，他又将其理论应用于实践，发明了新型晶体管，成为当时推动电子工业发展的契机。随着半导体生产的迅速发展，许多科学家却感到这是个赚大钱的好机会，他们纷纷"下海"，到实验室外的商场上一展身手，开办高技术产业。肖克利也在此时辞去了贝尔实验室的工作，在加利福尼亚州开办了半导体研究所，从事实验。

一开始，生意还算红火。可不久后，他渐渐将这个经营性企业办得像个大学里的实验室。这样，生意就越来越清淡，他手下的人也看出肖克利不是办企业的料。当然，他所经营的企业，最终不可避免地破产而寿终正寝了。肖克利是当之无愧的杰出科学家，可办实业却力不从心。可见，选择目标时，将从事的职业与个人的才能、长处契合起来，方是最佳决策。（来源：徐佩印：《成功人生设计》，中国科学技术大学出版社2000年版。）

思考与探索

1. 结合案例，阐述你对创业知识与创业实践之间关系的认识和理解。
2. 结合案例，阐述你对创业能力与创业实践之间关系的认识和理解。
3. 结合案例，阐述你对创业品质与创业实践之间关系的认识和理解。

第三节 创业素养发展途径

如何提高和发展自身创业素养，对大学生能否成功创业至关重要。创业教育、创业学习以及创业实践，是大学生创业素养发展的主要途径。

一、创业教育

创业教育，从广义上来说是指培养具有开创性的个人，它对于拿薪水的人同样重要，因为用人机构或个人除了要求受雇者在事业上有所成就外，正在越来越重视受雇者的首创、冒险精神，创业和独立工作能力以及技术、社交、管理技能。2013年，美国著名的创业教育研究机构考夫曼基金会将创业教育定义为：创业教育是一个过程，它向被教育者传授一种概念与技能以识别那些被别人忽视了的机会，以及当别人犹豫不决时他们有足够的洞察力与自信心付诸行动。创业教育分为创新思维、创业能力和创业精神三方面，创业的本质是创新，所以创业教育应着重培养个体的创新思维；创业能力是一种高层次的综合能力，创业教育重点需要帮助个体提升知识技能、专业技能和自我管理技能；创业精神指的是个体所具有的创新性的思想、观念、个性、意志、作风和品质等，是个体创业的精神支柱，是创业教育中不可忽视的一方面。大学生创业教育的开展，要面向全体大学生，并以先进的创业教育理念为指导。

首先，创业教育能够有效提升创业行为数量和创业概率。彼得·德鲁克（2009）指出："创业不是魔法，也并不神秘。创业并不是深植于基因中的与生俱来的天赋，而是可以被教授的，是可以通过学习掌握的。"创业具有可教性。高等院校或培训机构的创业教育授予创业者成功创建新企业的关键知识和技能，特别是一些显性的创业知识更容易通过教育的形式获取。因此，创业者参与教育或培训是其获取创业知识的重要途径，对识别创业机会、提升创业技能产生着重要影响，帮助创业者快速掌握潜在的创业风险、商业计划书、创业资源需求等知识，以识别和评估机会。同时，创业教育过程还为创业者提供创业程序和管理企业方面的知识，包括财务管理、市场营销管理、人力资源管理等运营新企业的一些具体知识。然而，创业教育所带来的往往是一些显性的、较易编码的知识，对于与创业实践密切相关的竞争分析、战略定位等知识则难以通过创业教育直接获得。因此，在动机阶段和创建阶段，创业教育起着极为关键的作用，而在成长阶段创业教育的作用则有所减弱。

其次，创业教育要面向全体大学生。从教育学的视角看，人的发展不可或缺的就是认知能力的发展，培养人的认知和思维能力仍然是教育的核心任务之一。认知相对于行为来说，更注重人思维能力的培养，学习者投入了更多有意识的思考活动，抓住了事物的本质和结构，对事物的理解更加深刻，学习者的知识迁移能力也更强。因此，培养学习者的创业认知和创业思维能力理应成为创业教育的重要部分。创业教育正逐渐从传统的功利性职业训练教学目标过渡到当前的非功利性的教育本能，开展创业教育不能急功近利。虽然并不是每一个大学生都能走上创业之路，但未来世界创造性劳动要求每一个大学生都需要具有创新精神和创业意识。未来的社会千变万化，新知识、新事物、新问题层出不穷，一个人无论从事什么工作，都必须具备一定的创造精神和创造性地解决问题的能力。因而，创业教育不只是针对少数学生的精英教育，而应是提高全体学生创业素养的通识教育。

最后，创业教育理念决定着创业教育的方向。美国创业教育领域的领导者百森商学院开展创业教育之初，许多人认为这种教育的价值在于"企业家速成"，即帮助学生在校期间就能创办公司，成为大大小小的比尔·盖茨式的创业企业家。而创业教育的杰出代表杰弗里·蒂蒙斯（2005）认为，这种功利主义的创业教育是在用"揠苗助长"的方式造就所谓的创业者，无法满足以创立高新技术产业为标志的"创业革命"对人力资源的需要。在他看来，学校的创业教育不同于社会上的以解决生存问题为目的的就业培训，也不是一种"企业家速成教育"。真正意义上的创业教育，应着眼于"为未来的几代人设定创业遗传代码，以造就最具有革命性的创业一代作为最基本的价值取向"。蒂蒙斯的这种前瞻性的创业教育理念实际上是一种面向"创业革命"开发人力资源的教育创新。

二、创业学习

创业学习是一种习得、储存创业知识,把这种创业知识作为一种专家知识,并积极利用这种创业知识的过程。大学生要实现从创业知识到创业成长的过程,创业学习是关键。创业知识通过创业学习才能转化为创业能力。以库伯为代表的学者认为创业学习是一个认知过程,他们关注创业内部的认知结构,认为创业者的个性因素对创业学习具有影响作用,那些有较高自我效能感、较强成就动机的创业者,会更主动地进行学习并会学到更多知识。

第一,创业课程学习。2015 年,《国务院办公厅关于深化高等学校创新创业教育改革的实施意见》要求各个高校加强创新创业教育,从 2016 年起,高校都要开设创新创业课程。我国各高校将创新创业教育作为高等教育综合改革的突破口,在课程、师资、实践等方面深入推进大学生创新创业教育体系构建,为大学生创新创业素养提升提供了丰富的教育资源。高校大学生应充分利用学校提供的创新创业教育资源,系统学习创新创业教育课程,掌握创新创业基本知识,提升创新创业关键能力,塑造自身创新创业必备品格,为毕业后的创业或未来一定时期内的创业奠定理论与实践储备。

第二,创业经验学习。从经验学习的角度来看,经验学习是在各种经验的积累中学习以提升自己知识存量的过程。对大学生创业者而言,经验学习较之其他形式的学习更重要。创业学习研究的焦点应该是影响个体在早期职业阶段放弃其他道路而选择创业的决定因素——经验,经验决定着创业胜任力。创业学习应该更加聚焦于经验学习。同时,创业者在面临着一种不确定性和高风险的创业环境时,能独立地去面对,应用经验去更好地适应环境。古今中外,成功或失败的创业案例不胜枚举,成功的创业者,有其成功之道;失败的创业者,有其必然失败之处。作为创业者,大学生要对创业案例进行归纳总结,从创业案例分析中积累和学习创业经验,以指导自己的创业经历。

第三,创业榜样学习。将成功的创业者作为榜样,能对大学生创业产生有效的激励作用。人在一生中不仅其外显行为来自对别人的模仿,其态度和价值观念、好恶、行为习惯、道德品质以及性格特征,都可能来源于模仿。因此,榜样对于个体的成长具有重要意义。成功创业者捕捉和把握机遇的智慧、应对困难和失败的坚忍毅力,都是大学生可以从中汲取创业智慧的养料。但每位成功的创业者,都离不开特定的时代背景、资源背景、偶然的机会、独特的个性,这些都是很难模仿的。马云（2018）曾说："我跟所有人犯的错误一样，榜样是比尔·盖茨、李嘉诚。但是时间一长我发现，他们不是我们的榜样，没法学习比尔·盖茨，没法学习李嘉诚，他们太大太强，也不知道该怎么学了。真正的榜样一定在你附近，如果你刚开始做小店做小饭馆，你的榜样就是你们斜对面的小饭馆，他为什么门口排队而我们家服务员比客户多？他是你的榜样，榜样是一点一点学上去的。"可见，模仿榜样不是一定要走与榜样完全一样的道路，大学生以成功创业者为榜样，一定不能教条式的模仿，而应该脚踏实地、走适合自己的创业之路。

第四，创业交流学习。创业学习具有社会性的特征。霍姆奎斯特（Holmqvist，2003）认为，学习不可能仅仅单靠自己，自己与别人经常争论，和别人合作才是学习的基础。创业学习是创业者建立在一个具有学习系统的创业网络上的学习。这个创业网络包括：供应商、客户、银行者、职员、家庭和同伴们。创业者在这个大的社会网络背景下相互学习，不断提高自己探索潜在创业机会的能力。因此，具有创业意向的大学生要主动走出校园，拓展自己的创业网络，加强与学校老师、合作伙伴、服务对象、家人朋友等群体的沟通交流，在沟通交流中获取创业信息、拓展资源获取途径以及持续优化创业产品，在争论过程中明晰创业发展方向、坚定创业信念。

第五，创业学习反思。张龙、刘洪（2003）认为，创业学习是一项复杂的系统过程，建立在对过去经验的反思学习上，创业学习中存在着包括积极经历和消极经历的关键性事件，关键性的经历在创业学习中起着重要的作用。例如，重要的成功和失败都会对创业学习起重要影响。当出现失败的经历这个关键事件时，创业者会发现创业的结果与预期的目标不相符，这时他就会反思以前所采取的各种认识和行为，提出新的目标，使创业者的认识得到深化，同时也扩大了创业者的知识范围，使其创业能力得到提升。任何关键性的经历都会伴随着积极的情感体验和消极的情感体验。积极的情感体验会促使创业者努力学习，消极的情感体验会给创业者的心灵造成打击，阻碍创业者的学习。在创业的过程中，需要主动地把消极的情感体验转化为一种动力，更好地去促进创业者的学习。

值得注意的是，大学生创业学习，必须从强调记忆和练习的传统学习中脱离出来。要知道，没有谁能够仅仅靠创业知识书本的学习而成功创业。创业学习绝不能停留于知识的表面理解和重复记忆，大学生要在掌握创业基本知识的基础上,将所学创业知识与自身创业活动建立联系,从而实现创业理论有效指导创业实践。

三、创业实践

社会认知理论学派认为,个体不仅从直接经验中学习,还能够通过模仿他人来学习,通过学习他人的创业行为更有益于个人创业活动。大学生创业实践,要注重学生的主动性与创造性,关注学生的创业实践体验,提供创业实践活动的多种渠道,强调创业的真实历练,切实提高学生的创业技能和素质,从而有效降低创业失败的风险。

（一）创业实践课程

创业课程体系是实现创新创业教育的基本途径。以商业实战为导向、注重实际操作、注重创业项目调研,是创业实践课程的重要特征。美国百森商学院创业教育课程体系分为战略与商业机会、创业者、资源需求与商业计划、创业企业融资和快速成长几部分。课程内容采用模块化结构,由基本理论、案例分析和模拟练习等模块组成,并自始至终把现实的事例分析和实践活动贯彻在整个教学过程之中。例如,百森商学院将选修"新生管理体验"这门课程的新生划分成若干个团队,各个团队在老师的指导下拟定创业商业计划,学校向各个团队提供3000美元的贷款,作为原始启动资本,让团队开办一家新企业,学年结束时,各个团队必须向学校返还本金和利息,而超过原始资本投入的新企业利润所得将作为学校大一学生开办慈善事业的基金。可见,以创业实践课程为载体,在创业导师的指导下运用已掌握的创业知识开展创业实践、有针对性地解决创业面临的实际问题,是大学生创业素养发展与提升的有效途径之一。

（二）创业社团

创业社团通过举办相关活动,推动创业文化氛围的形成,培养大学生的创业精神,激发大学生的创业热情,提高大学生的创业技能,是学生自我服务和自我教育的创业实践形式。美国洛杉矶加州大学安德森商学院的创业者协会,为创业者提供强大的校友网络、创业家咨询以及运用、磨炼创业技巧的机会等,并且为他们提供进入洛杉矶地区初创企业实习的机会以及一些相关的网络活动,该协会每年组织至少150次的相关活动。通过举办各种活动,协会将学生、教师、风险投资者等相关人士聚集起来进行广泛的沟通和交流,不但能形成良好的创业网络，而且能产生新的创业思路和灵感。创业社团，为高校大学生提供了一个挖掘自我创业潜力、提升自我创业素养的平台。在校大学生应根据自我兴趣和职业发展方向，选择和参加创业社团，在创业社团的实践活动中发展和提升自身创业素养。

（三）商业计划竞赛

商业计划竞赛是借用风险投资的实际运作模式，要求参赛者组成优势互补的竞赛小组，提出一个具有市场前景的技术产品和服务，以获得风险投资为目的，完成一份完整、具体、深入的商业计划。美国商业计划大赛（Business Plan Competition）分为校级、州级、国家级，高校的商业计划大赛会邀请知名校友和企业界人士来参加，不但能通过课堂讲座和现场指导等形式，实现大学生和企业家之间的有效沟通和互动，而且能为商业计划大赛中的优秀创业项目寻找融资支持和孵化，风险投资机构及校内外的创业资源会将资金投向优秀的商业计划，助力其变成创业公司。例如，麻省理工学院（MIT）的商业计划大赛，自1990年举办以来，每年有五六家企业诞生于此，在美国表现最优秀的50家高新技术企业中，有46%的企业出自此项大赛，麻省理工学院的该项商业计划大赛在全美产生了广泛的影响力。商业计划竞赛，根据一定的标准对学生的商业计划给予评价，是对大学生创业素养的全面评价，对大学生创业素养发展具有重要的现实意义。因此，大学生可以创业大赛为契机，全面审视自身的创业知识和技能，结识志同道合的创业伙伴，拓展商业关系网络，在创业大赛中进一步发展与提升自身创业素养。

（四）创业实践基地

为大学生创业提供专业指导和服务，很多高校建设了孵化器、产业园、实训营等创业实践基地，有效提升了大学生创业实战水平。英国许多高校都设立了创业园或创业中心，为学生提供场地支持和指导。如剑桥大学的剑桥科技园、拉夫堡大学的创新中心、考文垂大学的大学科技园、诺丁汉大学的"创新和创业研究所"、斯特灵大学的"斯特灵大学研究和创业"活动中心等。产学研合作建立起来的硅谷为斯坦福大学提供了充足的创业实践基地，斯坦福大学的老师可在硅谷公司兼职或自办公司，学生可以在硅谷实习甚至创办公司。产学研合作的方式使得斯坦福师生们的研究成果能推向市场，创业实践基地激发了学生们的创业热情，增强了他们的创业技能。创业实践基地，为检验大学生创业素养创造了真实环境。大学生创业者，应充分利用创业实践基地提供的平台，通过创业实战评估自身创业素养，从而为创业素养的发展与提升找准方向。

|案例 3.7 创业课堂上的灵机和商机

美国联邦快递集团的创始人弗雷德里克·史密斯出生在运输世家。他的祖父是一位船长，他的父亲则把一条地方巴士交通线经营成了美国南部地区举足轻重的美国灰狗长途汽车公司。少年时的史密斯就学会了飞行，20世纪60年代在耶鲁大学求学期间，他利用周末时间做包机飞行员赚钱。

在带着学生和其他乘客四处飞行的时候，史密斯看到了商机，这为他以后在商业运输领域进行的变革打下了基础。他注意到飞机上经常装载IBM等电脑公司的配件，但经过调查发现，其实这些电脑公司并不想利用客机运货，而是希望把关键部件用专门的货机直接快速送到客户那里。

1965年，经济学专业的史密斯参与了学校创业课程的学习，经过老师的指导，他越来越觉得定制线路的运输业务将会缩短运线，并能快速将商品送达到顾客手中。于是，他在创业课程的学期论文中首次提出了快递服务的概念，提出这个概念后，史密斯与教授经过了激烈的探讨。虽然激辩之后，这篇论文和快递服务的概念并不被教授们看好，只勉强给了他一个C，但是他通过系统的创业课程学习和思考，不断修正自己的创业构想，并最后将其付诸实践。

他很快依靠从父亲那里继承来的400万美元遗产，以及8000万美元的风险投资资金，于1971年成立了联邦快递公司。公司的服务宗旨是：保证在11个城市之间实现重要商品的隔夜送达。如今联邦快递集团已经成为为遍及全球的顾客和企业提供涵盖运输、电子商务和商业运作等一系列全面服务的提供商，其年收入高达320亿美元，在2012年财富世界500强排行榜上位列第263位。（来源：张斌、申仁洪：《大学生创业基础理论与实践》，高等教育出版社2013年版。）

|案例 3.8 创业实践

微软公司总裁比尔·盖茨曾说："我不认为一定要在创业阶段开办自己的公司。为一家公司工作并学习他们如何做事，会令你受益匪浅，打好基础对我们非常重要。"与此相类似，美国吉多电脑公司总裁肯·欧森也建议人们："想当老板，先去为别人工作，学习如何成为团队工作的一员。在这之后，你再去学习成为一个领导者。否则，就不要去尝试经营事业。三流的商学院从来不训练人该如何成为领导，他们只教你当老板的时候一定要果断，即使你什么也不懂。"

"3721"公司创始人周鸿祎创业前一直在方正公司工作，后来他这样回忆这段经历：时机不成熟，就不要创业，先给别人打工。把公司让我做的事情做好，提高自己的能力，逐步就知道创业的方向了。我不赞成年轻人刚毕业就创业，我认为他们还是应该在公司里踏踏实实干五六年。虽然是打工，实际上是公司在给你'缴'学费，你通过在不同的平台积累经验，这是任何老板都剥夺不走的，只有积累这种经验，你的创业能力才更高，才更有把握。我在方正工作时，从来没有觉得自己是在打工，我一直认为自己是在创业，因为我觉得是在积累自己的能力，积累自己的资源。"

迪士尼公司总裁加里·威尔逊沃特曾说："在一个小公司的资深层任职，可给你一种广阔的视野，并向你提供更具创意的机会。小公司承受不了人员结构臃肿的压力，我了解发薪水时没有足够的现金时情况会如何，我了解贷款付息20%时的情况如何。我涉猎范围广泛，为我在大公司发展经营战略打下了良好的基础。"此外，美国苹果电脑公司创始人史蒂夫·乔布斯认为："刚创业时，最先录用的10个人将决定公司的成败，而每一个人都是这家公司的十分之一。如果10个人中有3个人不是那么好，那就是公司里30%的人不够好。所以小公司对优秀人才的依赖要比大公司大得多。"

营销专家潘文富说："积累经验有两个主要方面的因素，一是选择一个合适的行业。既然是要打算未来进行个人创业，那么自然是要进行商业营运与管理方面的系统学习，那么就要求你选择一个具备这样条件的商业单位，例如小型商贸公司、经销商、大型企业的分支机构等。这些单位组织架构小，却功能齐全，很适合新人进行商业的初步接触与学习。二是学习心态。若是从商业的角度而言，学校和商业社会是两回事，即便曾经在学校有些成功的商业经验也得要暂时丢开，重新从头学习。理论水平和实际操作水平是两回事，不能让过去的书本所学充满了你的内心，导致无法学进去。我不建议首先进入大型的或是外资的商业机构，而是考虑进入一些地方性的小型商业机构，例如当地的经销商等，因为大型商业机构过于注重系统整体作用，员工的作用更多地像流水线上的一个螺丝钉，按部就班，做好手头工作就可以了，且大型商业机构对员工多是采取长期逐步培训方案，花两年时间了解你，再花两年时间锻炼你，再花一年时间培训你，然后再考虑逐步起用你。而经销商大多内部机构简单，要求员工必须一人多能，并且经销商老板会在最短的时间内让你尽快熟悉上手，这样就能使你迅速熟悉商业各个环节的状况并有机会亲自实践。简而言之，如果你抱着学习心态，在经销商这里亲身工作一年，将会补充和完善许多社会经验和商业经验，如果有机会，再进入大型商业机构进行宏观及系统方面的学习和尝试，为将来实现个人的独立创业打下一个良好的基础。"（来源：张天桥、候全生、李朝晖：《让梦想照进现实：大学生创业第一步》，清华大学出版社2008年版。）

案例3.9 从创业榜样身上到底该学什么？

2015年10月26日，新三板挂牌公司"天地壹号"发布定增公告，此次募资后，公司董事长陈生身价接近百亿元。曾引发社会热议的陈生，再次进入公众视野。不过，北大毕业的陈生最亮眼的故事并非天地壹号，而是全国大名鼎鼎的"杀猪佬"，其旗下的壹号土猪的年销售额已超10亿元。"原来名校毕业生可以这样去择业、去创业。"一时间，陈生似乎成为大学生们最好的励志榜样。

一直以来，人们总是仰慕和羡慕别人的成功，相信榜样的"无穷"力量，希望"成为他们那样的人"。尤其是在大众创业、万众创新成为国家战略之后，在全国范围内掀起了一股创业创新的风潮。然而，对绝大多数人来说，创业创新固然引领一时风潮，但不能盲目跟风，更不能盲目复制别人的做法。

实际上，虽不乏微软的比尔·盖茨、苹果的乔布斯等创业有成的榜样，但名人的成功并不具备可复制性。早在100多年前，尼采便喊出"重估一切价值"的口号，向盲目崇拜模仿的行为宣战。实践也一再证明，人生的路终究要靠自己走，理想主义的光辉终究要用现实主义的付出来浇灌。

究竟该如何看待榜样的价值，如何审视既有的成功，才能有助于后来者的成功呢？"商机可能就是靠多视角的思维方式找到的"，很多人问北大教给了陈生什么，陈生的回答是"思维的方式"。透过陈生的回答，不难看出，无论是选择就业之路，还是投身创业之道，倘若不能准确定位，不能持之以恒，能力不足偏偏常怀名利之心，只会在"模仿""复制"的道路上屡战屡败。

榜样是看得见的哲理，但没有人能随随便便成功。成功者的背后，往往饱含着孤独、艰辛和汗水。换言之，成功不仅需要人的聪明才智，更离不开顽强的意志，以及百折不挠的拼搏精神。梳理陈生的创业史，不难发现他的成功有其独到之处，但其努力、勤奋、坚守和智慧，却和其他成功人士并无二异。长时间以来，"北大毕业生卖猪肉"颇具争议，但身处舆论旋涡的争议人物陈生却一直在默默笃行，既没有退却，更没有放弃。至于选择卖饮料、卖肉等传统行业，而不是高大上的互联网，陈生直言"不要单纯迷信互联网"，只要好好做，传统行业市场一样很广阔。可见，每个人的成功道路各不相同，关键是找到适合自己的路，有所为有所不为。

对大学生而言，创业创新是一种思维方式和行为模式，既非高不可攀，也非唾手可得，关键是学会用创业创新的心态去生活，而不是邯郸学步。陈生带来的"思维的方式"的启示，何尝不是当下紧缺的品质。(来源：《中国教育报》2015年11月3日。)

思考与探索

1. 结合本校创业课程，分析其优势和不足。
2. 分析自己和同学在创业素养发展方面面临的主要问题和困难。
3. 分析和阐述大学生创新素养发展的主要途径。

第四章 创业决策模式

创业决策是大学生告别学校生活、以创业方式融入社会的决策过程。由于大学毕业生一般是第一次正式择业，因此，创业决策也是重大的人生决策。

第一节 创业决策的内涵

决策在创业过程中无处不在。不管在创业的哪个阶段，创业者每天需要做出各种不同的决策，如确认商机、获得资源、招聘关键岗位员工等。创业决策的质量与水平对创业企业的发展产生关键性影响。

一、决策的内涵

"决策"（Decision Making），通常指从多种可能中做出决定或选择。它是社会组织或个人在管理活动或日常生活中，为实现特定目标或解决实际问题制定行动方案并进行优化选择的过程。现代社会中，由于组织和个人生存与发展环境处于空前变化之中，因而决策已经成为日益重要、无处不在的管理活动。一般而言，对于决策存在三个层次的理解：首先，广义而言，决策被看作是一个包括提出问题、确立目标、设计和选择方案的过程；其次，狭义地理解，决策是从几种备选的行动方案中做出最终抉择；再次，更狭义地理解，决策是对不确定条件下的偶发事件所做的处理决定，这类事件既无先例也无规律，因而存在较高的决策风险。

古典经济学理论的基本命题是完全理性与最优化原则，认为决策者趋向于采取最优策略，以最小代价取得最大收益。但西蒙（1988）认为这在现实中是不可能做到的。西蒙认为在现实生活中作为管理者或决策者的人，是介于完全理性与非理性之间的"有限理性"人；据此西蒙提出了决策理论的两个基本命题，即"有限度的理性"和"令人满意的准则"。完全理性会导致人们寻求最优型决策，有限理性则导致人们寻求满意型决策。满意型决策需要满足两个条件：一是有相应的最低满意标准；二是策略选择能够超过最低满意标准。西蒙从有限理性出发，用满意型决策替代了最优型决策，从而纠正了理性选择设计的完美性偏差，拉近了理性选择预设条件与现实生活理性局限之间的距离。

正确理解决策概念，应把握以下要素。（1）决策者。决策者即决策主体，可以是个体，也可以是群体。决策者受社会、政治、经济、文化、心理等因素的影响。（2）明确的决策目标。确定目标是决策过程第一步。决策所要解决的问题必须明确,所要达到的目标必须具体。没有明确的目标,决策将是盲目的。(3)两个以上备选的决策方案。决策实质上是选择行动方案的过程。如果只有一个备选方案,就不存在决策的问题。因而,至少要有两个或两个以上方案,人们才能通过比较最后选择一个满意的方案。(4)必须付诸实施的最终方案。决策不仅是一个比较和选择的过程,也是行动的依据。

美国管理大师德鲁克(2009)认为,有效决策取决于以下5个要素。(1)了解问题的性质。达成有效的决策首先要辨明问题的性质,即要弄清是一再发生的经常性问题还是偶尔的例外;前者就应当建立原理原则来根治;后者则应当根据情况做个别处理。(2)了解决策应当遵循的规范。决策的目标是什么?或者最低限度应当达成什么样的目的?应该满足什么样的边界条件?边界条件说明得越清楚越精细,据此做出的决策就越有效。(3)研究"正确"的决策是什么,而不是研究能被人接受的决策是什么。如果我们不知道符合规范及边界条件的"正确"决策是什么,就无法辨别正确的折中和错误的折中之间的区别,最终不免走到错误的折中的方向上去。(4)决策转化为行动。决策做出以后,必须明确无误地回答下面几个问题。谁应该了解这项决策?根据决策应该采取什么行动?谁采取行动?行动如何进行,才能使执行的人有所遵循?(5)建立信息反馈制度。即使是最有效的决策,总有一天也是会被淘汰的。若想了解做出决策的前提是否仍然有效或者是否已经过时,只有亲自检查才最为可靠。

二、创业决策的内涵

创业决策是由获取、存储、筛选及使用信息的过程所驱动的,包括创业资源的收集整合、分配和利用。狭义而言,创业决策是指做出自己创办企业、成为创业者的决策过程,是一个职业选择的决策过程,即要不要创业的过程;广义而言,创业决策是指创业者(包括潜在的和初生的)在创业活动过程中的决策,包括选择是否创业的创业决策过程,以及创业活动过程中有关创业的机会捕捉、业务决策、风险投资、创业发展模式选择等决策过程。创业决策正确与否,直接影响着决策目标质量的好坏,即影响创业成果能否取得。

道格拉斯和谢泼德(Douglas & Shepherd,2000)认为创业决策的标准是个体的感知效用,包括收入预期的高低,工作强度与工作量预期,创业风险评估。陶明、毛晓龙(2008)认为创业选择从本质上来讲也是一种职业选择,是由某种强烈的因素激励而产生的未来期望;判断个体是否选择创业,可以从创业对个体的吸引力、个体对创业成功的期望值两方面入手。萨拉斯从导师西蒙教授的有限理论出发，提出了一种与传统决策方式相对的新型模式，将其定义为效果逻辑，而将传统模式定义为因果逻辑。创业决策效果逻辑包含资源导向、变通性、利用偶然因素、战略联盟、可承受损失五个方面。成功的创业者和新兴领域的初创业者都更倾向于效果逻辑；而在相对确定的创业领域，初创业者更倾向因果逻辑。

创业行为的焦点，集中于识别不断涌现的新机会以创造价值和财富。

机会，即恰好的时候、时机。创业机会，即适合创业的恰当时机。蒂蒙斯（2005）认为创业机会"具有吸引力、持久性和适时性，并且可以伴随着为购买者或者使用者创造或增加使用价值的产品或服务"。机会识别对创业起着至关重要的作用，因此，如何成功发现并开发商业机会是创业研究领域应关注的关键问题。佩奇和卡梅伦（Pech & Cameron，2006）从创业机会识别和信息加工的角度提出了创业决策过程模型（如图4.1所示），介绍了决策过程模型中各个因素的影响作用；同时指出，信息以及人的特性在整个决策过程中至关重要，影响决策过程中的各个环节。

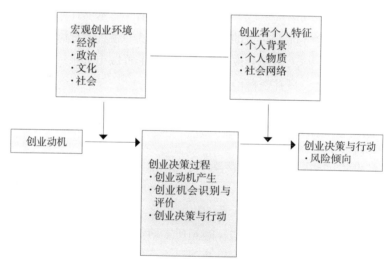

图 4.1 创业决策过程模型

在创业决策过程模型中，创业决策过程分为三个阶段，即创业动机产生，创业机会识别与评价，创业决策与行动。首先，创业动机的产生，即想创业。研究表明，一般创业者有极大的财富需求和成就需求，尤其在创业之初，财富需求是刺激创业者做出创业决策的主要动机。其次，创业机会识别与评价，即如何创业，选择哪个行业等主要决策，要求创业者对创业环境进行识别与评估；宏观创业环境包括经济、政治、文化、社会等因素，创业者对这些宏观环境进行扫描、监控、预报和评价，从而甄别出创业机会与威胁。最后，创业决策的制定与行动过程，在这一过程中创业者的个人特征影响着创业决策的制定和行动。创业者的家庭背景、受教育程度、社会资源利用程度、创业自我效能感以及风险承受能力等因素，影响着创业者的风险倾向与风险感知，而不同的风险倾向又影响着创业者决策的制定。

从战略决策的视角来看，决策管理行为的核心在于如何在市场上创造和维持竞争优势。战略领域的学者普遍认同，拥有有价值的、稀缺的和难以模仿的资源为企业创造竞争优势提供了机会，当这些资源被有效整合以形成能力时，企业才能获取竞争优势。熊彼特（1990）指出，用有价值的方式整合资源和开发新的资源组合推动创新的产生，资源整合是企业开发新产品或服务以获取竞争优势的关键途径。资源整合包括对资源组合的拓展优化以及重构，其有助于更新已有能力和构建新的能力，而通过资源整合形成的独特能力是企业区别于竞争者的优势所在。

在创业与决策管理的整合视角下，创业决策行为不仅包含机会识别以探索新的机会，还包含资源整合的过程以构建和维持竞争优势；并且机会识别与资源整合并不是相互独立的，而常常是难以分割、相互促进。一方面，机会识别为企业提供创业战略实施的方向，促使企业有效地整合内外部资源，从而将机会快速转化为价值和竞争优势；另一方面，企业在灵活地整合内外部资源获取优势的过程中，发现和构建手段与结果的关系以识别新的机会。总之，创业决策行为体现为机会识别和资源整合的相互促进，以实现机会探索和优势获取的循环互动，从而同步寻求机会和优势。

大学生在创业决策前，首先要拟定好决策目标，然后根据创业条件的具体情况选择和确定决策时机，若条件不成熟就匆忙决定显然是冒险行为，条件成熟却拖延不决又会造成优势消失，因此，恰当地做出决策是创业成功之本。

三、创业决策的原则

创业外部环境的高不确定性，使企业在进行战略决策时常常面临挑战，有效的战略创业决策逻辑是指导企业的战略创业行为以同时寻求机会和优势的关键。美国弗吉尼亚大学的萨拉斯教授提出的手段导向理论认为，在高不确定性的情境下，创业者或创业企业的决策逻辑不仅包括传统的目标导向逻辑，即选择实现既定目标的手段，还存在一种以手段为导向的决策逻辑，即选择既定手段所能创造的目标。目标导向和手段导向是在诸多方面存在明显差异的两类决策逻辑，其对于创业企业的生存与成长具有重要意义。从战略创业的核心思想来看，目标导向和手段导向具有互补性。一方面，目标导向有助于企业把握可预测的环境因素制定相应的战略计划，以有效配置资源并在已有市场上获取竞争优势；另一方面，手段导向则促使企业能够在高不确定性环境中灵活应对新的机会甚至创造新的机会。可见，目标导向和手段导向分别对企业的优势寻求和机会寻求具有积极影响。因此，整合上述两种战略创业决策逻辑是企业获取持续竞争优势的重要途径。

（一）目标导向与企业的机会识别、资源整合

目标导向强调清晰的战略目标和全面的市场预测，这为企业选择合适的资源加以整合提供重要的准则。为了实现既定的战略目标，采取目标导向的企业能够通过全面的竞争分析精心设计完备的战略计划，这有助于企业以较低的成本有目的地补充所缺乏的资源，从而提升资源整合的效率。目标导向体现了"利用"的逻辑，更强调充分整合利用已有的资源和能力，这将加快企业内部资源整合的速度。此外，由于目标导向追求预期收益的最大化，这促使企业注重拓展和优化自身的资源组合以改善资源整合的质量。可见，目标导向对企业的资源整合具有促进作用。经济转型背景下，市场竞争日趋激烈和复杂，目标导向对于企业制定有效的竞争战略以推动资源整合活动的高效运行尤为重要。

（二）手段导向与企业的机会识别、资源整合

在高不确定性环境下，机会在创业行动之前很难被明确定义。手段导向促使企业与外部利益相关者（通常由投资者、合作伙伴和客户构成）形成战略联盟，共享有效的信息，从而逐步加深对机会的认识并共同构建机会。手段导向包含一系列商业模式试验，这有助于企业从试错过程中获取市场的反馈信息，从而感知和塑造新的机会。手段导向逻辑强调保持柔性，这促使企业能够快速调整自身组织流程和能力，以捕捉蕴藏在环境变化中的潜在机会。此外，采取手段导向的企业能够基于可承担损失原则全面评估机会、开发所需的资源，从而识别可行的机会。经济转型背景下，产业结构的变革正在重构市场的供给和需求，新兴市场是由创业者通过手段导向与外部利益相关者的互动逐步创造的。可见，在此情境下企业尤其需要采用手段导向识别产生于创业行动中的机会。

（三）手段导向和目标导向的交互作用对战略创业行为的影响

手段导向和目标导向作为两种战略创业决策逻辑在影响战略创业行为方面各有利弊。一方面，手段导向虽然有助于企业在高不确定性环境下保持资源整合的柔性和创新性以识别新的机会，但是企业如果仅采用手段导向会导致其在相对稳定的情景下缺乏战略性资源整合的效率；另一方面，目标导向虽然有利于企业在相对稳定的环境下识别已有的机会制定相应的开发计划以高效地整合资源，但是仅仅采用目标导向会导致其在高不确定性环境下缺乏识别新机会的柔性。由于战略创业介于非系统性的试错和精密的计划之间，其要求企业同时发挥目标导向和手段导向的互补作用，从而推动机会识别和资源整合的相互促进。市场和制度改革的日趋深入以及要素市场的不完善造成企业面临高度的环境不确定性和资源约束，为了应对机会与挑战，这些企业尤其需要发挥手段导向和目标导向的互补效应以持续实施战略创业行为。

从战略创业视角来看，机会识别是企业在不确定性环境下探索未来可能性的方式，而资源整合是拓展和重构资源组合以获取竞争优势的关键。机会识别和资源整合作为战略创业行为的核心要素具有较强的互补性，缺一不可。一方面，缺乏资源整合的机会识别，会导致过分的机会探索，削弱已有的优势地位，从而导致价值破坏；另一方面，缺乏机会识别的资源整合，会导致企业缺乏创新的活力，从而难以在高不确定性环境下创造新的价值。作为机会识别和资源整合互动的战略创业行为，有助于企业在利用现有资源和能力获取优势的同时探索创造潜在收益的机会。创业企业既需要提升资源整合效率以充分获取短期利润，也需要识别新机会以实现长期的成长。

| 案例4.1　每个决策都有风险，习惯它

当我还在上大学的时候，我和我的室友都梦想要有一辆摩托车。我碰巧是先有摩托车的人，一辆轮胎已经磨得发光的本田摩托车。很自然地，我的第一次旅程是骑三个小时沿着新泽西州的公园大道和收费公路去看望我的室友。我住在新泽西的南部，他住在纽约的对面。在收费公路上，出乎意料地有大量车辆在行进，产生了震动的气流，对摩托车的行进造成了影响。但是我还是安全到达了室友的家，这让他印象深刻，我这次拜访很愉快。我知道那两个光溜溜的轮胎不会制造太多的麻烦——只要不下雨。

在返回途中，我遇到了飓风。顿时电闪雷鸣，大雨倾盆而下，汽车都停靠在路边。我考虑是否也把摩托车停在路边，但我觉得这样做一点也不明智。因为待在这种地方，我只会被雨浇得更透，所以虽然有些狼狈，但我还是决定继续慢慢前进。最终我安全地返回家中，为此我仍然欢呼雀跃，因为当我冲进房间的时候，我听到大雨打在发热的引擎上发出"嘶嘶"的声响。

回想起来，我知道我做了一些很有风险的决策。我的第一个风险决策是买了那辆摩托车，第二个风险决策是我第一次骑车旅行就选择了前往拥挤的大城市，而第三个风险决策是骑着轮胎打滑的车在大雨中返回。有一辆摩托车的人，通常只会遭遇一次严重的事故（有点幽默的表达，作者大概是想表示摩托车作为交通工具的危险系数较高——编者注）。这是我后来对我的一位朋友说的。我的这位朋友曾经骑车冲向一只鹿，鹿跑开了，可是他却花了好几个月的时间来恢复健康。然而，有点风险还是让我感到很惬意，"呼呼"的风声从耳边穿过的感觉真是妙不可言。

每项决策都有风险，所以你需要清楚你对风险的态度。如果你对风险的接受程度较低，你可能希望考虑那些更可靠的方案，因为这些方案在你的决策中更具有可预见性。但是你同样应该问问自己，你是否过于保守了。确定的事情真的没有问题吗？你觉察的风险真的有那么高吗？我有一位风险厌恶型性格的朋友，多年前他曾经有机会在加利福尼亚花 30 万美元购买一套公寓。由于南部房地产市场的前景在当时不被看好，所以他决定不买这套公寓。但后来这套公寓的价值升到 100 万美元以上。他可能对风险有点过于排斥了（尽管如果市场行情变差，那么他将庆幸自己当初的决策）。

另一方面，如果你对风险的接受程度较高，那么在决策时你或许会考虑一些更具有风险的选择方案。在规划你的职业时，你可能脱离在公司打工的上班族的职业道路，而选择自己创业当老板。尽管存在失败的可能，但你不妨选择长期投资或更大的房子。如果有点风险会让你感到惬意，那么你应该认真地问自己是否选择的是一些没有保障的风险。要看清不利的因素，并且要考虑你能否真正承受这些风险。不要设想一切都会好转。和悲观的人聊一聊，和厌恶风险的人商量商量。

记住：风险是我们生活的一部分。我们经常轻易地认为在决策时我们可以分析和预期到所有的风险。这是个陷阱。我们无法将风险从决策中剔除，因为从某种角度来说，没有风险也就不需要决策了。你可以不骑摩托车，但你坐在带有气囊的沃尔沃汽车的后排座位也是有风险的。要清楚自己对于风险的态度，并在你做决策时考虑到这一点。(来源:罗伯特·冈瑟:《决策的真理》,人民邮电出版社2011年版。)

案例4.2 创业认知

梦想驱动、创业反思、趋势判断和标杆学习四种因素,影响了小米公司创始人雷军的创业认知,并由此带来不同的战略定位。

梦想驱动。雷军在大学期间看了《硅谷之火》,他深深为乔布斯和盖茨的故事所激励,决心将来要做成一家世界级企业。大学期间,雷军为了追求梦想,和朋友开始第一次创业,产品是一种仿制金山汉卡,随后发现产品被盗版且价格很低,半年后企业就撑不下去了,只好选择散伙。创业失败后的雷军,因破解金山汉卡结识了裘伯君,毕业后顺利进入金山,在"前有微软,后有盗版"的双重夹击之下举步维艰,雷军努力工作,一步一个脚印带着金山艰苦奋斗,终于在香港成功上市,但离世界企业的梦想仍有较大的差距。接下来,雷军离开金山,专注在移动互联网领域做了3年的天使投资。雷军在40岁生日时宣布创办小米公司,梦想小米公司像三星之于韩国、索尼之于日本一样,成为一家"质优价廉"的国民品牌,担负起改变中国、影响世界的使命。

创业反思。雷军参与创办的金山软件最先受到互联网模式的冲击与颠覆,他开始思考互联网到底是什么,为什么软件行业受到如此大的打击?1999年互联网浪潮袭来之时,雷军创办卓越网进军电子商务,创业4年将卓越网卖给亚马逊,雷军再一次陷入长达半年的反思:"我不能因为自己的问题让整个组织跟我一样陷入苦战的境地。我可以更努力,但能不能在成功路上更容易一点?后来,我找到了答案:顺势而为。在对的时机做对的事情很重要,当时代性产业机会来临的时候,浪潮会把你推到最前沿,它所具备的力量比你自身的力量强很多倍。"通过不断的思索与实践,雷军渐渐理解到互联网是全新的方法论,并由此总结出互联网思维的"专注、极致、快、口碑"七字诀,"有一天我觉得它是一整套东西,我们用它做任何一个产品都能产生核爆炸,做小米之前,整个方法已经成熟"。

趋势判断。雷军将趋势的重要性比喻为:"站在台风口上,猪都能飞得起来",他对智能手机产业发展趋势形成了4个方面的判断:一是手机将会取代电脑。手机计算能力正以超越PC时代的速度提升,iPad只需插入一个底座,就能变成一台笔记本电脑。二是手机演变轨迹趋向于电脑产品。当没有"Wintel"(微软+英特尔)的联合巨头垄断后,全球手机产业非常开放,每家企业都激发出强大潜力,手机作为移动终端能随时随地连接互联网,成为获取信息的主要通路。三是移动互联网手机规则将被重新定义。"硬件为王"让位于应用驱动,MIUI 是一个"活系统",它随时接收用户反馈并快速迭代。四是"回归本源"。智能手机首先是好用的手机,其次才是智能的手机,将能方便地打电话、发短信定为底线,成为衡量手机的关键标准——在进行软硬件研发时判断工作主次与安排工作重心。

标杆学习。标杆就是榜样,这些榜样在产品和服务等方面所取得的成就,是后进者瞄准和赶超的目标。雷军在创办小米公司之前,重点进行了 4 家企业的标杆学习:一是向苹果学习专注、极致、美感设计,"软件、硬件与系统"一体化与整体用户体验;二是向同仁堂学习做真材实料的产品(同仁堂"炮制虽繁,必不敢省人工;品味虽贵,必不敢减物力"古训给了雷军极大的震撼);三是向海底捞学习做好服务和口碑营销;四是向 Costco(美国最大的连锁会员制仓储量贩店)学低毛利与高效率的运营之道。(来源:周文辉、周依芳、任胜钢:《互联网环境下的创业决策、价值共创与创业绩效》,载《管理学报》2017 年第 8 期。)

思考与探索

1. 结合案例,分析现代社会中决策的特征。
2. 结合自己的决策经历,阐述决策过程中风险管理的策略与途径。
3. 举例说明大学生创业决策的基本原则。

第二节　创业决策的影响因素

创业作为大学生毕业后的一种发展方向,是否选择创业、如何提高创业成功率,会受到多方面因素的影响。大学生创业决策的影响因素,主要包括内部影响因素、外部影响因素和不确定性因素。

一、内部因素的影响

影响大学生创业决策的内部因素,主要包括家庭背景、教育经历、个人特质以及风险偏好等方面。

(一)家庭背景

家庭因素对大学生创业具有重要影响。期望是行为决策的重要标准，在中国特色文化制度下，家庭期望对大学生的影响是客观存在的。中国青年报社会调查中心对13734人进行的一项调查显示，51.8%的受访者表示身边有创业的大学生，66.6%的受访者认为对大学生创业意愿影响最大的因素来自家庭，选择个人因素、社会因素和学校因素的受访者分别占13.8%、10.5%和3.7%。

大学生的创业选择偏好，容易受到其家庭的职业背景影响。父母是企业家或有创业经验的大学生，更有可能因为长辈潜移默化的影响而产生创业意愿，其创业率也更高。家庭和社会对自主创业的态度是否积极，是否将之视为有价值的经济活动，都会影响到大学生是否有动力去创业。家庭因素之所以能较好地解释个体创业行为选择，是因为人们在家族中可能传递着风险态度、管理能力，此外还与个人面对的金融约束有关。大量的研究发现，种族和家庭在个人自雇的行为方面存在着继承性。维特和范文登（Wit & Winden，1989）在早期研究中，将父母职业状态——即父母是否为自雇或雇佣等不同就职形式，作为个人自雇倾向的替代变量，均发现父母自雇的职业状态对子女个人的自雇选择有正向显著影响。而拉斐尔（Laferrère，2001）对法国大样本微观数据的分析，除了探讨财富、教育、非正式人力资本传递以及一系列人口学特征等影响变量，还发现在决定个体是否创业的因素中，家庭因素扮演了十分重要的角色。他们的研究还发现，家庭结构决定着个人是否离开雇员形式的工作而从事创业型工作。邢芸（2016）基于中国综合社会调查项目数据，分析父辈创业对子代创业机会的影响。结果表明，相对于有着非创业父辈的子代，有着创业父辈的子代选择创业的概率更大。因此，在鼓励和推动大学生自主创业的同时，应通过家校共同体渗透、社区宣传、公众讲座、电视媒体访谈节目等途径，增强与家庭中长辈的对话，让他们理解大学生自主创业的意义、明白如何配合和支持拥有创业理想的学生。

(二)教育经历

教育是人力资本形成的关键途径，通过教育能增加个人的管理能力。创业活动是市场机会识别、市场机会创造和市场机会开发等一系列活动，创业活动每个环节的决策都和创业者自身的人力资本紧密相关。创业者的人力资本存量决定了创业能力的高低。一般而言，知识经济时代受教育程度越高的个体发现和创造市场创业机会的能力越强，对市场趋势的洞察力更加敏锐。在信息不对称的人力资本市场上,个人的教育水平还具有传递和识别信号的功能。同样,在资本市场上,创业者的受教育水平具有信号作用,受教育水平越高,越有利于创业者获得更多的资源。实证研究发现,创业者的受教育水平与初创企业所能获取的资金规模正相关,即创业者的教育程度越高,越有可能获得更多的风险投资,特别是在高新技术产业领域这一现象更为突出。一般而言,面对相同的创业成本和资金约束,教育水平更高的个体融资渠道更广,可利用资源更多,相对而言,创业的门槛更低。

研究表明,创业者知识存量与创业机会的识别和获得具有显著的相关关系。具有较高水平人力资本的创业者具备充足的知识和技能去利用机会,从而使不确定性大大降低。他们更容易获取有利的机会,更容易通过教育的信号作用获取资本、争取潜在客户以及雇用合格雇员。因而,那些拥有较高人力资本价值的个体,比其他人更有动力和信心开始创业。

(三)个人特质

人格特质直接影响着大学生创业的方向和规模,影响着大学生创业的成功率,是大学生创业决策的重要推动力。人格特质存在差异性。有的大学生喜欢探索新领域、富有冒险精神;有的大学生喜欢稳扎稳打、谨慎小心。不同的人格特质对大学生的创业方向和创业规模会产生极大的影响。例如,喜欢探索新领域、富有冒险精神的大学生在创业过程中,往往会选择不熟悉的领域或者具有挑战性的领域作为奋斗目标,而且对目标的预期会更加宏大;而喜欢稳扎稳打、谨慎小心的大学生在创业过程中,通常会选择比较熟悉的领域,从小处做起,稳步发展,注重细节打磨,不会贪功冒进。

大学生在创业过程中不可避免地需要做出许多决策,包括战略方向决策、制度决策、管理决策以及运营决策等,决策贯穿创业活动的各个环节、关系企业的前途命运。而人格在决策中的印记明显,例如,有的大学生创业者可能凭借直觉或主观判断做出决定,而有的大学生创业者会在对市场深入分析的基础上依靠团队力量做出决策。不同人格特质下的意识和行为,影响着大学生的决策偏好,推动大学生选择不同的创业道路。有研究通过比较卡耐基、福特、盖茨、李嘉诚、霍英东、柳传志等一批中外成功的创业者,发现他们虽然性格各异、道路不同、决策风格不同,但是他们身上却有一些共同的特质,即目光远大、追求自我发展;乐于承担风险、迎接挑战;能吃苦耐劳、勤奋忘我;头脑灵活、关心政治;具有超前的战略眼光和超凡的自信与执着;脚踏实地、雷厉风行;遵守商业伦理、注重社会责任。

（四）风险偏好

创业倾向代表的是个体创业意愿的强烈程度，在某种程度上反映了风险偏好。创业者比管理者具有更明显的风险倾向。风险承担是创业精神的三大维度之一，创业者是创业倾向和抱负水平更高的群体。风险承担就是要对所捕捉的机会进行快速的决策和大胆的行动。在复杂多变的环境下，公司没有太多的时间去详细地调研和分析所面对的机会、并制定一个清晰而完整的战略框架；更多的是只能凭借公司高层领导人的管理经验、市场直觉以及坚定的信念和勇气，在短时间内完成决策。从这个角度讲，快速的创业决策是公司为了获得市场机会而承担的风险，而创业者是否具有快速决策的风险承担能力，是影响创业决策的内部因素之一。

二、外部环境的影响

全球创业观察（GEM）项目研究结果显示，创业环境主要包括市场开放程度、政府政策、政府项目、金融支持、研究开发转移、教育与培训、有形基础设施、商务环境、文化和社会规范、知识产权保护。影响大学生创业的外部环境因素，主要包括市场、技术、社会网络和创业文化等方面。

（一）市场环境

从微观层面来看，大学生的创业活动是一个基于自身能力和市场判断构思商机创意、获取资源，并将商机转化为产品，通过有效运营管理形成特定盈利模式的动态过程。"市场"是创业者在创业实践中考虑一切问题的出发点和落脚点。市场是有风险的，市场风险是市场主体在从事经营活动的过程中，由于市场供求关系的变化而面临的盈利不确定性或亏损的可能性。对于大学生创业者而言，造成市场风险的主要原因在于对于"市场"的理解。创业者面临各种各样的不确定因素，例如，已有市场竞争对手的排斥性障碍、顾客需求发生的变化以及进入新市场面临的需求不确定性，新技术成果转化为产品或服务的巨大难度，等等。一个创业项目的价值是由"市场"决定的，市场又是由"客户"决定的。对于刚刚涉足商业领域的大学生创业者而言，最重要的目标是确认市场存在——有人愿意购买你的产品和服务。

就宏观层面而言，国内外经济形势对创业活动也有着直接影响。例如，根据经济学人智库EIU在2017年5月发布的报告，中国很多传统企业正积极同技术公司合作，将大数据、虚拟现实、人工智能等技术整合到自己的产品与服务中，不难看出，采用新技术已成为企业提升未来竞争力的重要途径。再如，人口的增减、流动也是对一个地区、行业无比重要的宏观因素之一。在老龄化日趋严重、二胎政策普及的社会背景下，养老行业、幼教行业成为具有发展潜力的创业领域。此外，宏观经济调控政策，会对创业活动产生重要影响。例如，随着国家对房地产市场的宏观调控政策，大批房产中介不得不面临倒闭的风险。所以，大学生创业，不仅要对社会发展趋势和宏观环境有比较准确的预判，而且对微观环境要有更为精准的把握，从而降低创业风险。

（二）技术进步

以"互联网+"为代表的技术进步，变革着生产要素的优化集成状况，颠覆了传统创业模式，深刻影响着大学生创业决策。自第二次世界大战以来，至少有四次技术浪潮影响着美国硅谷的发展。（1）第一次技术浪潮始于20世纪50年代。进入"冷战"阶段后，为了在军备竞赛以及太空技术上保持领先，美国国防部门投入了大量的资金用于开发先进技术。为了能够获得稳定的技术来源，国防部门同时资助不同的公司开发技术，这无疑直接推动了硅谷的技术基础设施和配套行业的建设，促进了技术的扩散。（2）第二次技术浪潮发生在20世纪60至70年代，集成电路的发明推动了半导体工业的急剧发展。在这一阶段，包括美国英特尔、AMD和国家半导体公司在内的45家公司创建于硅谷。这些企业的发展充分带动了一种创新的文化，成为代表性企业。（3）第三次技术浪潮发生在20世纪80年代，在国防和集成电路技术创新浪潮建立的技术基础上，微处理器和个人计算机兴起了硅谷的第三次技术浪潮。包括苹果公司在内的20多家计算机公司在这一时期先后创立。随后又带动程序设计及应用软件的开发，在很大程度上又带动了计算机产业的发展。（4）第四次技术浪潮始于20世纪90年代，计算机网络技术的发展，推动了计算机向互联网发展，并产生了商业化应用。伴随着互联网技术的发展，众多拥有技术背景的创业者借助互联网以及IT技术挖掘全新商机，带动了硅谷地区又一波新的创业浪潮，并一直持续到今天。通过数次技术创新浪潮，硅谷已经充分形成了以行业集群方式发展的创新经济体，并带动了创业活动的蓬勃发展。

根据国家信息中心信息化研究部与中国互联网协会共同发布的《中国分享经济发展报告2017》显示，2015年中国的分享经济市场规模已经高达19560亿元，2016年快速增长至34520亿元，增幅高达77%。截至2017年，我国分享经济市场交易额约为 49205 亿元，比上年增长 47.2%；据预测，到 2020 年中国分享经济市场规模将在国民生产总值的比重提高至 10% 的水平。另一方面，中国分享经济领域的创新创业取得了巨大成就，成为全球分享经济创新者和引领者。截至 2017 年年底，全球 224 家独角兽企业中有 60 家中国企业，其中具有典型分享经济属性的有 31 家，占中国独角兽企业总数的 51.7%。以"分享"为关键字的商业模式，在很大程度上，专注于个人用户，这是一种对商业模式最直接、最有效率的验证途径。而且与上一轮互联网经济解决销售环节核心问题不同，分享经济实际上是对整个商业机构业务模式的颠覆，而且也是对整个商业模式、盈利模式的重构。从这个角度看，分享经济，是 IT 技术在最广泛人群中、以最贴近人们需求的方式，做了一次最具有价值的商业逻辑验证，从而为下一阶段优化和改造整个经济构成提前打下了技术基础和人员基础。

可见，在科技日新月异的时代里，技术不断创新、商业模式不断更迭。大学生创业决策，必须符合技术进步的发展趋势和新的商业模式规则，否则，大学生所创企业将面临被技术进步淘汰的风险。

（三）社会网络

社会网络就是一组真实存在的社会关系，是互惠共同体，具有信任机制和规范机制。良好的社会网络能提升创业者的创业信心，有助于提升创业者抗击风险的能力。创业主体根植于社会网络，网络关系是个体识别创业机会、获取创业资源、开发商业机会、实施创业活动的支持力量。变化的政治法律环境、经济环境、社会文化环境、技术环境，以及生态环境均为个体提供了创业机会。为保障初创企业的生存和成长，创业者及其企业需要加强同供应商、科研机构、政府机构、金融部门、消费者和竞争者等的联系，以获取外部资源。通常情况下，个体倾向于选择自己比较熟悉的行业创建企业，而且个体先前的工作背景与经验、构建的关系网络，为其提供了获取创业机会的可能性。

中国社会文化的一个重要特征是强调人际关系的"差序格局"，即在个人的网络中，以己为中心，形成了由近及远、越近越亲、越远越疏的格局，个人在社会网络中拥有的远近亲疏的关系强度决定了不同的行为和态度。与西方发达国家相比较，社会关系在中国新企业创建与运营中发挥的作用更大。社会网络规模越大、密度越大、质量越高，创业者能够从中获取资源的可能性和数量就越大。1973 年，美国社会学家马克·格兰诺维特（Granovetter，1973）提出了弱关系（weak tie）理论。格兰诺维特指出，在传统社会，每个人接触最频繁的是自己的亲人、同学、朋友、同事，构成了一种十分稳定但传播范围有限的社会认知，即"强联系"（strong ties）现象；与此同时，人类社会中还存在另外一类更为广泛亦更为肤浅的社会认知，例如一个被人无意间被人提到或者打开收音机偶然听到的一个人。他把这种关系定义为"弱联系"（weak ties）。当前，我国高校深入开展创业教育，为大学生创业者提供了嫁接社会资本的桥梁。即使大学生创业者与外部关键资源提供者的联系是松散的弱联系，但这种联系足以使得大学生获得有价值的信息。在这个过程中，大学生创业者会不断培养自己的企业家才能，并得以与潜在的外部支持者建立起成功的关系。基于这种预期，大学生的创业意愿会显著增强。

（四）创业文化

创业文化是指与社会创业有关的意识形态、文化氛围，其中包括人们在追求财富、创造价值、促进生产力发展的过程中所形成的思想观念、价值体系和心理意识，主导着人们的思维方式和行为方式。创业文化的基本内涵主要包括开拓、冒险和创新，即鼓励技术创新、管理创新和文化创新，激发开拓向上的勇气和激情，使创业者直面和容许失败、拥有和弘扬团队精神，注重学习培训，融合科学精神与创业精神。

阿莱克·阿什（2018）在《中国科技革命是如何威胁硅谷的》一文中指出，中国蓬勃发展的创业环境已成为中国一线城市的一大特色。过去，大学毕业生都想到银行或国有企业工作，获得"铁饭碗"，但那些工作很多都并不令人满意。在2012年盖洛普咨询公司（Gallup）的调查中，94%的中国受访者表示他们对其工作并不投入。随着公共资金和私人资金涌入中国初创企业，创业对于年轻一代来说已经是一种很有吸引力的职业选择。中国本土有很多成功的故事，激励着他们。中国的年轻人曾经非常崇拜乔布斯，而现在，阿里巴巴集团创始人马云、百度创始人李彦宏和小米创始人雷军等都是他们要效仿的榜样。中国已经开始培养更具创造性的创业文化。2015年，中国公布了名为"中国制造2025"的计划，通过向中国企业提供补贴、低息贷款和其他援助，通过投资先进产业来实现中国经济的升级。在接下来的十年里，中国希望成为人工智能和清洁能源汽车等领域的世界领先者。

大学生要在激烈的市场竞争中创业、立业，必须树立新时代的创业观。新时代的创业文化不仅包括艰苦奋斗、诚实守信、勇于冒险、不怕失败等传统创业精神，还应具备高科技、大市场、活资本等新理念，要尊重知识、尊重人才、尊重劳动，尊重创造。创业者不仅要活跃在传统产业战线，还要奋力拼搏在新的经济领域；不仅要投身国内市场踊跃创业，还要积极走出国门参与国际大市场的竞争。

三、不确定性影响

"商业本身就是一个冒险的过程，创业型经济的风险尤其甚之。"美国经济学家弗兰克·奈特在1921年出版的《风险、不确定性和利润》中对风险做了经典的定义，他认为风险是"可测定的不确定性"，是指经济主体的信息虽然充分，却难以对未来可能出现的各种情况给定一个概率值。与风险相对应，奈特把"不可测定的不确定性"定义为不确定性。奈特将风险与不确定性做了严格的区分：他把可用概率估计的情况称为风险，把无法用概率估计的情况称为不确定性。

创业是一种具有高风险的创新活动，创业利润来源于创新的回报、风险的补偿以及企业高效管理。受时代变迁、市场变化与技术更新等因素影响，创业企业的内外环境发生着巨大变化，其所处环境的不确定性剧增。大学生投身创业实践，与企业家创业、海归人员创业、农民工返乡创业、岗位创业不一样，有其自身特点。他们社会阅历少、缺少与他人打交道的经验，经历简单、鲜有搏击商海的能力和智慧，人际网络支持力度弱，抗挫折能力差，缺少资金等。他们在创业道路上所面临的风险因素不可低估。这些风险，既有作为一般创业者所面临的共性风险，也有身为大学生创业者所特有的不利因素；既有创业过程中的风险，也有创业前和新企业组建后"二次创业"的风险；既有宏观因素，也有微观因素。它们涉及市场、行业、团队、政治、环境、法律等诸多方面，且无法逃避。风险不同于冒险，要防止无把握地冒险，有效控制创业过程中的各种风险。

"创业教育之父"蒂蒙斯（2005）认为，创业领导者的中心任务是制定出创造性解决问题的战略方案，努力协调创业各种资源的配置并分析解决存在的种种困难及问题。在动态变化的创业环境下，模棱两可和风险始终存在。对于不确定性，创业领导者需要更多的风险倾向以勇敢地面对创建企业中固有的风险，但个体的认知能力是有限的，即便在当今信息发达的社会，禀赋再好的个体也难以完全综合地搜索信息和完全精确地解释信息。为了摆脱这些限制，创业领导者在做复杂的创业决策时，常常采用认知性直观推断以及可能会导致认知偏见的简化策略。在此过程中，某些偏见会降低他们对风险的感知，从而在一定程度上导致了创业者创业决策的风险行为。此外，由于认知偏见会影响创业者注意到的有限信息以及他们从中获得的解释，创业领导者虽然是整个团队的坚强核心，但其自身也可能就是组织最薄弱的环节，同样存在着很大风险。

另一方面，不确定性蕴藏着机遇。客户需求的变化、与行业相关的技术发展、与竞争对手之间战略关系的复杂化等都成为了公司创业战略决策的潜在动力。外部环境的动态变化为公司创业打开了机会的大门。这不仅激励着公司努力开拓新的业务领域，同时也鼓励其采用新技术或创新性的市场实践来扩大现有市场份额。被动反应的战略决策模式不再能够适应复杂多变的环境，而主动的创新和创业行动则是抓住机遇迎接挑战的最佳选择。这种环境条件鼓励公司进行更多的创新和市场开发，也促使公司进行相关的业务拓展，并能够从竞争者那里学到更多东西。同时，公司在制定并执行创业战略的过程中，也逐渐培养了驾驭不确定性环境的能力。

由于在创业过程中往往面临巨大的不确定性，创业者要基于自身能力，通过各种途径，及时获取各种信息，识别潜在市场和可能的创业机会，并在其可承担的风险范围内创建新组织或开展新业务。培养大学生的冒险精神，绝不应建立在盲目和无知的基础上。否则，只会导致更高的创业失败率，并会打击后来者的创业热情和创业意愿。卡尔·施拉姆（2007）曾指出："处理风险的方式是判定一个人能否成为创业家的决定性因素。"因此，如何科学培育大学生创业风险管理能力，是高校开展创业教育必须要系统解决的重要难题，其要旨是服务于培养兼具冒险精神和理性思维的创业主体，让其能够敏锐测险、合理避险、成功化险，而不是鲁莽行事、盲目冒险，更不是循规蹈矩、惧怕风险。归根结底，就是要让这种"对风险的管理能力"渗透到大学生创业的过程中，使他们在创业道路上行稳致远。

| 案例 4.3　蔡志忠退学从画

蔡志忠是华人世界中影响最大的漫画家，他的漫画图书作品销量超过亿册，这种业绩不仅在华人中是首屈一指的，在整个世界范围内也属凤毛麟角。

蔡志忠从小喜欢漫画，并且画得很好，他对这门艺术有特殊的天赋。但他的功课却很一般，并一直为此深感苦恼。初二那年，一位新来的老师的一段循循善诱的教导成为蔡志忠人生的转折点。"并不是每个人都应该走读书这条路，也不是每个人都能从读书中获得最大的益处……不是每个人都要等拿完所有该拿的文凭后，才决定人生要走哪一条路，那样就太晚了！我们应该随时随地反省：自己现在走着的路，是不是应该走的路；自己现在做的事，是不是真心想要做的事……不能盲目地随波逐流随着大家浮浮沉沉，等已走了老长一段路程后，才来后悔这条路不适合自己。当年应该选择其他路才对。这种自我反省越早越好，那样才能够及时改正，做出最正确的选择。"

经过这位了不起的老师点拨，蔡志忠开始反思自己与社会：当时的台湾已经进入了一个讲求效率的商业时代，漫画在台湾非常受欢迎，自己喜欢漫画，也擅长画漫画，我为什么不走画漫画这条路呢？蔡志忠先把自己的作品寄到台北一家漫画社求职，对方很快发来了邀请函，蔡志忠非常果断地退了学，背上行李去台北开始闯荡。时年是1963年，当时蔡志忠年仅15岁。

蔡志忠进入了一个更加广阔的社会课堂，在漫画界，他终于发现一个"海阔凭鱼跃，天高任鸟飞"的天地，他开始学习各种绘画知识，积累种种绘画技能。他牢记老师的教导，要时刻反省自己：自己现在选择的路是不是最适合自己走的路。蔡志忠认识到社会非常需要漫画作品，目前自己的积累与天赋有利于自己所从事职业的长远发展。

一个非常值得深思的现象是，在学校里，蔡志忠觉得读书学习不是一件轻松的事，在走上社会舞台后，当他因自己的工作需要去选择书籍的时候，他却真正感觉到读书既是一种快乐，又是一种需要，他开始如饥似渴地利用业余时间读书。每当旅行外出，他都要随身带上几本书。1985年4月，他出差到日本，随身带了《老子》《庄子》这两本书。旅途中，蔡志忠跟两千多年前的大智者庄子进行了精神上的交流，他发现自己顺遂自然、活脱大度的生活方式、工作作风和庄子的智慧不谋而合，他想，我为什么不能用漫画的形式让更多的人了解庄子呢。不久，蔡志忠最光彩夺目的漫画作品《庄子说》诞生了，此后《孔子说》《老子说》等一系列中国传统文化作品相继问世。（来源：赵光辉：《择业学》，知识产权出版社2015年版。）

|案例 4.4 萨尔沃的职业转换

萨尔沃现年43岁，他一直在密歇根州一家汽车部件厂担任保险杠组装车间的监管。这些年里他一直干得很开心。他的手下有24名组装工人，其中一些很有经验，另一些则是新手。公司90%以上的产品销往北美的三大汽车制造商。十年前，工厂的销售开始萎缩。由于人们越来越青睐国外厂商生产的低油耗汽车，汽车部件厂的销量加速下滑。

于是，工厂开始裁员，萨尔沃希望自己的饭碗能够保住。但他还是没有躲过劫难，2006年1月，由于工厂在保险杠市场上不再有竞争力，所以决定关闭保险杠生产车间。萨尔沃得到了四个月薪水作为买断费。他的妻子米歇尔是一位兼职家庭护理员。他们有两个孩子正在上小学。如果萨尔沃在8个月内不找到工作的话，这个家就要破产了。所以，萨尔沃意识到，必须马上找到一份薪水达到原先75%水平的工作。

萨尔沃苦苦寻找了四个月，但是始终找不到时薪在8美元以上的工作。萨尔沃觉得，如果自己有制造方面的学历或证书，如模具设计或计算机辅助制造，那么他就能在过去的工作基础上重塑自己的职业路径。但是这招永远解不了近渴，他没时间去读书。

于是，萨尔沃在杂志和网上寻找自雇的就业机会，结果一家百叶窗加盟店的商业计划吸引了他。米歇尔同意帮助萨尔沃为顾客安装，并且负责联系客户。萨尔沃用积蓄和贷款凑齐了11000美元加盟该公司。经过10天的培训后，萨尔沃成为有上岗证的安装工，为家庭和小型企业安装百叶窗。米歇尔的父母是他们的第一家客户，随后是萨尔沃的阿姨。萨尔沃想："我从来没有想到过自己四十几岁的时候会以销售和安装百叶窗为生。不过现在不是自怨自艾的时候。我们必须倾尽全力保证每周赢得4个客户，这样我们才能获得盈亏平衡。"（来源：安德鲁·杜布林：《心理学与人际关系》，中国人民大学出版社2010年版。）

| 案例 4.5　让影响决定的外力成为助力

我18岁的时候，非常清楚心中的梦想，就是要当一位建筑师。我有空的时候常常在计划要如何成为一位建筑师，并画些未来我盖的房子和办公室草图。我当时高中刚毕业，整个夏天都在准备进入意大利大学工程系的考试；在意大利要当建筑师，就要先取得工程学位。

九月初的某一天，那天下着大雨，我开着爸爸的小菲亚特，从我从小长大的意大利北方小镇蒂奥内，要到特伦托大学参加考试。当我接近美丽的特伦托市和大学城时，我看到了要去考试的工程学系远远在山丘上出现。建筑物设计得很美，但是那天看起来有点令人敬畏。

我匆匆要进考场时，有个学生递给我一张彩色传单，宣传大学里的经济和管理学系。那位学生自我介绍说他的名字是史蒂芬诺，就读二年级。他看起来对自己的学科非常有热忱，对经济和管理学教授的评价很高，也很推崇系里的设备。他把系里所上的课描述得非常有趣，学生也好像很聪明、兴趣很多。我跟史蒂芬诺的短暂交谈，意外地对我的计划产生了非常大的影响。一周过后，我就跟他一样，也加入了经济与管理学系。就这样，我的未来从此跟建筑再也没有关系了。

我们希望自己的目标和希望会像罗盘一样指引我们的决定。但是就像我说的，我们在实践目标的途中，很多决定都会被一些非常微不足道、无法预见的因素所影响。或许更重要的是，我们常常没有意识到，自己为什么会做出破坏自身重要计划的决定。我会说，是因为特伦托的坏天气影响了我当时开车去考试的心情，让我偏离了成为建筑师的计划；或者是史蒂芬诺实在是太有说服力、太会招揽学生了。不管真正的原因为何，我当时并不知道，这个决定会彻底改变我原先细心拟定好的计划。

放弃当建筑师我一点也没有后悔，我认为当时脱离计划的轨道，最后反而产生了很好的结果。但是在人生中，事情通常都不是这样。就像在《为什么我们的决定常出错》这本书里提过的，偏离航道的决定通常都会导致不道德的行为、错误分析现有信息、不精确的决策、以偏见评量他人表现，并且造成努力动机低落。如同法国哲学家加缪所说："人类是唯一无法接受自己的生物。"借由了解自己的限制以及影响我们做决策时的外力，我们可以开始为自己的选择除错、设计系统来帮自己和别人实行计划，并且更新计划。掌握这些方法，或许可以让我们更接近莎士比亚笔下所谓"能力无穷"并且拥有"高贵理性"的人。（来源：弗朗西斯卡·吉诺：《为什么我们的决定常出错》，北京时代华文书局2015年版。）

思考与探索

1. 结合社会观察，阐述不确定性给大学毕业生创业决策带来的影响。
2. 简要分析现实社会中社会网络在大学毕业生创业决策中的作用。
3. 简要分析哪些因素在自己的创业决策中起到了关键作用。

第三节　创业决策模式

创业是不确定情境下的风险决策行为。创业行为是创业决策的产物，不同的创业决策方式造就不同的创业行为与行动。大学生创业决策的依据和目标离不开大学生个人的创业意愿和外部环境的约束。大学生创业决策模式主要分为内在驱动模式、外部约束模式以及投资—收益模式。

一、内在驱动模式

内在驱动模式的创业决策是基于个人内在意愿、依据个人特点和自身人力资本积累而进行的自主决策。它是自我激励、自我调动、目标导向的决策模式。

（一）心理资本

心理资本是指个体在成长和发展过程中表现出来的积极的心理状态，是促进个人成长和绩效提升的心理资源。自我效能感、希望、乐观和韧性，是心理资本的四个要素。心理资本的四个要素能使创业者在面临不确定和高风险情境时坚守信念、保持自信，在创业过程中遇到棘手问题时挖掘潜能、选择路径并取得成功。动机涉及行为的发端、方向、强度和持续性，因此创业动机是指引起和维持创业者创业活动，并使得活动朝向某些目标的内部动力。从定义上看，心理资本与创业动机之间存在关联，尤其是自我效能感。创业自我效能就是个体对是否有能力成功完成创业活动任务的信念程度。自我效能感强的创业者才能够对于创业活动产生兴趣，这也是维持他们创业活动的前提。乐观、希望和韧性则是创业者保持创业活动持续开展的内部动力，尤其是当创业处于艰难时期的时候。心理资本的四个要素能够产生较为强烈的创业动机，创业动机的形成和维持需要心理资本处于较高水平。

（二）成就动机

大学生创业决策受到很多因素影响，其中包括大学生的风险倾向、风险感知能力、成就动机等主观因素。现实中，成就动机高的大学生在进行毕业发展方向选择时往往会选择自主创业，而成就动机低的大学生则会为回避创业风险而选择相对稳定的职业。成就动机可分为追求成功和避免失败两种独立而相对稳定的倾向，这两个维度对个体风险反应倾向的影响不一致。避免失败维度对个体风险反应倾向会产生较大影响，而追求成功动机维度对风险反应倾向影响不大。高成就动机的人愿意选择困难的任务，愿意面对风险，坚持更高的目标。在大学生创业决策中，高成就动机的大学生追求成功的动机与创业决策成正相关，低成就动机的大学生回避失败的动机与创业决策成负相关。换言之，成就动机越高的大学生越有可能选择创业，成就动机越低的大学生越不会选择创业。

（三）创业警觉性

创业警觉性是指创业者在不确定的情境中能够敏锐地识别并抓住创业机会的

洞察力。创业警觉性不是人人都有的,它既需要知识、经验的积累,也需要鉴别和加工信息的能力。创业者的创业警觉性越强,越容易判断各种信息的价值以及潜在的创业机会。创业警觉性因人而异,在同样的机会面前,个体选择也不尽相同。大学生可通过专业学习、实践积累、创业体验和市场研究等方法提高自身的创业警觉性。创业警觉性越高,创业决策的效率越高。创业警觉性在创业初期的机会选择中发挥的作用很大,一般而言,创业警觉性高的大学生能够迅速捕捉到市场商机并且将之转化成创业行为,从而完成创业决策过程。

（四）价值取向

正确的价值观是创业的基石。大学生的价值取向,是创业决策内在驱动模式的重要因素。创业价值观不仅应从个体的自身需求出发,还应包括对于社会需要的责任意识。创业价值观是指由创业期待、创业潜能和社会责任感等要素构成的较为稳定的价值取向。

如果没有正确的自我认知、不能自觉承担社会责任,个体很难产生持续、强劲的创造动力,也很难实现高层次的创业成功。创业教育兼具创业价值和创业事实,并在教育过程中使受教育者能够习得判断价值与事实的基本标准。创业教育应从创业价值入手,通过教育和引导受教育者自主探索与体验,形成积极和正确的价值取向,最终促进创业者的可持续性创业。大学生创业者只有在个人发展需求与社会需要之间实现创业价值取向的动态平衡,才能为创业活动提供持续的内在动力。

二、外部约束模式

大学生创业决策的外部约束模式,主要受到框架效应、创业环境和社会网络等因素的制约。

（一）框架效应约束

框架效应存在于大学生职业决策情境中,大学生更倾向于选择积极表述的发展方向。当人们对创业的表述为积极框架时,大学生往往倾向于选择创业,否则不进行创业。

框架效应可简单表述为：被选择方案的描述方式,改变对决策者决策行为偏好的影响。实验研究表明,决策者在框架效应影响下会做出非理性决策,框架效应可分为积极框架、消极框架两种类型。在大学生创业决策情境中也存在框架效应，并且大学生创业决策者更倾向于选择积极表述的职业方案。在积极框架下，大学生创业活动是一种虽具有挑战性，但是有较高的成功预期（例如高收益），并且能够激发个人创造力的活动。换言之，当对大学生创业的描述为积极框架时，大学生的内在潜力被激发、被唤醒，突出表现是跃跃欲试，最有可能做出创业的决策；而消极框架意味着大学生不仅要承受心理上的压力，还要面临来自创业这一风险决策所带来的挑战；由于挑战极具风险，大学生会做出回避风险的决策。

（二）创业环境约束

创业行为发生在具体的环境之中，创业者所处环境对其创业行为具有很大的影响力，不同环境要求创业者采取不同的机会认知和决策行为，创业绩效不仅取决于环境条件，还取决于创业者依据环境条件做出的正确决策。创业者都是从特定的环境出发，识别创业机会、开展创业活动的。但环境是不断变化的，环境的变化是产生机会的主要源泉。例如，技术、市场及政策法规等外部环境的变化，都将产生不同类型的机会。因此，当创业环境及创业者自身能力发生变化时，创业者的决策行为也应进行相应的调整。

当前，"互联网+"时代的创业环境具有自身特征。一方面，互联网环境提供了建立全新网络信息交流的可能性，能跨越时间、空间与组织边界将虚拟社区中分散的个体组织起来互动，并通过电子通信工具共享资源；另一方面，互联网环境下企业与用户角色转变导致企业经营理念与经营模式的转变，与用户共创价值是企业构建新战略资本和塑造新核心能力的关键。可见，在互联网环境下，创造良好的用户体验，是决定创业绩效的关键因素。企业应该把战略重点从为用户提供产品和服务转向为用户营造互动体验平台。如果不能适应互联网环境下的经营模式，而是继续采用传统的商业模式创业，那么成功创业的难度无疑会增大。因此，在互联网环境下，创业者能否根据创业环境做出正确的创业决策，在根本上决定了创业是否会成功。

（三）社会网络约束

创业者社会网络主体的多样性，对不同机会类型的识别起着关键作用。社会网络密度影响机会识别的数量，而社会网络强度影响创业者机会识别的质量与效率。

社会网络是创业者捕捉环境变化信息来源的主要途径。社会网络可以加强信息流，而社会网络的弱联系，可以帮助创业者在机会发现过程中，接触到新的想法和世界观并感知到市场等环境的变化。社会网络又是创业者与机会识别的主要桥梁，具体表现在，社会网络能为创业者提供关键性的资源如信息资源等。创业者利用自身社会网络获得创业信息、识别创业机会、做出创业决策，体现了其对社会网络资源的整合能力。

社会网络是向创业者传递环境变化信号的重要渠道。多样的社会网络可以提高创业者的警觉性，丰富创业者的知识，提高创业者的创业能力。创业者可以通过社会网络预留未来创业过程中所需的资源。同时，创业者的个人特质影响其社会网络形成和发展的深度和广度。社会网络具有扩展性和延伸性，在不确定的环境中，创业者要根据创业需要对其社会网络的强度、密度、维度做出适应性动态调整，从而提高在变化环境中识别创业机会的效率。

三、投资—收益模式

知识经济时代，大学生通过接受教育积累的人力资本被赋予更加突出的资本地位，因此，教育更多地也被看作投资。投资是为了取得回报，投资—收益模式自然也就成为大学生创业决策模式之一。

大学毕业生由于接受过高等教育，一般被认为是高级人力资本所有者。既然教育是人力资本投资，它不仅花费直接成本（即学费成本、生活成本等费用），还要支付间接成本（一般以假设受教育期间的人力资本用于其他领域将会产生的收益来估算）。投资一般以取得回报为目标，用投资—收益模式进行创业决策是合理的、可靠的。

投资—收益模式首先要估算大学毕业生在教育和健康领域的投资额（既考虑直接成本，也考虑间接成本，还要考虑资金利息等财务成本），然后确定合理的投资回收期，最终确定合理的收益率。大学毕业生人力资本的收益率与物质资本不同的是，它并不只是为了获取货币收益，社会地位、社会福利、社会认同、社会荣誉、安全感、自我实现等非货币收益也是人力资本收益的重要组成部分。货币收益和非货币收益哪个重要，如何估价，取决于它给人力资本所有者带来的效用或满足感。例如，当某大学毕业生在创业决策时把服务社会作为主要考量，表明做社会公益给他带来的满足感超过其他收益指标，那么在其收益结构中，社会公益收益就会被高估，换言之，他在保持收益总量不变的情况下愿意降低货币收益和其他收益以保证社会公益收益。

投资—收益决策模式就是按照"投资是为了取得回报"的经济学逻辑组织

各种变量，形成不同的决策组合，最终通过比较、权衡来进行创业决策的过程。有研究发现，中国居民的创业回报呈现下述特点：第一，中国居民创业的货币回报显著为正，创业者的年收入高于就业者30%～40%，但也面对更高的收入不确定性；第二，从非货币回报来看，创业者工作的时间更长，但也拥有更高的主观幸福感；第三，家庭教育背景较好的创业者拥有较高的货币回报；第四，创业的货币回报存在"马太效应"，越是成功的创业者其货币回报越高。

上述结论在一定程度上表明，创业并不是一个由于找不到工作、退而求其次的被动选择，事实上，在经济转型和发展的过程中，中国正创造出大量的创业机会，催生大量机会型创业者，他们辛勤工作、积极承担更大的风险，在创造物质财富的同时，实现幸福感的提升。同时，拥有较高学历、城镇户口、党员身份、社会关系的"优势群体"并没有在创业货币回报中获得优势，这意味着创业是创业者提高收入、实现向上流动的可行途径。但是，家庭教育背景依然对创业回报存在影响。值得注意的是，教育还没有成为推动创业和提高创业货币回报的积极因素，发展和完善创业教育、培养公民的创新精神和创业能力仍是推动大学生创业的基础工作。

根据奥利弗·威廉姆森（2002）对交易成本的划分，交易成本分为事前和事后两类，事前的交易成本主要指签约、谈判、保障契约等成本；事后的交易成本指契约不能适应所导致的成本。大学生创业前和创业后都存在交易成本，并且交易成本的高低制约着创业的选择和发展，而事前交易成本对大学生创业的影响更为突出，事后交易成本则是企业的共性问题。大学生创业的事前交易成本主要体现在搜寻创业信息、选择创新创业模式、设计创业路径、寻找创业资本、组建创业团队、申办创业许可等，以及大学阶段为创业而额外付出的学习成本。事前交易成本的高低直接影响着大学生创业的选择，如果这项成本过高，将降低大学生创业的预期收益，同时也会降低大学生的创业热情和创业信心，甚至"知难而退"放弃创业；如果事前交易成本在可以承受的范围内，将会推动大学生创业行为的发生。市场经济需要更多的创业者以提升活力。学校、政府和社会应在降低创业成本、激发创业潜力、提供创业服务等方面发挥有效作用。

案例4.6　黄峥的创业之道

黄峥出生于普通的工人家庭，没有家族的力量可以依靠。他的一切，完全来自于个人努力。而成功的关键，只在于三个字：弱关系！

2002年，黄峥在寝室上网，通过MSN添加了一位陌生网友。这位网友向他请教一个技术问题。黄峥学的是计算机，平时喜欢在网上发一些文章，这位网友恰巧看过了。黄峥帮网友解决了问题，网友非常感谢，顺手给黄峥一点小小的回报，改变了黄峥的整个人生。这位陌生网友名叫丁磊，网易创始人。

所谓弱关系，就是亲戚、老师同学及早已熟识的朋友之外，与你通过网络或其他方式结识，只有微弱联系的陌生人。1973年，美国社会学家马克·格兰诺维特提出了弱关系理论。他的研究表明，通过人脉关系找工作的人中，在强关系帮助下找到工作的占31.4%，在弱关系帮助下找到工作的占68.6%。

丁磊之于黄峥，就是典型的弱关系。黄峥帮助丁磊解决技术难题后，丁磊出于对黄峥的欣赏和感谢，把黄峥引荐给自己的一个朋友。这个朋友名叫段永平。段永平对黄峥而言，是弱关系转介绍的关系，更是弱关系。黄峥到美国求学时，他们才第一次认识。后来，段永平成了黄峥的人生导师。段永平还是陈明永、沈炜、金至江的人生导师。这三个人分别是OPPO创始人、vivo创始人和步步高CEO。而段永平自己，是"小霸王学习机"和"步步高"的创始人。

2006年，段永平62万美元买下和巴菲特共进午餐的机会，可以带一个人同行，他带了黄峥。在黄峥的就业和创业过程中，段永平无数次指点、出谋划策，甚至出资。黄峥今天的成功，与丁磊和段永平脱不开关系。这个时候，原来的弱关系，已经转化为了超强的强关系。但这种关系的起源，就是最初MSN上的一个好友申请。

（来源：http://www.sohu.com/a/271077366_673533，访问时间：2019年7月28日。）

| 案例4.7　合伙的基础在于共同的价值观

李亿竹正在为创业做准备。之前，她已经关注健康养生产业很久了，在微信上开通了微课堂，推广自己的营养健康管理课程。她希望能把这些年学到的知识和理论体系落地，将线上和线下很好地结合起来。她坦言，目前还没找到一个特别合适的切入点。创业是一个系统工程，李亿竹认为人才的配置、资金的整合、场地的选择、市场的调研等，都需要全面考虑。她觉得会员制合伙是一个不错的形式，就是让每个参与其中的人都成为会员，形成一个利益共同体，在核心团队的管理下，实现利益共享化。

秦昆是一个专业培训公司的负责人，为企业提供专业的培训和指导。作为一个有一定规模的公司，他认为合伙人不只意味着经济利益的共同体，更意味着一个文化和价值观的共同体。他觉得，合伙制不单是要找一个能给自己带来经济效益的伙伴，更要在精神层面上有契合度。可以通过股权激励等方式，把原本的员工变成自己的合伙人，形成统一的凝聚力。要形成合伙机制，首先要明确每个合伙人的诉求，然后再确定具体的合伙方式。

来自猎头公司的乐峰这些年为不少知名企业搜罗了各类专业人才。从她的职业经历来看，越来越多的老板意识到了合伙创业的重要性。"之前，我们要找的只是单纯的职业经理人，但是现在越来越多的老板希望能找个合伙人。"乐峰表示，随着企业规模的扩大，很多老板感到优秀人才的紧缺性，简单提高薪金的方法已很难招徕到合适的人才，所以才会出现包括以知识产权等无形资产进行合伙的方式。具体地说，就是让专业的人干专业的事情，然后向着一个共同的目标奋进。

但是，不管合伙的模式怎么样，大家都有一个共识：合伙的基础在于有共同的价值观。在合伙创业的道路上有很多艰难险阻和不同的目标追求。如果没有信任感和统一的价值观，这样的合伙是不会长久的。(来源：《东南商报》2016年8月2日。)

案例4.8　小李的创业决策

小李是一位从农村家庭考入大学的毕业生，在就业决策的时候，他将获取经济回报作为就业考虑的首要标准。因为小李每年要支付学费、住宿费、伙食费、教材及资料费等费用约4万元，四年大学读下来，小李的父母已经为其支付了总计16万元的高等教育成本。小李还清楚地意识到上大学还有另外一种成本，即机会成本。如果没有选择上大学，而是选择参加工作，那么在四年大学期间参加工作预期能够赚到的钱，就是上大学的机会成本。假设小李上大学的机会成本为每年3万元，那么4年大学的机会成本则为12万元。因此，小李上大学的教育投资总额为28万元。于是，小李在决定创业时，期望通过创业每年可以获得10万元的收益，以达到在创业3年内获得的经济收益能够覆盖读大学付出的总成本的目标。(来源：根据资料整理。)

思考与探索

1. 通过经典案例分析，阐述创业决策模式选择的主要依据是什么。
2. 阐述三种创业决策模式的决策原理。列举并简要说明其他创业决策模式。
3. 分析自己创业决策模式选择的类型与依据。

第五章　创业模式

创业模式是指以知识管理为主导、以资源管理为基础、以机会管理为核心的管理模式。自主创业、公司内创业和人力资本出资创业是当前大学生创业的主要模式。

第一节 自主创业模式

自主创业是指大学生依靠个人的人力资本、物质资本和其他资源创办企业的活动。自主创业能最大限度地调动个人的积极性和主动性，最大限度地发挥个人天赋和才华，成功的自主创业会给个人和社会带来丰厚的经济回报，自主独立创业在市场经济竞争中具有高收益和高风险的特性。大学生自主创业模式主要有：个人独资企业、合伙企业、有限责任公司和特许经营四种类型。

一、个人独资企业

个人独资企业是一个人所有并由其经营管理的企业，是由一个自然人投资、财产为投资者个人所有、投资者以其个人财产对企业债务承担无限责任的经营实体。投资者个人享有全部的收益权并承担企业的所有债务和其他义务。投资者承担无限责任——用企业资产和个人资产为企业的所有债务承担法律上的责任。假如企业不能偿付债务，投资者将不得不用自有资金或变卖自有资产来清偿企业债务。

创立个人独资企业，投资者需具备以下条件：是具备完全民事行为能力的自然人，并且不是法律、行政法规禁止从事营利性活动的人；有合法的企业名称；有投资者申报的出资；有固定的生产经营场所和必要的生产经营条件；有必要的从业人员。具备以上条件后，投资者到所在地工商行政管理登记机关申请登记，经核准领取营业执照后，方可营业。

个人独资企业具有以下优势。（1）易于成立。与其他的法律组织形式相比，独资企业的成立手续较简单且费用更低。（2）利润独享。所有者不必和别人分享企业利润，在企业运营中具有绝对控制权。（3）灵活性强。能够根据企业的需要当机立断，调整经营决策。（4）免除了企业的税收。个人独资企业不具有法人资格，企业主以个人而非以企业作为纳税人，无须向社会透露企业的财务报表信息，只缴纳个人所得税。

个人独资企业具有以下缺点。（1）无限连带责任。企业主个人对企业所有债务负责。当投入企业的资产不足以抵偿债务时,企业主的个人财产也将被追索。(2)缺乏连续性。由于所有者的疾病或死亡,企业可能削弱或倒闭,企业生命期是有限的。(3)难以获得发展资金。独资企业的资本一般为个人积蓄、企业利润的再投资及民间借贷,较难筹集到大笔资金用于企业的扩张。(4)有限的管理能力。由于企业是"家长式"决策模式,仅凭一个人的知识、能力及专长,会限制企业的发展方向和空间。鉴于以上原因,个人独资企业时常呈现出创建快、存活短、发展慢的态势。

二、合伙企业

合伙创业是指两个以上的创业者通过订立合伙协议,共同出资、合伙经营、共享收益、共担风险,并对合伙企业债务承担无限连带责任的创业模式,其创建的企业被称为合伙企业。每位合伙人可以用货币、实物、知识产权、土地使用权或者其他财产权利出资,也可以用劳务出资。对出资的评估作价可以由合伙人协商确定,无须验资。合伙企业不是法人,它与个人独资企业一样要承担无限责任,由合伙人分别缴纳个人所得税。合伙创业是一种相对"高起点、高规格、高层次"的创业模式(相对于独立创业而言),是适应相对更大的创业规模和更大的风险承受能力而产生的创业模式,也是应独立创业再发展、再提高的客观要求而产生并存在的创业形态,通常投资规模要大于独立创业,但小于有限责任公司。在社会主义市场经济的大潮中,采取合伙创业模式已成为现代创业的一种普遍现象。

按每个合伙人所负担的责任差别,合伙企业分为一般合伙企业和有限合伙企业。一般合伙企业的合伙人每人均可代表企业,以企业的名义签订合同。每人都负有无限责任,即当企业资不抵债时,每个合伙人都有连带责任,要以自己的个人财产承担企业的债务。而有限合伙企业只有一个合伙人负有无限责任,其他人则负有限责任;但企业只能由负无限责任的合伙人经营,其他合伙人不得干预。有限合伙人类似于一般投资者,他们不参与企业经营,仅以自己投入的资本对企业的债务负责。

合伙协议是调整合伙关系、规范合伙人相互权利义务、处理合伙纠纷的基本法律依据,对全体合伙人具有约束力,是合伙企业存在和活动的法律基础。通常合伙协议书应当载明以下事项:(1)合伙企业的名称和主要经营场所的地点;(2)合伙的目的和合伙企业的经营范围;(3)合伙人的姓名及其住所;(4)合伙人的出资方式、数额和缴付出资的期限；(5)利润分配和亏损分担方法；(6)合伙企业事务的执行；(7)入伙与退伙；(8)争议解决办法；(9)合伙企业的解散与清算；(10)违约责任。

合伙企业具有以下优势。(1)容易成立。与成立有限责任公司相比，合伙企业创建程序和费用都较少，但多于个人独资企业。(2)共享报酬。合伙人直接分享利润，有助于激励每位合伙人尽心尽力地工作。(3)易于成长壮大。合伙企业把不同个人的资本、技术和才干集聚起来，形成比独资企业更强、更有创造力的经营实体。(4)灵活性强。合伙企业能针对市场需求变化，快速做出是否投资的决策。(5)可能的税负优惠。大部分合伙人都以个人作为纳税人，从而规避了以有限公司作为纳税人的高额税费。(6)有限合伙人只承担有限责任。

合伙企业具有以下缺点。(1)至少有一个合伙人负无限连带责任。虽然部分合伙人只承担有限责任，但至少有一个主要合伙人要承担无限责任。(2)缺乏连续性。任何一个合伙人患病或死亡或撤资，合伙企业就有可能解体。但也有可能其他合伙人继续维持企业运转，或者再吸纳新的合伙人加盟，成立新的合伙企业。(3)融资较困难。比个人独资企业筹资要容易些，通常合伙人的出资数额决定了合伙企业所能募集到的总资本。(4)受制于某一合伙人的行为。一个主要合伙人的擅自决断可能会给企业带来灾难性的合同或债务，同时也连累其他合伙人。

三、有限责任公司

有限责任公司又称有限公司，是指股东以其出资额为限对公司承担责任，公司以其全部资产对公司债务承担责任的企业法人。有限责任公司是目前最常见的企业法律组织形式。创业者常常选择有限责任公司作为新企业的法律组织形式。

创业者对企业法律组织形式的选择，往往取决于创业者想达到的目的以及这些形式的何种特点对创业者更适宜、更重要。表5.1从企业的设立条件、创办者与企业的权利、义务及责任等方面对三种企业法律组织形式进行了比较，以便创业者结合自身的创业条件和创业环境等情况，以及个人财产对承担有限责任或者无限责任的考虑，选择最适合自己创业的企业法律组织形式，这是大学生创建新企业时不可回避的重要事务。

表 5.1 企业法律组织形式对比

特征	个人独资企业	合伙企业	有限责任公司
创建人数	1个自然人	2个以上合伙人	2~50个自然人或法人
创办者责任	无限责任	无限连带责任或有限责任	以出资额为限的有限责任
最低资本	有申报的出资	各合伙人实际缴付的出资	3万元
筹资	个人自行筹资	合伙人自行筹资	发起人自行筹资,可分期缴足
出资	不限	合伙人认可的出资方式	货币、实务、产权等
验资	投资人决定	可协商或评估	验资机构验资
成立	成本低、易建立	成本低、易建立	成本高、组建复杂
经营期限	取决于企业主,随企业主死亡而自动解散	取决于合伙人的协议,一个或多个合伙人抽资,企业破产	可永续经营
决策	投资人	合伙人权利同等,可约定分工或委托第三人	董事会或执行董事
管理	投资人自行管理	每位普通合伙人都平等拥有直接管理权,合伙协议中另有约定的除外	股东选举董事,董事会负责制定政策和任命高管
纳税	个人所得税	个人所得税	企业所得税和股东红利所得税
企业财产	投资人所有	合伙人共有	法人独立的财产
企业责任	无限责任	无限连带责任	以全部资产为限的有限责任
盈亏分担	投资人	按约定,未约定则均分担	按出资额比例分担
权益转让	利益可以转让,但丧失个人所有权	合伙企业利益可以转让,但接受者不能拥有与合伙人相等的权利	股份可转让

有限责任公司的优点如下。(1)有限责任。股东以出资额为限对公司债务承担有限责任,公司的债务责任与股东个人财产无关。(2)股权转让。公司股东之间可以相互转让其全部或者部分股权,也可以转让给感兴趣的非股东买家。(3)永续性强。公司能够永续经营,即使所有权转移仍能保持其法人地位,能够保持经营的连续性。(4)大额融资较容易。有限公司可以通过发行债券、股票,或以企业资产、股东个人担保来获得公司发展的短期借款。(5)企业内生能力增强。有限公司可充分整合大股东、职业经理人等各方面的资源优势,以提高企业的资产专用性(专长和技能),增强企业发展的内生能力。

有限责任公司的缺点如下。(1)创建费用较高。创建有限公司存在验资、聘请员工、劳保福利等花费。(2)双重税负。所得税要在公司利润和股东个人所得两个环节征收。公司在经营活动中获得的净利润要缴纳企业所得税,股东分红所得还要缴纳个人所得税。(3)代理成本增加。企业经营权与所有权的分离,作为代理人的经理有利用职权为自己和职工谋利而损害股东利益的动机;为加强对经营者的监督和激励,会加大企业的监管成本。

四、特许经营

特许经营是指拥有注册商标、企业标志、专利、专有技术等经营资源的企业(特许人),以合同形式将其拥有的经营资源许可其他经营者(被特许人)使用,被特许人按照合同约定在统一的经营模式下开展经营,并向特许人支付特许经营费用的经营活动。提供特许权的人称为特许权授予人,特许证持有人是买下特许经营权的人。通过购买特许证,特许证持有人就获得进入一个新市场的机会,获得成功的可能性比从零开始经营一个新企业要大得多。实质上,特许经营是一种分销体系。在这个体系中,加盟店支付加盟费和特许权使用费给连锁加盟总公司,以获得使用特许人的店号、商标、销售它的产品,以及在许多情况下使用它所开发的系统和商业模式的权利。在中国各大城市的商业街,不难发现诸如联华超市、李宁体育用品店、永和豆浆、北大青鸟、重庆富侨以及麦当劳、肯德基等连锁企业,特许经营已成为一种普遍的企业所有权形式。自1997年特许经营在我国全面推广以来,特许经营逐步走上规范健康的发展之路,形成了一批具有一定规模和实力、覆盖各个行业的知名特许连锁企业。

特许经营与企业其他法律组织形式相比,有以下优点。(1)人员培训。加盟商能够获得特许总公司在开业前提供的有关经营及销售等技术秘诀的训练,开业后还会定期得到特许人派来的经营管理顾问的帮助,从而节省时间、资金、心理等方面的成本。对于没有生意经验的创业者来说,可以减轻其焦虑感,在较短时间里由门外汉转为内行。(2)品牌声誉。新开业的加盟店承袭了连锁系统的品牌声誉,使潜在顾客可以信任加盟店与总公司拥有同等品质的产品。相比之下,独立创办的企业不仅要花费数年时间在当地建立良好声誉,而且其声誉传播的市场半径有限。(3)管理援助。由于连锁加盟总公司统筹处理促销、进货、会计以及新产品研发,使加盟商能够聚精会神专心做好销售工作,比独立创办的企业节省管理费。(4)低采购成本。由于连锁加盟总公司拥有强大的采购与分销能力,能够通过谈判取得所需商品的满意价格,然后将这些商品供应(分销)给加盟商,使其获得大批量采购中被折扣出来的部分返利,有助于加盟商维持较低采购成本,因而其低成本的竞争优势明显强于单个企业。(5)资金帮助。尽管连锁加盟总公司一般不借款给未来的加盟商,但经常间接地帮助它们与银行、投资者以及其他资金来源牵线搭桥,融通创业资金的不足。(6)商业模式。由于连锁加盟总公司的成功商业模式已经被早先开业的诸多分店的经验所丰富和完善,后进入的加盟商能够获得后发优势,只要遵照这些经营及销售的技术秘诀,成功的可能性就会增大。相比那些独立经营的小企业主,他们必须试错性地学会驾驭企业,不得不耗费大量的精力,挣扎在失败的边缘,缓慢地使企业经营走向正常。

成为加盟商并非获得免费的午餐,建立特许经营的商业关系也存在缺点。(1)特许经营费。商业活动中经常会发生"只有错买的,没有错卖的"情形。对于经营规模越大、经营得越成功的特许者,其特许经营费也越高。而规模较小或还没有取得巨大成功的特许者则收费较低。创业者在决定是否采用特许经营路线时应明确特许经营费的种类(初始费、持续费和不定期费用)、金额和支付方式,权衡特许费的机会成本,不要让特许经营的优点掩盖了它费用巨大的事实。虽说特许经营费从几千元、几万元到几十万元不等,但与特许经营有关的场地租赁、店面装修、开业的原料、设备及产品费、融资利息、员工工资、保险费、登记注册等成本却是巨大的。(2)特许者的控制。特许者通常对营运施加标准化、专业化的严格控制,以使各特许经营商达到一定程度的统一,使加盟商的自主性、创新性和灵活性受到管制。如果加盟商不遵守特许者的规定,特许经营权将在合同到期后被收回。

大学生的创业模式是在大学生特有的条件基础上,为达成自身的创业目标,把各种有利的创业因素进行整合,最终形成的一种组合。大学生创业模式不是一成不变的,它会随着创业政策、创业环境的改变而不断出现新的创业模式。因此,大学生在创业时,要根据不同创业模式的优势和不足,结合个人自身创业条件和创业偏好,进行模式的选择,从而有效提高创业成功率。

| 案例 5.1　承包快递成为年轻人创业新机遇

国家邮政局的数据显示,目前我国快递业务量以每年 27% 的增速发展,业务总量较 5 年前翻了一番半,日均处理量更是从 300 万件一下增长 4 倍,增长至 1300 万件。市场规模一跃成为世界第三。在这些数字的背后,不仅有民营快递公司的风生水起,更有创业者的商机。据国家邮政局局长马胜军透露,目前,我国依法

取得快递业务经营许可证的企业超过6800家，快递从业人员已经超过70万。

快递量的飙升，给快递公司带来的不仅仅是外人看到的收入暴涨，还有不得不扛上肩的包袱。快递公司开始不断提高快递员的工资、使尽浑身解数招人。但在电子商务网站掀起"双11"和"双12"两轮轰炸后，不管快递公司做了多少准备，爆仓现象依然在各地出现，货物积压严重，快递再次成为"慢递"。而一些创业者正是从爆仓中嗅出了商机。"做了五六年的快递员，都开始自己承包做业务了。快递公司爆仓背后主要是人手不够，将业务承包下来一定有生意做。"在张建看来，承包片儿区的快递业务不仅可以赚钱，更重要的是可以给像他这样家庭不富裕、学历不高、资金也有限的年轻人一个创业机会。而发现爆仓背后商机的不仅有张建们，甚至出现了做"快递最后100米"的专业连锁公司。显然，如今的快递行当不仅是一份工作和职业，对许多人来说，快递肯定是既能赚钱又能打拼的一份事业了。（来源：人民网。）

案例5.2　散伙的背后

刘先生是青岛A公司的总经理，他的公司从事家庭装修材料的生产和销售，经过四五年的发展，公司已经成为青岛地区家庭装修材料市场的领头羊，2002年全年销售额3000多万元，市场占有率稳居第一。不过刘总最近的心情非常郁闷，因为和他一块从江西老家出来打天下的几个公司元老级人物离开了他的公司，这其中最令刘总心痛的是公司的王副总。王副总在公司的威望极高，是公司元老中唯一的本科生，公司的发展有一大半应归功于王副总。王副总的一番话令刘总至今难忘："刘总，当年是你把我和文涛（公司销售部经理）、刘庆（公司技术部经理）从江西老家拉到这里，我们一起拼命干，从6个人、5万块钱做到现在的300多个人、3000多万元资产，可是企业越做越大，我们的心也越来越寒，这么多年了，每年分红就凭你一时的高兴，想给谁多少就给多少，大家心里都不踏实啊。我们都觉得干活没盼头，像现在这样下去，我们肯定都会走的。"

创业团队成员的经营理念与方式不一致往往导致创业团队解散，引发企业经营的巨大风险。就像联想的倪光南和柳传志：柳传志是一位有科技背景的企业管理者，而倪光南是一名科学家，他们的分歧是经营理念的不一致，柳是市场导向，而倪光南是技术导向，这一根本的分歧导致了曾被誉为"中关村最佳拍档"的联想创业组合的分裂。联想创业组合的分裂发生在联想从集体化阶段向规范化阶段过渡的时期。（来源：卢福财：《创业通论》，高等教育出版社2017年版。）

案例5.3 "快乐女仆"的专营权

特许经营是创业者扩大企业规模的一种有效方式。有了特许经营权，创业者在市场销售中可以得到特许证授予者的培训和支持，可以使用已经建立了知名度的商标。创业者还可通过授予特许权的方式让其他人使用自己的商标、生产流程、产品、服务等来扩大企业规模。1980年1月，吉姆·福勒决定对外授予其拥有的家庭清洁公司"快乐女仆的专营权"。起初公众很难接受这种每周一次或每两周一次的家庭清洁服务。结果是，企业通过扩大授予专营权赢得了声誉，反过来又促进了特许经营。现在的"快乐女仆"已经发展到在美国的48个州和几个国家拥有业务，有560家分公司，8000万美元的营业额。通过采用统一的工作服，对特许证持有人进行专门培训和一系列经过严格检验的清洁用产品，特许证授予人已将一家简单的家庭清洁公司扩大成为国际化大公司，并为许多创业者提供了成功的机会。（来源：李志能、郁义鸿、罗博特·D.希斯瑞克：《创业学概论》，复旦大学出版社2000年版。）

思考与探索

1. 结合个人经历，阐述你对大学生自主创业模式的认识和理解。
2. 比较分析个人独资企业、合伙企业、有限责任公司以及特许经营的特点及优劣势。
3. 如果你是一名即将创业的大学生，阐述你要选择的创业模式及其原因和依据。

第二节　公司内创业模式

随着改革开放和社会主义市场经济的深入发展，作为市场经济主体的企业也在不断的改革创新中出现了新的形态。例如，鼓励员工内部创业成为很多大公司内部治理的新机制。公司内创业模式为大学生创业提供了更多选择。

一、公司内创业的内涵

公司内创业是企业进行内部体制改革以适应市场发展需要的新的创业形态，其能够为创业者提供强大的场地、技术、资金、管理、人力资源支撑，对于调动员工积极性、实现员工与企业共赢的局面具有积极意义，且极大地降低了创业者的创业风险。

（一）公司内创业的定义

公司内创业又称企业内创业或公司创业，该概念最初由经济学家默顿·米勒（Miller，1983）提出，米勒将人们对创业研究的焦点从个人创业者转移到了企业的层面。公司内创业是在原有企业的基础上通过局部变革使企业向更高的层次发展。马克·多林格（2006）认为，公司内创业是指在大型企业里，建立起内部市场和规模相对较小的自主或者半自主的经营部门，以一种独特的方式利用企业的资源来生产产品，提供服务或技术。

公司内创业作为企业增强实力、获得超额利润的重要手段，被许多国内外大型企业所采纳。学者们关于公司内创业的研究呈现出多层次、多方位的特征，并一致认为公司内创业是重新利用公司资源的一个有效手段。创业不单是指创办一个新组织或者开展某项新业务，就其实质而言，创业是一个创新的过程，通过创新获得新的产品或服务，创造出更大的价值。创新意味着变革、寻求新机会和承担风险，创新意味着创造新顾客以及改变人们的生活方式。在原有企业中实现新的业态创新，也就是公司内创业。公司内创业可以看作是公司在发展到一定程度后，通过重新整合资源，进行的内部创业行为，以获得更多价值创造，进而实现企业新成长。公司内创业可以是一个新业务开发，也可以是一个新产品开发，或者是已有组织结构重新变革。

公司内创业的方式不一，或通过技术革新改变产品的生产方式，或通过管理理念的升级更新管理方式和组织的管理模式，或通过新的市场营销策略开创顾客群，或通过资本运作使企业改变经营方式，在研发、生产、销售、财务、服务等环节开展新的活动。因此，公司内创业是企业为了适应外部环境以及自身发展需要，通过开发新产品、改变生产经营方式等路径，获得更高的市场份额，或者追求更多的利润空间、开发更多顾客群的过程。2000年，华为发布了《关于内部创业的管理规定》，提出凡是在公司工作满2年的员工，都可以申请离职创业，成为华为的代理商；公司为创业员工提供优惠的扶持政策，除了给予相当于员工所持股票价值70%的华为设备之外，还有半年的保护扶持期，员工在半年之内创业失败，可以回公司重新安排工作；随后，华为内部不少技术骨干和高层管理人员纷纷出去创业，其中包括李一男、聂国良两位公司董事会常务副总裁；从公司内创业的企业类型来看，主要包括与华为公司连成一体的代理商、通信产品制造商、软件企业及管理咨询公司等。

（二）公司内创业的特点

公司内创业是创业的一种形式，因此同样具有创业的典型特征。创业是通过对信息、技能或资源创造性地改进，得到更有价值的产品或服务的过程。公司内创业具有组织依赖性、价值创造性、风险承担性、环境适应性等特点。

第一，组织依赖性。与个体的创业活动不同，公司内创业是一个组织发展到一定程度后进行的创业活动，具有组织依赖性。公司内创业研究的是企业战略层面的创业活动，对象是已建企业。公司内创业活动的实施体现了组织的想法和意志，是在获得组织许可和组织资源支持下的组织活动。这表明，公司内创业的发起不论是因为组织中的个人还是团队，其启动和实施时的初始资源都来自于公司内部。因此，组织没有发展到一定的程度，是不可能存在公司内创业活动的。

第二，价值创造性。作为一种创业活动，公司内创业最根本的特点同样是追求价值创造，它强调创业动机和行为。公司内创业实际上是企业不断创造价值，履行推动社会发展使命的过程。创新是创业的核心，无论是运用现有的资源还是开发新的资源，重要的是创造出新的事物，创造出更具价值的产品或服务，并使得创造出的事物更能为市场所接受。与创业不同的是，公司内创业不要求对所有的事物都进行改变，可以在原有的基础上改变其中的某一个环节以达到更新的效果。公司内创业不但可以通过提供新的产品和服务为社会和消费者带来财富，同时还能为企业带来财富。公司内之所以出现创业行为，是为了通过不断地创造价值，保持自身的竞争力和发展前景。尤其是当公司发展到了瓶颈期，再以原有的方式经营企业不会带来大的财富增值，为了更加适应环境的变化，开创新的业务，开展公司内创业，而其将为企业创新注入活力以延长企业生命周期。本质上，公司内创业应该被看作是基于行动或者是行动导向的概念，它在公司组织边界内运作，并把当前公司组织的产品、服务、技术、规范、结构和操作往新的方向延伸。

第三，风险承担性。公司内创业活动同样面临着风险。公司内创业具有打破常规追寻机会的特点，由于创业是在做前人尚没有涉及的工作，在探索新道路时就可能遇到风险，风险的存在使创业活动只有在有准备的情况下才可实施。创业活动有成有败，在耗费大量的人力物力之后一无所获的创业活动也不计其数。然而公司内创业的风险相对比较小，因为公司内创业是公司在一定的发展规模下做出的决定，无论是人力、财力、物力都可以承担一定的风险，在面临风险的情况下有能力使得企业保存部分实力。

第四,环境适应性。成功的企业将制定企业发展战略作为一项重要工作,正确把握企业的发展动态,制定符合企业发展需要的战略规划以保持企业可持续健康发展非常重要。公司内创业不仅指新项目的创立,还包括新产品、新服务、新的商业模式以及新战略和新竞争态势的形成。公司内创业可以看作是原有企业对自身的调整,在不改变企业的使命和愿景的前提下,为了更加适应环境的要求,对企业的某一个或者多个业务环节进行创新,主动应对市场的变化,积极有效地防御外界带来的威胁和压力。公司内创业是在内部创业者的努力下,通过组织的支持,进行价值创造活动,以达成多元化发展的方式,是把个人构想转化成集体行动的组织过程。同时,公司内创业也是在已有业务中诞生新的业务或转型现有的业务,实现组织转型并通过资源要素重新组合,开发新产品、更新生产流程和创新组织系统,最终改变业务范围、竞争方式,从而激活企业的经营并重新定义业务领域。

(三)公司内创业者的特征

鼓励内部创业的企业氛围,有利于内部创业者更好地发挥自身才能,开展创业活动。内部创业者的特征体现为了解环境、有愿景与灵活性、具有团队精神、坦诚公开、建立支持者同盟、持之以恒等。

第一,了解环境。一个成功企业家应十分了解企业所处的环境,这种能力部分地反映在个人的创造力上。为创建一个成功的内部创业企业,个人必须具有创造力,并对公司内外部环境有着深刻的了解。第二,有愿景与灵活性。成功的内部创业者还必须是一个有愿景的领导者,并具备灵活性。尽管领导的定义很多,但是能最好地描述内部创业所需的领导的定义是:"一个领导者如同一位园丁:如果你想要西红柿,你就拿来种子,把它种在肥沃的土壤里,然后仔细浇灌、精心护理。你不是去制造西红柿,而是去培育它。"为创建一个成功的新企业,内部创业型领导必须要有梦想,并通过向其他人传递梦想而克服一切障碍,使之得以实现。同时,内部企业家必须具备灵活性,并能创造出各种管理方法。一个内部企业家并非"精心打理店铺",而是要欢迎甚至鼓励变革。第三,具有团队精神。公司内创业者还必须积极鼓励团队精神。在创建新企业时,从组织内部招聘生产、营销和财务等人员,需要跨越已有的部门结构和报告系统。为使这种破坏所造成的负面影响最小化,内部企业家必须是个优秀的外交官,使公司的团结精神不但不被打破,反而更强。第四,坦诚公开。许多公司管理人员容易忘记,坦诚、公开的讨论和反对也是他们所受教育的一部分。相反,他们甚至会花费时间去建立各种保护壁垒,将自己隔离于公司。只有当相关的团队都感到在努力获得最佳的方案的过程中,其拥有反对或批评一项创意的自由时,一个成功的内部创业企业才能建立。团队之间的公开程度取决于内部企业家的开放程度。第五,建立支持者同盟。开放也会促使支持者和鼓励者之间建立紧密的联盟。内部企业家必须鼓励和凝聚每个团队成员,尤其是在困难时期。这种鼓励非常重要,因为通常的职业生涯和工作安全激励在新建内部创业企业时并不能发挥作用。一个优秀的内部企业家应使每个人都成为英雄。第六,持之以恒。在创建任何内部创业型新企业过程中,总会遇到挫折和阻力。只有通过内部企业家持之以恒的努力,才能使新企业得以创立,并使之成功地商业化。

(四)公司内创业和独立创业的差异

无论是公司内创业还是独立创业,其本质都是一种创业活动。因此,公司内创业和独立创业的概念和内涵都存在许多相似性,在理论的研究和实践的应用中经常会引起混淆。为了更好地把握公司内创业的本质和特点,对独立创业和企业内创业的相似点和区别的研究非常重要。

不论是内部创业者还是独立的创业者,他们都寻求独立自主和自由发展,具备相当长期的战略眼光;都轻视短期内的社会地位象征,而更为看重创业企业的启动等。两种创业形式其本质都是一个发现和捕获机会,通过对资源的独特整合,利用机会创造价值的过程。公司内创业和独立创企业之间的相似点如表5.2所示。

表5.2 公司内创业与独立创业之间的相似点

都涉及对机会的审视和确定;
都需要有关于产品、服务或过程性质的独特商业概念;
都是受为团队工作的个人支持者的推动,使概念走向成果;
都需要创业者有能力平衡愿景与管理技巧、激情与实用主义以及进取与耐心之间的关系;
都涉及概念,在形成阶段非常脆弱,需要随时间适应;
都需要有能够成功融资的机会,对顾客来说价值创造和责任都是可预测的;
都会碰到抵触和障碍,需要毅力和形成创新解决方案的能力;
都需要承担风险,需要风险管理战略;
都需要创业者开发创新战略,平衡资源;
都有很强的不确定性

与独立创业相比，公司内创业有其独特性，例如公司内创业者在决策时可能受到更多的束缚，但是他们在筹集具有风险的财务资源时，需要付出的成本比普通创业者要低。具体而言，两者有以下区别。

首先，风险和报酬不同。对于公司内创业和独立创建一个企业来说，两者面临的风险类型都是相似的，例如财务、市场、供应商、竞争等方面的风险，问题在于谁真正承担了风险。在独立创业的环境下，所有的风险都在创业者身上。虽然，成功的创业者通常都善于分享或分摊风险，但他们对于最后的风险是要负责的。他们的财务、专业以及个人都处于相当大的风险当中。同时他们获得的报酬也相当丰厚。而对于公司内创业者来说，公司承担了大多数的风险。事实上，创业者承担的主要风险是职业。创业可能会危及创业者未来的工资增长、职业进步，甚至是事业的成败。相应地，创业者常常发现在概念成功实施时获得的回报可能有限，大多数的利润都流向了公司。在创业活动的特点方面，独立创业往往关注不确定程度高、但投资需求少的市场机会，而公司内创业关注少量的、经过认真评估的、有丰厚利润的市场机会，回避不确定程度高的市场机遇。

其次，两者的脆弱性不同。外部环境因素的变化，会给独立创业带来显著的影响。并且，无论新创业者取得了多么大的成功，一步严重的错误（如资金链的断裂、产品创新的失败等）就可能导致创业的失败。对公司内创业者来说，企业的良好平台与基础，减少了公司内创业的脆弱性。外部力量对于新创业者来说可能成为突出的问题，而公司内创业者则需要处理许多独特的内部挑战。在已建企业中，公司内创业者并不能享受初创企业者拥有的相对独立性，要受到企业文化、制度和各种规定的影响与制约。

最后，在资源的获取和利用方式上，两者有所不同。创业者需要从现有的市场上寻求开发创业机会所需的资源。内部创业者通常从组织内部寻求资源，这些资源往往未能得以利用或未能有效利用。独立创业者在严格的资源限制下运作，资源限制会导致核心概念和业务方向的重大修改。而公司内创业者则处于不同的情况，他们并不控制所需的资源，有用的资源在组织内是充足的，一些资源在企业内已预先存在，如著名的商标、已建立的客户基础、市场研究能力、分销渠道等。成功的公司内创业者以创造性的方式组合这些资源。根据迈克尔·莫里斯和唐纳德·库拉特科（Morris & Kuratko，2002）的总结，公司内创业和独立创业具体有以下不同，如表5.3所示。

表 5.3 公司内创业与独立创业之间的不同点

公司内创业	独立创业
公司承担风险，创业者承担与职业相关风险； 公司拥有概念，特别是围绕概念的知识产权； 创业者在公司内可能没有或有很小比例的资产； 对于创业者可以得到的回报有清楚的界定； 对错误有宽容性，公司能承担失败； 不受外部影响； 有许多支持者，也能与许多人分享利益； 规章、程序及官僚主义阻碍公司的控制能力； 决策周期很长； 工作安全； 可靠的福利； 有一个很大网络，可以互相启发； 潜在的大规模和范围，并能快速实现； 试验时可以得到财务、研发和生产设备的支持，可以得到已有的销售力量、品牌、分销渠道、数据库和市场研究资源以及顾客等资源的共享	创业者自己承担风险； 创业者有自己的创意和业务； 创业者拥有企业的全部或大部分闲资产； 创业者的潜在回报是无限的； 走错一步意味着将可能失败； 易受外部影响； 创业者有独立性； 在变革过程、实验或尝试新方向时，具有弹性； 快速决策； 缺少安全感； 福利不稳定； 网络资源匮乏，没有几个人可以沟通； 规模和范围有限； 严重的资源限制

二、公司内创业的过程

公司内创业过程是已创建公司搜索、开发创业机会进行价值创造并获得利润的过程，学者们从不同的角度对公司创业过程的阶段模型进行了探索。

（一）三阶段模型

黛博拉·多尔蒂和特鲁迪·海勒（Dougherty & Heller，1994）应用三阶段模型检验组织成员在产品创新过程中的认知能力与应对机制。他们根据公司内创业过程中不同阶段需要解决的问题及应对策略，将公司内创业过程分为寻找新的市场机会、开发新产品或服务、将新业务融入公司战略中三个阶段。与个体创业相同，启动公司内创业首先要有新的市场机会，在找到市场机会之后面临着产品或服务的开发问题，随后关键的一步是将新业务融入企业的战略中去。通过解决三个阶段的问题，将企业的创新创业活动串联起来。

第一，寻找机会。公司内创业主要是开发新产品或者新战略的实施，首先应该寻找机会，在寻找机会的过程中，企业应该选择适合自己企业资源的项目，而且要基于企业的长期发展战略选择适合自身发展的项目。寻找适合的机会是项目成功的关键,要综合考虑企业自身能力和各种资源能力,进行慎重的项目评估、预测和规划。

第二,开发新业务。在选择好项目之后就要为项目开发进行资源整合。新项目开发是一个系统工程,除了项目日常管理,还要对项目进行风险控制,时刻关注市场变化,在不断的改进中逐渐实施新项目。需要注意的是,公司在开发新业务时,或多或少地会对公司目前的业务构成威胁,或者说,目前的业务也有可能对新业务产生障碍,需要努力协调。

第三,战略融合。公司在进行创业时要考虑公司整体的发展战略问题。公司的任何一次创业活动都应该能促进公司的长期发展,而且要和公司的总体战略相结合。战略融合阶段要使新项目充分和公司目前的人力资源、物质资源、财务资源相结合,而且要使新项目之间相互促进,在公司的总体战略指导下统一分配项目所需资源,使新项目逐渐成为公司的一部分,从而实现企业持续发展,增强企业竞争力。

在开拓新业务的不同阶段,组织成员要针对产生的不同认知问题采取相应的解决方法,以保证创业活动顺利地展开。任何一个公司内创业都需要经历这三个阶段,但不同类型的创业活动在每个阶段需要解决的问题是不相同的,需要企业结合自身情况来开展。三阶段模型没有强调公司内创业活动的具体流程,也没有指出创业结束之后的后续管理,而是指出了不同阶段企业应该解决的问题,通过问题的逐步解决最终实现公司内创业。

(二)五阶段模型

马克·多林格(2006)对公司内创业的具体活动做了介绍,他认为公司内创业由确定问题、建立联合体、调遣资源、实施项目、完成创业五个阶段构成。

第一,确定问题。公司中存在的问题也可以认为是一种机遇。识别内部创业问题或机遇的关键在于对变化的敏感性,对意外情况保持开明。创意的来源之一是出现了出人意料的事情,不论是出人意料的成功还是出人意料的失败。如果企业并未投入过多的精力,或者并未过于关注某项产品或服务,而消费者对该产品或服务需求旺盛,一旦投入了充足的资源,这种成功便可以成为新企业的来源。同样,如果某种产品失败,弄清楚为什么,并且确定消费者真正想要的是什么,也可以创办起内部创业企业。另外,产业或者企业的假设与经济现实之间的不一致也会引发内部创业的创意。

第二，建立联合体。内部创业者必须在公司内的组织架构中建立广泛的联系，这有助于让这些机构支持创新型项目的早期开发。这类似于创业者寻求正规合作伙伴和支持者，也体现了组织各层级的相互协调能力。对于一个能得到支持的创意，它必须与公司的整体战略保持一定程度的协调，必须与公司的目标一致。但如果这项创新过于遵从公司的传统，那么它就无所谓创新，因此，这是一个两难的选择。为了推销自己的创意，内部创业者必须恰当处理。除了个人说服之外，争取支持和建立联合体的最好方式是撰写创业计划书。内部创业计划与一般创业计划的主要区别在于：一是内部创业计划不包含所有权环节，不用详细说明持股情况和出售股份的要求，公司"拥有"创业企业；二是内部创业计划不用寻求外部融资，但其必须符合公司内部融资和资金预算标准所提出的要求；三是内部创业计划需要对公司和内部创业企业之间的关系进行阐述。创业计划有助于内部创业者找到某个或一组保证人，为下一步获取资源奠定基础。

第三，调遣资源。公司内创业的第三阶段要求调遣资源。内部创业者与创业者寻求同种类型的资源：物质、技术、财务、组织、人力和声誉。为了使内部创业企业获得成功，这些资源必须稀缺、有价值、无法完全复制、没有更好的替代品。在获取资源的早期阶段，内部创业者可能要"借用"资源，而这些资源原本应该是分配给公司内的其他部门的。随着项目启动，资源需求增加，这时需要公司对内部公司创业给予官方和正式的认可。当内部公司创业通过公司内部资本市场的检验并且接受正式预算时，就算是得到了公司的认可。

第四，实施项目。该阶段类似于创业者公开创办自己的创业企业，只不过这里有多个层级的管理人员，这些管理者有不同程度的经验。另外，内部创业战略实施中也有类似的环境条件。内部创业者必须对产业环境进行评估，制定出恰当的决策。在这一过程中，要对外部资源的流入保持开放，从外部招聘员工、引进技术也很有必要。最后，创业企业必须采取某种战略姿态，并且制定出相应的评估业绩和战略的标准。

第五，完成创业。如果公司内创业并不是很成功，则很有可能遭到分解，其资源由公司重新吸收。如果取得成功，则会继续坚持下去，公司一般会对其追加投资，此时公司内创业的组织结构中的永久地位已经得以建立。如果因为某些原因（如不确定性、激励分配、机会主义）致使委托代理问题难以克服，那么它有可能从公司中被剥离出去——成为一家完全独立的公司。在这种情况下，内部创业者可以从公司那里购买资源，然后将股份出售给投资公司或者让公司公开上市。

（三）六阶段模型

布洛克·泽纳斯和麦克米伦（Block & MacMillan，1993）认为，成功的公司内创业需要两种不同的领导和管理角色进行巧妙地合作，即公司高层和新业务管理层。他们将公司内创业过程分为构想新业务、选择新业务、启动新业务、监控新业务、推进新业务、总结与提升新业务六个阶段。

第一，构想新业务。在六阶段模型中，构想新业务是公司内创业的前提阶段。公司通过分析市场机遇和自身能力得出创业的方向，构想可能来自市场的机会，也可能来自企业内部的发展需求。在一段时期内的构想可能会有很多，各个部门都会根据本部门的发展情况做出创新构想。此时公司应该积极响应，集思广益产生新构想，使构想的数量和质量能够符合公司的要求。公司高层需要决定公司创业举措在战略上是否必要，为激发创新和创业的思想与行动创造有利的组织条件，设计并构造管理创业活动的过程。

第二，选择新业务。选择将要实施的构想是关键的一步。该阶段，公司高层要选择、评估新业务以及管理层，并建立激励补偿机制。公司要在诸多创业方向中进行精确的选择以确定具体的业务，因为企业的能力是有限的，在一定时期内不可能发展很多项目。因此，企业应该根据项目的实施难度和企业的资源情况以及项目的紧急程度进行审慎选择。在选择项目时，企业应该要做到"三大问"。首先，要问自己：是否有理由怀疑构想的提出动机？建议者是否感情用事夸大构想的效果？提案团队内部是否经过了充分讨论？新业务管理层要鉴别、评估和筛选市场机会，提出商业计划。其次，需要提案团队考虑以下问题：是否经过充分的市场调查并分析了部门内部的实际需求？除了该构想之外的其他方案考虑过了吗？是否知道团队提案的数据来源？最后，要问构想本身：对于基本情况的估计是否乐观？如果出现最糟糕的结局公司是否能够承受？

第三，启动新业务。在该阶段，高层要决定各项新业务在企业内部如何定位以及如何协调每项新业务之间的联系。任何一个新业务无论计划得多么好，不实施就永远不会有任何有益的效果。项目的启动阶段主要是收集大量有关新构想的信息，并且对项目的实施配备人力、物力、财力，设定专门的管理团队。在启动阶段要做好企业内部员工的积极动员和新项目培训，使员工认识到新项目的实施会对企业和自身的长期发展起到积极的推动作用，这样才能避免项目实施过程中员工产生抵制心理。总之，新业务的管理层要在公司高层的支持下完善商业计划，并按计划着手组织和启动新业务。

第四，监控新业务。新业务的实施过程中要对业务的执行进行实时监控。该阶段的主要目标是对新业务进行调控，防范风险。由于新创项目同企业的日常管理不同，在之后的实施过程中要进行实时监控，在项目进行过程中及时发现问题，因为新项目对于企业和员工来说都是陌生的，需要在实践的过程中不断纠错和完善，对于组织结构、资源利用情况和项目本身要边干边审查。

第五，推进新业务。在新业务的执行过程中遇到问题要及时进行改进，不断推进新业务的发展。对于有严重问题的构想应该考虑重新设定，以免进行下去给企业带来负担；对实施过程中产生的管理方面的问题应该及时向专业人员请教，改进管理方式，更好地配置资源；对人员方面出现的问题，如员工积极性不高、员工无法掌握核心技术等，企业高层应该加强员工培训或引进更合适的员工。总之，在实施过程中应该对出现的问题及时进行改进。管理层要在不断推进新业务的同时，提升新业务的生存能力，学会如何积极应对新业务与公司内部政策的冲突。

第六，总结与提升新业务。新业务完成之后要及时总结经验，从而提升新业务的质量。新业务完成之后要对项目进行经验总结，以便在以后新项目的实施过程中加以利用，对于失败的项目更应该总结失败的原因，并且在之后的管理实践中吸取教训。高层和新业务管理层要学会运用系统的信息收集和分析方法促进公司创业过程的有效运作和管理。在公司内创业的六阶段模型中，新业务的构想、选择、启动、监控、推进、总结与提升活动之间相互制约、相互推进，形成一个封闭的循环。公司每进行一次新创项目，都要进行一次自我能力的审视，通过不断地反思和改进，使公司在成功创业的同时，不断提升企业自身的综合实力。

三、公司内创业模式选择

按照公司对创业活动介入程度由高到低排序，公司内创业模式主要有项目小组、内部创业、创业孵化器、创业并购、战略联盟、风险投资、新创事业衍生、创业扶持、创业基金等类型。较为常见的公司内创业模式主要有项目小组、内部创业、创业孵化器和公司风险投资。

（一）项目小组

很多公司在创业的时候会筹备一个项目小组来更好地开展新业务。项目小组是所有公司内创业模式中，公司介入程度最高的形式。在项目小组模式下，企业会将创新业务按照专业性质将其进行分解，并在公司的战略部署下，按照小组的形式进行，以任务为导向，从技术和理念等方面对公司现有业务进行创新和改进。以项目小组形式开展创新业务具有以下特点：新业务要服从公司的整体战略，新业务与现有的业务要有一定的联系；新业务要有一个明确的目标，并将这个目标准确定位到某一个产品或某项成果。在新业务开展的过程中，所需要的资源资金全部由母公司来承担，母公司对新业务的开展制定详细的时间规划和成本规划，全力协助新业务的顺利开展。需要注意的是，公司内创业的模式容易导致"软预算约束"问题。软预算约束是指公司内部的新事业开启，资金需求往往会突破最开始的预算，而公司又无力对项目进程进行调整，使项目费用保持在预算之内。项目一旦启动便具有一定的刚性，同时由于新业务前景的不确定性，即使项目进行过程中费用超支，公司决策层也很难"忍痛割爱"，去终止项目，因为这意味着彻底放弃了成功的希望，会使前期投入变成沉没成本。

（二）内部创业

公司内创业的另一种形式是内部创业，内部创业一般有两种方式，分别是自上而下的诱导性创业和自下而上的自发性创业。由企业内有创业意愿的员工发起的创新创业活动就是一种自下而上的内部创业形式。当内部创业者发现了新的、有发展潜力的创意时，就可以向上级管理层推荐，由他们决定是否支持这项创业。从长远发展的角度来看，公司应当鼓励员工进行与公司战略目标相同的创业活动，并为他们提供政策和资源上的支持；自上而下的创业是指高层领导者在企业战略指导下通过分析市场机会找出有利于公司发展的创业活动，高层领导者将这一创业活动分解到下级的工作中去。内部创业的顺利进行需要公司为内部创业人员提供包括资金、设备、人力等各种资源。同时，进行内部创业要求组织结构能灵活转变，要想使新创业务得到快速发展，公司要具备灵活的组织机制、快速决策能力以及信息畅通，而这对于有一定发展规模的企业却是很大的挑战。同时，新业务的发展壮大，将会对公司原有工作和业务产生影响，需要公司积极合理地调配相关资源及时地做出应对。

（三）创业孵化器

当新业务有了完善的规划和实质性的突破时，就需要为其提供资源支持，建立人力资源配备体系和组织结构，此时新创业务应该进入企业孵化器中进行孵化。

创业孵化器是通过提供一系列初创企业发展所需要的管理和技术支持，帮助初创企业成功运作的企业运行形式。企业通过建立孵化器，为新创业务提供硬件和软件支持，在资金、管理、人才和市场等方面提供咨询和支持，能够有效降低创业风险，提高成功率。公司将新创业务放入孵化器中，新业务以独立于公司的形式存在，其财务、营销和人事与母公司保持独立。公司通过孵化器为新业务提供资源，帮助新业务运行。母公司可通过孵化器的形式对拟进入的市场和拟采用的技术进行尝试性开发。在孵化器内的企业具有灵活性，可不断地在市场中寻求高盈利的可行机会，对其开发时即使发现不可行也可及时退出市场，不会造成过大损失。母公司可以利用孵化器进行多次创业尝试，在众多的尝试中发现最有利于企业的项目并扩大其规模。公司通过多次试探可找出更佳的创业机遇，不但降低了失败概率，也能够为将来整合企业自身业务打下基础。

公司的资源是有限的，因此在进行孵化器探索时应该对新创项目的选择有一定的限制，使孵化器内的企业集中于某一个领域或相关行业，不断地积累公司在某一项目上的能力以抓住核心竞争优势。随着创业企业的不断壮大，其进一步地发展需要更大量的资金注入，可通过公司风险投资的模式对初创企业进行投资。

（四）公司风险投资

如果公司对新创项目评价较高，认为新创项目能够为公司带来竞争优势，就应该对其进行风险投资以聚集资金。公司风险投资是指有明确业务的非金融公司在内部或外部进行的风险投资活动。

风险投资活动有两种方式：一种是把用于风险投资的资金委托给专业的投资机构，投资机构根据委托公司的战略进行投资目标的选择以及监控；另一种是公司直接成立风险投资集团或在企业内部建立风险投资部门，根据组织的需要为企业进行投资。然而无论是哪种方式的风险投资都有很大的风险，委托给专业的投资机构就会产生委托和代理之间信息不对称的状况，而且会增大投资成本；若是公司自己建立投资部门则必须建立相应的管理机制和人员机制，此对公司的能力和资源有很高的要求。

|案例5.4 松下的公司内创业

公司内创业，通常由具有创业企图与理想的员工发起，在组织支持与默许下，由员工与企业共同承担创业风险，并分享创业的成果。2000年年底，松下启动的"松下创业基金"（Panasonic Spin Up Fund，简称 PSUF）就是公司内部创业的代表之一。松下电器公司一开始就拿出100亿日元资金设立松下创业基金（PSUF），明确表示用于支持松下员工的创业，而不仅仅限于让员工从事与现有

业务有紧密联系的事情。在此基础上，松下公司提出，在今后的3年内，将每年进行3次员工创业计划的征集活动，从资金上保证对公司内部创业者的培养和支持。

松下的这一举动在为其赢得"民心"的同时也赢得了更大的市场。以前松下在影像器材方面仅仅限于销售，在推出PSUF计划之前，管原淳之是从事室外大型影像装置业务的一个能干的业务员。因为熟悉市场，他对松下公司仅仅销售影像硬件设备感到不满足。"对于设置了显示终端的用户来说，他们肯定需要能同时提供影像信息传送的服务，两者一起做无疑能够获得相乘的效果。"管原淳之说。但管原淳之当时的地位决定了他没有决策的权力，而随着互联网的普及，为网络终端提供廉价的动画信息的环境条件逐步完善，这个市场已经开始显山露水。所以当松下公司启动PSUF之后，管原淳之就感到创业的时机来了。从管原淳之的身上松下公司发现了自己的不足，并开始着手调整一些战略。

这正是松下创办PSUF的一个目的所在，即松下公司在自身的经营中发现存在着许多问题，如何在经济不景气中让已经被称为"沉滞呆重"的组织系统恢复活力是松下的燃眉之急。为此，把埋没在公司里的有创新精神的优秀人才发掘出来不失为一个明智之举；而且，当然不能是一个，两个，而是大量的创新人才。通过这些优秀人才所带来的旋风式的头脑风暴，深深地触动了松下陈旧的企业风气，从而彻底地扭转了松下的现状。公司通过PSUF向员工透露出这样一个信息，即公司力图培育具有勇于向新生事物挑战的开拓性人才，并尽可能留下他们，让他们成为下一代敢于挑起松下事业重担的精英人物。与此同时，我国也有越来越多的知名企业开始把创建内部创业体系纳入公司发展规划之中。

国内通信业巨头深圳华为，为解决机构庞大和老员工问题鼓励内部创业，将华为非核心业务与服务业务以内部创业方式社会化。通过相关政策提供一些资源给公司的优秀人才，帮助他们走出去创办企业。比如广州市鼎兴通讯技术有限公司就是一家华为内部创业的公司；其承担华为公司湖南、江西市场、广东市场近三分之一的工程安装调试工作。这样众多的公司的存在为华为解决了很多后顾之忧，减少了市场运作成本，双方获利。作为通信业巨头的华为，除了研发之外，每年都有很多工程实施外包，虽然这样比自己实施更节约成本，但如果有一天因为利益冲突或者其他非可控因素而影响了工程的进度，对华为的影响是巨大的，而且现实中已经出现了这样的情况。而华为对此的解决之道是催生出内部创业机制，把非核心业务外包给内部创业公司，无论是工作连续性、成本控制还是管理沟通都省去很多担心，而华为也解决了自己的后顾之忧。

建立企业内部创业体系,不仅满足了优秀员工更高层次的欲望,企业也能通过内部创业企业看到自身组织的毛病,以便能在有效的时间内探索出一条切实可行的变革之路。正是由于不断发现问题,不断调整、修正自己的战略,企业才会有继续生存的价值。(来源:张玉利:《创业管理》,机械工业出版社2008年版。)

| 案例5.5 不断培育、不断保持创业精神

许多人将施乐(Xerox)公司视为《财富》杂志500强中的一个大型层级制企业。这一看法部分正确,施乐确实是一个巨大的企业,其销售额高达150亿美元,但施乐却未必是一个刻板的层级制企业。实际上,施乐公司试图通过某些措施将其具有创新能力的员工留在施乐,为施乐创造更多的利润。1989年,施乐在公司内部创立了施乐技术创业公司(Xerox Technology Ventures,简称XTV),其目的在于将公司内部那些具有市场前景的技术加以开发以增加公司利润,这些技术往往因不受关注而被忽视。XTV的总裁罗伯特·亚当斯说,施乐希望通过建立这样一个"防止技术外流的系统"来避免过去曾经犯过的错误。

施乐投入了3000万美元来支持公司内部的技术创业。至今为止,公司支持了十余项这样的技术开发项目,其中仅有两项失败。XTV的运作完全类似于一个典型的创业基金,它为技术创业提供种子资金,在必要的时候还寻求外部投资者参与投资。一个典型的例子是由在施乐工作了25年的员工丹尼斯·施特姆勒(Dennis Stemmle)所创立的考德马科公司(Quad Mark)。施特姆勒的创意是生产一种电池驱动的平面复印机,这种复印机应能与一个手提电脑一起装在一个手提箱里。这一创意一直未能获得施乐公司相关委员会的批准,最后,终于在十年后获得了XTV的支持,同时还赢得了台湾先进技术公司的部分投资,后者向新的公司——考德马科公司投入了350万美元,相应地持有该公司20%的股份。此外,XTV所支持的公司均有20%的股份由创业者或关键雇员所持有,这对于创业者来说是一个重要的激励因素,同时也让他们承担了创业的部分风险。XTV同时在财务和非财务方面给予其母公司施乐公司以利益的回报。新建立的公司不仅给创业者个人带带利益,而且给施乐公司带来更大的利润。另一方面,根据XTV的经验,施乐公司现在不仅对公司内部技术十分重视,同时还越来越关注公司员工的创意。

施乐公司认识到,对一个企业来说,在企业内部培育和保持创业精神对于公司的成长和创新是十分重要的,这一认识也成为成百上千的企业高层管理者的

共识。在一个大公司内部,通常最容易产生的问题就是对创造性和新发明的压制,特别当这些创新并不与公司的主要业务直接相关的情况下更是如此。大公司的成长和多元化经营的成功在很大程度上须依赖于其创造力与灵活反应的能力,大公司内部的合作也必须具有比市场更高的效率,才能使得公司长盛不衰。(来源:李志能、郁义鸿、罗博特·D.希斯瑞克:《创业学》,复旦大学出版社2000年版。)

思考与探索

1. 结合个人阅历,阐述你对公司内创业模式的认识和理解。
2. 结合本节学习,阐述你对公司内创业过程的理解。
3. 如果你选择创业,是否会选择公司内创业模式,并说明你的理由。

第三节 人力资本出资创业模式

人力资本出资企业模式是指人力资本所有者与物质资本所有者基于同担风险、共享利润的原则,以人力资本折价入股,组建以盈利为目的、提供产品或服务的企业组织形式。许可人力资本出资是在人力资本的投资成本增加和投资期限延长、知识经济时代人力资本生产率的提高和人力资本收益递增事实的出现,人力资本谈判力的上升,人力资本所有者维护资本权利意识的觉醒以及人力资本获得相应法律保护的现代市场经济条件下,通过人力资本与物质资本的市场博弈,逐步在经济实践中探索、提炼并加以推广的人力资本交易模式。人力资本出资的难题是人力资本难以估价以及人力资本的机会主义行为可能给物质资本带来的风险。这些难题将通过价格机制、谈判机制、保险机制的建立和完善逐步得到解决。

人力资本出资创业模式,可细分为人力资本出资的合伙企业和有限公司两种模式。

一、人力资本出资的合伙企业模式

以劳务(人力资本)作为出资是合伙出资的一种特殊情形。英美法系国家大多不对合伙企业的出资方式做出规定;而在大陆法系国家中一般采取列举的方式对合伙企业的出资做出规定,如法国规定合伙人可用技艺出资,德国规定可用专利、劳务作为出资。以劳务和技艺出资的合伙人在合伙企业中一般不领取工资,而只以其劳务参加利润分配。由于其劳务和技艺在合伙成立之时已经协商或评估，在合伙中所占有的份额比例经过其他合伙人认可。因而，以劳务作为出资的合伙人在合伙企业中也存在财产份额。

根据2007年实施的《中华人民共和国合伙企业法》（以下简称《合伙企业法》）第二条规定，合伙企业是指自然人、法人和其他组织依照本法在中国境内设立的普通合伙企业和有限合伙企业；普通合伙企业由普通合伙人组成，合伙人对合伙企业债务承担无限连带责任；有限合伙企业由普通合伙人和有限合伙人组成，普通合伙人对合伙企业债务承担无限连带责任，有限合伙人以其认缴的出资额为限对合伙企业债务承担责任。为防止国有企业和上市公司等因参加合伙可能使企业全部财产面临承担无限连带责任的风险，保护国家利益和公共利益，维护上市公司股东利益，《合伙企业法》第三条规定，国有独资公司、国有企业、上市公司以及公益性的事业单位、社会团体不得成为普通合伙人。《合伙企业法》第十六条规定，合伙人可以用货币、实物、知识产权、土地使用权或者其他财产权利出资，也可以用劳务出资。劳务出资得到法律确认。

《合伙企业法》第五十五条规定，以专业知识和专门技能为客户提供有偿服务的专业服务机构，可以设立为特殊的普通合伙企业。《合伙企业法》严格限定了特殊普通合伙人免除连带责任的范围，将其仅限于其他合伙人在执业行为中因故意或重大过失引起合伙企业债务的情形；第五十七条规定，一个合伙人或者数个合伙人在执业活动中因故意或者重大过失造成合伙企业债务的，应当承担无限责任或者无限连带责任，其他合伙人以其在合伙企业中的财产份额为限承担责任。

人力资本出资的合伙企业是指部分或全体合伙人以人力资本（《合伙企业法》中称为"劳务"）出资组建的合伙企业，人力资本出资的合伙企业可采取三种组织形式，即人力资本出资的普通合伙企业、人力资本出资的特殊普通合伙企业、人力资本出资的有限合伙企业。合伙企业中的人力资本股已为《合伙企业法》认可，《合伙企业法》第十六条规定，合伙人以实物、知识产权、土地使用权或者其他财产权利出资，需要评估作价的，可以由全体合伙人协商确定，也可以由全体合伙人委托法定评估机构评估；合伙人以劳务出资的，其评估办法由全体合伙人协商确定，并在合伙协议中载明。《合伙企业法》还对有限合伙人的人力资本出资予以禁止，表明《合伙企业法》与《中华人民共和国公司法》（以下简称《公司法》）拒绝承认有限责任的人力资本出资的一致立场，《合伙企业法》第六十四条规定，有限合伙人可以用货币、实物、知识产权、土地使用权或者其他财产权利作价出资。有限合伙人不得以劳务出资。这种对普通合伙人人力资本出资的许可和对有限合伙人人力资本出资的禁止性规定，表明立法机关对人力资本抵押担保功能的保留态度以及普通合伙人承担无限连带责任能够增强人力资本出资担保功能的共识。

二、人力资本出资的有限责任公司模式

人力资本交易的有限责任公司模式是指部分出资人以人力资本（或称劳务）作价出资、根据《公司法》及相关地方法规组建的有限责任公司。目前，我国《公司法》尚未许可人力资本出资形式的有限责任公司，运行中人力资本出资组建的有限责任公司均根据地方法规设立，地方法规许可人力资本出资的背景是知识经济中人力资本创造价值的核心地位，人力资本作价在委托专业机构评估认定的基础上充分尊重出资人各方的自愿与协商结果。

在人力资本出资的有限责任公司章程中，有限责任公司的约定期限即为人力资本出资额的交付期限。在公司运营过程中，人力资本出资体现为专业技术、管理能力、决策能力、胆识与魄力、市场洞察力、抗逆境与抗风险能力的单项或综合运用，在法律意义上体现为一定形式的劳务。由于人力资本出资人出资标的物的主观性和不确定性，对人力资本出资的实际担保能力和偿债能力进行具有保险性质的约定成为公司章程的重要内容，它包括人力资本定价方法的选择以及相应的保证措施。例如，上海浦东新区、浙江宁波等地都规定人力资本出资不得超过公司注册资本总额的一定比例，其中上海规定不超过35%，宁波不超过30%；人力资本应一次性作价入股，不得重复入股；人力资本可经全体股东协商作价，也可经法定评估机构评估作价，人力资本作价由全体股东签字认可并形成作价协议。对于全体股东协商作价的人力资本出资如出资人不能按期以劳务形式认缴出资，未认缴部分折成货币金额由人力资本出资人以货币或等量实物资产补足，其他股东承担连带责任。人力资本出资者以出资额为标的参加人身意外保险也是提高人力资本出资担保能力的有效安排。

人力资本出资成为有限责任公司股东，是人力资本化运作的必然制度选择，这种企业制度安排有利于激发人力资本所有者把特殊人力资本投资于生产经营领域、以追求风险收益替代稳定租金收益的热情，从而刺激人力资本创造力。人力资本出资的有限责任公司与人力资本出资合伙企业相比，它的优势和生命力在于它取消了人力资本出资者的无限连带责任，给人力资本出资者与物质资本出资者

同等的责任地位，有利于人力资本与物质资本以更加灵活的方式有机结合。人力资本出资的有限责任制度安排是人力资本价值创造能力超越物质资本的表现，是"市场竞争表现为人才竞争"条件下的制度选择与创新。可以预测，人力资本出资的有限责任制度的发展和完善，必然由现在物质资本控股的有限责任公司，发展为物质资本控股和人力资本控股并存的股权结构，人力资本出资的有限责任制度安排也必将获得相关法规的许可。

| 案例 5.6 人力资本出资的普通合伙企业

两个家族成员合伙创业，开办一小型餐馆。合伙双方商定，合伙人甲出资20000元资金，合伙人乙以厨师技艺出资；乙方劳务价值双方以协商的方式确定为20000元，这种人力资本（或劳务）价值的认定办法符合《合伙企业法》第十六条的规定。合伙双方按5∶5的比例分享利润，对餐馆的负债承担无限连带责任。这类企业一般以合伙人的相互信任和可预测的经营目标为前提，初始合作一般都比较积极与配合。随着企业规模在积累中不断扩大，企业控制权的获得取决于各合伙人之间的谈判力；此时人力资本出资者乙通过利润分配成为实际的物质资本所有者、通过专用性人力资本的积累而进一步提升了其人力资本价值及谈判力，成为最有可能获得企业控制权的合伙人。由于人力资本出资是通过提供一定形式的劳务分期缴付，能否提供约定的劳务在很大程度上取决于人力资本所有者的生命存在、健康状况、主观努力程度和机会主义倾向等，因此普通合伙企业中普通合伙人之间的合伙协议应该充分体现这类风险的回避，例如在协议中增加要求人力资本出资者购买相当于其人力资本作价出资额的人身意外保险、对人力资本所有者不按期交付抵作出资的劳务或其他机会主义行为给其他合伙人造成的损失行使无限追偿权等相应制约条款。人力资本出资的普通合伙企业依法规范运行是这类企业避免纠纷、健康成长的制度保证。（来源：石邦宏：《人力资本交易原理》，社会科学文献出版社2009年版。）

| 案例 5.7 人力资本出资的有限责任公司

A、B是多年的朋友，A积累了雄厚的物质资本，拥有总净资产1亿元人民币的五家运营良好的公司，B拥有教授职称和丰富的教育项目的管理与经营经验；双方在交往中建立起深厚的信任，随着教育项目市场化运营的管制逐步松动，A投资教育项目的兴趣和愿望日趋强烈，B是其首选的合作伙伴。A找到B，经过多次交流，A和B决定共同组建JY教育投资有限责任公司，举办私立高中。

双方商定，公司注册资本1000万元，其中A以货币和土地使用权出资900万元，占注册资本的90%；B以人力资本作价出资100万元，占公司注册资本的10%；由于股东双方非常熟悉、充分信任，双方采用协商的方式完成人力资本作价，并签订作价协议。双方还约定，第一次利润分配前的建设期和经营初期，B按月在公司支取生活费10000元，养老和医疗保险由公司代缴，这些款项在会计账册中记为B借款，在B分配的利润中扣减。公司章程规定，股东双方合作10年，B的人力资本出资在10年内以劳务的形式累积缴付，平均每年缴付价值10万元的劳务；如B在中途离开公司，比如缴付相当于应缴出资额50%的劳务时因故不能继续履约时，B应当用50万元货币或实物资产补足剩余应缴出资额。章程还约定股东A对B的人力资本出资承担连带责任，一旦B不能实际履行其出资义务，A有义务代为缴付或履行偿债义务，但A可保留对B的追偿权。A、B的公司在成立后的第四年开始产生盈利，在提取一定比例的盈余公积以后，税后可分配利润500万元，B可分配利润50万元，全部用于归还公司借款；第五年，公司实现税后可分配利润1000万元，B可分配利润100万元，B归还借款后分得利润80万元，人力资本出资的B在第五年收回全部投资后尚有盈余；如果公司运行正常，B在公司运营第六年后进入净盈利期。

这种形式的制度安排在肯定人力资本的资本特性前提下，给风险偏好型的人力资本以灵活的价值创造和利润实现空间。有限责任的确立把人力资本出资责任局限在认缴的出资额范围内，卸下了人力资本出资者承担无限责任的沉重心理负担，能够刺激更多的特殊人力资本所有者选择同担风险、共享利润的生产模式实现人力资本价值，能够刺激人力资本出资的有限责任公司扩大规模和进入高风险领域，实现人力资本价值创造的升级和最大化。（来源：石邦宏:《人力资本交易原理》，社会科学文献出版社2009年版。）

思考与探索

1. 查阅相关资料，阐述你对人力资本出资创业模式的认识和理解。
2. 比较分析人力资本出资的合伙企业、有限责任公司创业模式的优势与缺陷。
3. 如果你选择创业，是否会选择基于人力资本出资的创业模式，并说明你的理由。

第六章　创业资源与融资选择

创业资源是企业创立以及成长过程中所需要的各种生产要素和支撑条件，是初创企业创立和运营的必要条件，主要表现形式为创业人才、创业资源、创业机会、创业技术和创业管理等。在了解创业资源的基础上，本部分重点介绍创业资源的获取和整合。

第一节 创业资源

创业资源对于创业活动的重要意义不仅仅局限在单纯的资本量的积累上，创业实质上是各类创业资源的重新整合以支持企业获取竞争优势的过程。从这个角度看，创业活动本身是一种资源的重新整合。

一、创业资源的内涵

创业的前提条件之一就是创业者拥有或者能够支配一定的资源。所谓资源，依照战略管理中的资源基础理论（Resource-Based Theory，简称RBT）的观点，企业是一组异质性资源的组合；而资源是企业在向社会提供产品或服务的过程中，所拥有的或者所能够支配的用以实现自己目标的各种要素以及要素组合。格兰特（Grant，1991）将企业资源定义为生产过程中的投入，包括企业的资产、生产的设备、员工的技能、产品的品牌、企业运转的资金等。他将资源分为六类：财富资源、物质资源、人力资源、技术资源、声望资源和组织资源。对创业者而言，只要是对其创业项目和初创企业发展有所帮助的要素，都可归入创业资源的范畴。

创业与生产活动一样需要运用资本、土地、人力、知识等生产要素。各要素因其在经济社会各发展阶段的重要性和稀缺程度不同，而形成不同的权益函数。农耕经济时代最重要、最稀缺的要素是土地，就形成土地一元权益函数制度，即谁拥有土地谁就支配生产和分配并占有全部剩余产品。工业经济时代最重要、最稀缺的要素是资本（货币、机器、厂房、原材料等），于是便形成谁投资谁主导、资本雇佣劳动、等量资本获取等量权益的资本一元权益函数制度。知识经济时代最重要、最稀缺的要素逐渐演化为知识，也就不可避免地催生出知识主导、知识雇佣资本及其他要素的知识一元权益函数制度。与生产活动比起来，创业活动中的知识一元权益函数特质往往体现得更为显著。

创业实际上是一种资源组合活动，即通过资源的有效组合实现创造价值的目标。基于资源禀赋的差异,在创业资源组合的过程中各种资源本身的价值、地位和作用不同。有些资源高度稀缺,具有不可替代性,对创业发挥着核心支撑作用。如果失去这种资源,创业企业的商业逻辑就难以成立和实现;有些资源相对容易获得,对创业企业发挥一般支撑作用。显然,发挥核心支撑作用的资源就构成企业的战略资源,也就成为创业企业的核心依托。

在科学技术进步速度越来越快、经济全球化越来越深入、商业模式越来越多元、网络平台越来越普及的情况下,创业企业的战略资源及核心依托越来越重要。对创业企业而言,哪些资源才能构成其战略资源和核心依托呢?格雷·哈梅尔(Hamel,1993)将商业模式分为四大要素:一是客户界面,包括回应处理与支持、信息与洞察力、企业与顾客的互动关系、定价等;二是核心战略,包括经营宗旨、产品/市场范围、差异化基础等;三是战略资源,包括核心能力、战略资产、核心流程等;四是价值网络,包括供应商、合伙人等。在实践中,创业企业的战略资源可分为四种:第一,独有的知识和核心技术,即企业拥有原创性、排他性的技术知识,其他企业在短期内难以模仿和复制,使得创业企业可以依托其稳定发展;第二,独特的商业创意或构想,即创业者率先形成一种商业创意和商业逻辑构想,并以此为依托创办和发展企业;第三,敏锐洞悉的市场机遇,即创业者凭借敏锐的商业意识和市场洞察力,利用网络率先开辟在线服务,并以此为依托创办和发展企业;第四,独特的知识运用和整合能力,即创业者凭借自身的技术集成和知识整合等综合能力,广泛利用社会资源,并以此为依托创建企业。

二、创业资源的类型

基于创业资源的来源、存在形态、性质、对生产过程的作用以及对创业过程的作用等角度,创业资源主要有以下类型。

第一,创业资源按其来源可以分为自有资源和外部资源。自有资源是指创业者或创业团队自身所拥有的可用于创业的资源,如自有资金、技术、创业机会信息等。外部资源是指创业者从外部获取的各种资源,包括从朋友、亲戚、商务伙伴或其他投资者筹集到的投资资金、经营空间、设备或其他原材料等。自有资源的拥有状况(特别是技术和人力资源)会影响外部资源的获得和运用。

第二,创业资源按其存在形态可以分为有形资源和无形资源。有形资源是具有物质形态的、价值可用货币度量的资源,如组织赖以存在的自然资源以及建筑物、机器设备、原材料、产品、资金等;无形资源是具有非物质形态的、价值难以用货币精确度量的资源,如信息资源、人力资源、政策资源以及企业的信誉、形象等。无形资源往往是撬动有形资源的重要手段。

第三,根据资源的性质,创业资源可分为人力资源、社会资源、财务资源、物质资源、技术资源和组织资源。(1)人力资源。人力资源包括创业者与创业团队的知识、训练、经验,也包括组织及其成员的专业智慧、判断力、视野、愿景,甚至是创业者、创业团队的人际关系网络。创业者是初创企业中最重要的人力资源,因为创业者能看到市场机会。创业者的价值观和信念,更是初创企业的基石。优秀的员工也是创业人力资源的重要部分,高素质人力资源的获取和开发,已成为企业可持续发展的关键因素。(2)社会资源。社会资源是由于人际和社会关系网络而形成的资源。社会资源对创业活动非常重要,因为社会资源能使创业者有机会接触到大量的外部资源,有助于通过网络关系降低潜在的风险,加强合作者之间的信任和声誉。开发社会资源是创业者的重要使命。(3)财务资源。财务资源包括资金、资产、股票等。对创业者来说,财务资源主要来自个人、家庭成员和朋友。由于缺乏抵押物等多方面原因,创业者从外部获取大量财务资源比较困难。(4)物质资源。物质资源指创业和经营活动所需要的有形资产,如厂房、土地、设备等,有时也包括一些自然资源,如矿山、森林等。(5)技术资源。技术资源包括关键技术、制造流程、作业系统、专用生产设备等。通常,技术资源包含三个层次:一是根据自然科学和生产实践经验而发展成的各种工艺流程、加工方法、劳动技能和诀窍等;二是将这些流程、方法、技能和诀窍等付诸实践所需的相应的生产工具和其他物资设备;三是适应现代劳动分工和生产规模等要求的对生产系统中所有资源进行有效组织和管理的知识、经验和方法。技术资源与智慧等人力资源的区别在于,后者主要存在于个人身上,随着人员的流动会流失;而前者大多与物质资源结合,可以通过法律手段予以保护,形成组织的无形资产。(6)组织资源。组织资源包括组织结构、作业流程、工作规范、质量系统。组织资源通常指组织内部的正式管理系统,包括信息沟通、决策系统以及组织内正式和非正式的计划活动等。一般来说,人力资源需要在组织资源的支持下才能更好地发挥作用。企业文化也需要在良好的组织环境中培养。组织资源来自于创业者或其团队对初创企业的最初设计和不断调整,同时也包括对环境的适应和对成功经验的学习。由于创业过程通常被解释成组织的形成过程,所以对创业企业来说组织资源是具有标志性意义的一类资源。

第四,按资源对生产过程的作用分为生产型资源和工具型资源。生产型资源直接用于生产过程或用于开发其他资源,例如物质资源,像机器、汽车或办公室,被认为直接用于生产产品或提供服务;工具型资源则被专门用于获得其他资源,例如财务资源,因为其具有很大的柔性而被用于获得其他资源,比如用来获得人才和设备。产权型技术可能是生产型资源,也可能是工具型资源,这要根据其所依存的条件,如果依赖于某个人则可能是工具型资源,如果是以专利形式存在的则可直接用于生产过程。需要指出的是,对于初创企业来说,个人的声誉资源和社会网络也属于工具型资源,市场资源也可以用来吸引其他资源,因此亦属于工具型资源。

第五,按创业资源在创业过程中的作用可分为运营性资源和战略性资源。运营性资源主要包括人力资源、技术资源、资金资源、物质资源、组织资源和市场订单等资源。战略性资源主要指知识资源。知识经济给企业带来了持续而深远的影响,知识成为企业进行生产、竞争的关键,企业组织工作的重要任务是战略性地开发和利用知识资源。由于新企业的高度不确定性及创业者和资源所有者之间的信息不对称,知识资源对运营资源的获取和利用具有促进作用。

三、创业资源的整合

创业资源获取途径分为市场途径和非市场途径。当创业所需要的资源有活跃的市场,或者有类似的可比资源进行交易时,可以采用市场交易的途径;其他情况下则可以采用非市场交易的途径。

(一)通过市场交易途径获取资源

通过市场途径获取资源的方式包括购买、联盟和资源并购等。

购买是指利用财务资源通过市场购入的方式获取外部资源,包括购买厂房、装置、设备等物质资源,购买专利和技术,聘请有经验的员工等。需要注意的是,诸如知识尤其是隐性知识等资源虽然可能会附着在非知识资源之上,通过购买物质资源(如机器设备等)得到,但很难通过市场直接购买,因此,需要初创企业通过非市场途径去开发或积累。对创业者来说,购买资源可能是其最常用的资源获取方式,大部分资源尤其是物质资源、技术资源、人力资源等,都可以通过从市场上购买的方式得到。

联盟是指通过联合其他组织,对一些难以或无法自己开发的资源实行共同开发。这种方式不仅可汲取显性知识资源,还可汲取隐性知识资源。但前提是联盟双方的资源和能力互补且有共同利益,而且能够对资源的价值及其使用达成共识。通过联盟的方式共同研究开发获取技术资源也是创业者经常采用的方式,尤其是对于高科技企业来说,通过与高等院校和研究机构的联盟,可在不增加设备投入的同时,得到企业发展所需要的技术资源,从而保持企业可持续发展的后劲。

并购是通过股权收购或资产收购,将企业外部资源内部化的一种交易方式。资源并购的前提是并购双方的资源尤其是知识等新资源具有比较高的关联度。并购是一种资本经营方式,通过并购可以帮助创业者缩短进入一个新领域的时间,从而及时把握商机,实现创业目标。

(二)通过非市场途径获取资源

非市场途径获取资源的方式主要有资源吸引和资源积累等。

资源吸引指发挥无形资源的杠杆作用,利用初创企业的商业计划,通过对创业前景的描述,利用创业团队的声誉来获得或吸引物质资源(厂房、设备)、技术资源(专利、技术)、资金和人力资源(有经验的员工)。创业者在接触风险投资或者技术拥有者的过程中,可以通过对创业前景的描述或团队良好声誉的展示,获得资源拥有者的信任和青睐,从而吸引其主动将拥有的资源投入到创业企业之中。

资源积累指利用现有资源在企业内部通过培育而形成所需要的资源。包括自建企业的厂房、装置、设备,在企业内部开发新技术,通过培训来增加员工的技能和知识,通过企业自我积累获取资金等。创业者常采用资源积累的方式来筹集企业所需的人力资源或技术资源。通过资源积累的方式获取人力资源也是一种激励方式,激发创业团队或企业员工的工作积极性,提高员工工作效率;通过资源积累的方式获取技术资源,则可以在获得核心技术优势的同时保护商业机密。

蒂蒙斯(2005)认为,成功的创业活动必须对机会、创业团队和资源三者进行最适当的匹配,并且还要随着事业的发展而不断进行动态平衡。创业过程由机会启动,在创业团队建立以后,就应该设法获得为创业所必需的资源,才能顺利实施创业计划。为了合理获取资源、利用资源,创业者往往需要制定相对完善的创业战略,创业团队则是实现战略目标的关键要素,为此创业者或创业团队必须具有高超的领导力和沟通能力,才能适应市场环境的变化。

创业企业与创业者个人的追求目标、价值观和创业能力是密不可分的,而创业者个人的目标也是初创企业最初的战略愿景。对创业者而言,需要将企业的战略意图适当地向企业外界表达出来,以此获取企业所需要的资源。因此,在初创企业获取资源、整合资源的过程中，如果创业者具备战略领导力，就会最容易打动资源所有者。另外，无论是人与人之间、还是企业与企业之间良好感情的建立，都是双方持续不断地顺畅沟通的结果。创业者获取资源、整合资源的过程就是与初创企业内外部的资源供给者充分沟通的过程。在企业外部，创业者需要与投资者、银行、媒体、同行从业者、消费者、供应商等通过沟通建立联系，获得信任，消除利益分歧，争取对方的扶持与帮助，取得共赢的结果；在企业内部，创业者需要通过顺畅沟通，鼓舞士气，吸引人才，留住人才。

通过市场途径还是非市场途径取得资源，取决于资源在市场的可用性和成本等因素。如果快速进入市场能够带来成本优势，那么外部购买可能就是获取资源的最佳方式。值得指出的是，创业精神在创业资源获取的过程中起着至关重要的作用。哈佛大学商学院对创业精神的定义是：创业精神就是一个人不以当前有限的资源为基础而追求商机的精神。创业精神代表着一种突破资源限制，通过创新来创造机会、创造资源的行为，而不是简单地体现在创建新企业或创新上。因此，是否具备没有资源创造资源、没有条件创造条件、用有限资源去创造更多资源的创业精神，决定了大学生能否突破自身资源限制而迈出创业的步伐。

|案例6.1 学校资源

软银赛富基金首席合伙人阎焱之所以能赴美留学，就是因为他就读北大研究生时一个外籍老师——来自美国普林斯顿大学的访问学者罗杰·米克内尔。罗杰·米克内尔很欣赏阎焱，两人经常一起聊天，有一次他主动说："你应该去美国读书，我可以帮你写推荐信。"

阎焱通过托福考试，取得了美国普林斯顿大学录取通知书和四年全额奖学金后，罗杰·米克内尔又在生活上给予了阎焱帮助。1986年8月，阎焱回忆说："我到美国的第一天晚上，就住在罗杰·米克内尔教授家里，他的家也在普林斯顿。罗杰·米克内尔教授待我非常好，在普林斯顿，他仍然是我的专业教授。我毕业多年以后，他也离开了普林斯顿大学。我们的友谊一直到现在。"

完美时空公司已经在美国纳斯达克上市，是一家市值超过10亿美元的公司。公司的技术与业务骨干及所有董事均为清华校友，创始股东池宇峰更是清华创业人的骄傲，在教育软件和网游领域内成就辉煌。这是清华校友成功创业的典型，软银赛富投资基金合伙人羊东后来投资他们，据说部分原因就是因为这个共同的清华色彩。同样，红杉中国基金创始合伙人张帆过去之所以能进入德丰杰工作，就是因为 1999 年在斯坦福大学读 MBA 时认识了德丰杰的创始人蒂姆·德雷珀。德雷珀早年也毕业于斯坦福的电子工程系，因此，当他把企业发展的目光投向中国时，自然也会想到张帆。（来源：王辉耀：《开放你的人生》，人民出版社 2008 年版。）

案例 6.2　17 岁大学生凭专利当上股东

2014 年 4 月，新乡职业技术学院大学生路荃琪凭借自己发明的防盗卸螺母装置，与新乡市一家民营企业签订了专利成果转化协议，他以发明专利入股，拿到了 20% 的项目股份，顺利成为公司股东，开了河南省高职院校在校生凭专利做股东的先河。

今年 17 岁的路荃琪是新乡职业技术学院大学生发明协会的一员，从小爱动脑筋，喜欢手工制作。一次偶然的机会，路荃琪看到有关"拆卸螺栓螺母，偷盗公用设施"的新闻报道，于是，就想通过防护措施让螺栓螺母免遭拆卸，从而保护户外公共设施。由于高速公路防护栏的螺母是六边形，只要用工具卡住它一拧就下来了，很容易成为小偷的"香饽饽"。路荃琪同学就在琢磨怎样给这个螺母加个防护措施，使它不轻易被盗。其实，该校实用技术研发中心副主任李一达曾经设计出防盗卸螺栓螺母及其工具，并在京珠高速公路上批量使用，防盗卸效果不错，但是存在一定的弊端，就是制造成本太高。

如何突破成本限制，又能保证螺栓螺母的防盗效果呢？路荃琪不断地查阅相关技术资料，开始利用学校实验室和实训基地做实验，把大量的课余时间都花在了实验上。在李一达老师的帮助下，路荃琪的实验渐入佳境。经过无数次的失败，路荃琪终于发明出了一种"螺母防盗卸护罩"专利产品，并制作出了相配套的模具。据了解，只要把这种防护罩扣到螺母上，就怎么拧都拧不掉，防盗效果非常好，成本却非常低，具有广阔的市场空间。这项专利受到了新乡市陆鑫机械制造有限责任公司的青睐，路荃琪与其签订了专利成果转化协议，凭借专利技术，路荃琪成为了公司股东，拥有项目 20% 的股份，并成为该项目生产的技术工程师。（来源：《新乡日报》2014 年 4 月 18 日。）

案例 6.3　创业资源创造与整合

一个美国旅行团到澳大利亚旅游，飞机降落时，其中一个乘客看到当地居民的家门口有一堆堆黑乎乎的东西。抱着好奇心，下飞机后，他就去看个究竟。通过了解，他得知这些是由于政府重建城市而被挖出的大量朽木，并且是 400 多年前欧洲移民用来圈地用的。对这些垃圾，人们一直没有合适的处理办法。这位游客很快意识到有一个巨大商机就在面前：只要稍加处理，这些朽木就可以成为工艺品，而且一定会赢得欧洲人的青睐。于是，他开始了"白手创业"行动：首先与当地居民签订朽木的统一处理协议，不花分文就将这些资源据为己有；接着公开招标，请木器加工厂进行加工制作；第三步即面向英联邦国家召开销售订货会，结果所有产品以每个14~18美元的价格被订购一空。这位旅行者净赚了一千多万美元。这位美国人有资金吗？没有！他身上有资源吗？也没有！他之所以能够"空手套白狼""化腐朽为神奇"不只是他的"金"点子，更在于他身上所具有的能够迅速为自己创造、整合资源的能力，进而实现资源利用的最大化。所以，创业成功与否很大程度不是你拥有多少资源，而是能在多大范围、何种程度上创造资源或是进行资源整合，而这种能力也是衡量创业精神的核心指标。

（来源：丁庭选：《大学生创业教育》，大象出版社2010年版。）

> **思考与探索**
>
> 1. 结合自己的资源环境，阐述你对创业资源的认识和理解。
> 2. 列举你认为重要的创业资源，分析创业资源的重要性。
> 3. 如果你即将创业，分析和阐述你整合创业资源的策略。

第二节 创业融资

融资，是指资金的融通。狭义的融资，主要是指资金的融入，也就是通常意义的资金来源，具体是指通过一定的渠道、采用一定的方法、以一定的经济利益付出为代价，从资金持有者手中筹集资金，满足资金使用者在经济活动中对资金的需要的一种经济行为。广义的融资，不仅包括资金的融入，还包括资金的运用，即包括狭义融资和投资两个方面。

一、创业融资的界定

创业融资是指创业者为了将某种创意转化为商业现实，通过不同渠道、采用不同方式筹集资金以建立企业的过程。创业者应根据初创企业在不同发展阶段的资本需求特征，结合创业计划以及企业发展战略，合理确定资本结构以及资本需求数量。

创业融资是创业企业筹集资金的行为和过程。创业企业的生存与发展需要良好的融资环境予以支持。创业是一个整合资源进行创新的过程，如果缺乏资金等关键资源的支持，任何优秀的项目或者好的市场机会都将难以把握，从而导致创业失败。资金规模是影响创业成功与否的一个重要因素。从创业之初到创业成功一般会经历相对较长的时间，在这个过程中存在的各种不确定因素都需要有相应的资金支持；而创业者个人或团队所拥有的财务资源是有限的，难以支撑创业的顺利开展，因此，需要有持续不断的融资以保证企业发展所需要的资金规模。

对创业者来说，融资的重要性表现在三个方面。第一，资金是企业的血液。资金不仅是企业生产经营过程的起点，而且是企业生存发展的基础。资金链的断裂是对企业致命的威胁。第二，合理融资有利于降低创业风险。从各种渠道筹借的创业资金，具有一定的资金成本。合理选择融资渠道和融资方式，有利于降低资金成本，将创业企业的财务风险控制在一定范围之内。第三，科学的融资决策有利于企业可持续发展，为创业企业植入"健康的基因"，保证创业企业可持续发展。

在创业实践中，缺少创业所需资金及创业资金筹集困难是大学生创业者面临的最大挑战。中国人民大学劳动人事学院教授兼大学生就业研究所副所长姚裕群表示，大学生创业，首先最难往往是资金，要么靠父母或亲戚，要么是借钱创业，导致资金缺乏持续性。创业企业的不确定性、企业和资金提供者之间的信息不对称、资本市场欠发达、创业企业缺少相应的抵押和担保、单位融资成本较高、资金安全性难以评估、人力资本定价困难等因素，是造成创业融资难的主要因素。融资难导致创业失败的案例不胜枚举。例如，在第二次世界大战期间，宾夕法尼亚大学的普雷斯波·艾克特和约翰·莫奇带领一个小组从事计算机研制工作。1946年，他们开发出第一台具有工作用途的计算机，紧接着成立了艾克特－莫奇公司，将计算机商业化，并在1948年推向市场。这比IBM公司的第一台商用计算机整整早了六年，但是，由于艾克特－莫奇公司无法承担庞大的研究开发费用，缺乏财务资源的支持，最终被其他公司兼并。这是一个典型的因缺乏资金支持而导致创业失败的案例。由此可见，资金是企业从创立到发展壮大所必备的战略资源之一。任何一个创业者都必须站在战略制高点来理解资金对于创业的战略意义，扎实地做好创业融资工作，才能促进创业活动的顺利开展。

二、创业融资的渠道

融资渠道是指企业筹集资本来源的方向与通道，体现资本的源泉和流量。融资渠道主要由社会资本的提供者及数量分布决定。目前我国创业融资渠道主要包括私人资本融资、机构融资、风险投资、政府扶持基金以及知识产权融资。

（一）私人资本融资

私人资本融资包括创业者个人积蓄、亲友资金、天使投资等。其中天使投资指个人出资协助具有专门技术或独特概念但缺少自有资金的创业家进行创业，并承担创业中的高风险和享受创业成功后的高收益；或者说是自由投资者或非正式风险投资机构对原创项目构思或小型初创企业进行的前期投资，是一种非组织化的创业投资形式。天使资本主要有三个来源：曾经的创业者、传统意义上的富翁、大型高科技公司或跨国公司的高级管理者。在部分经济发展良好的国家中，政府也扮演了天使投资人的角色。

（二）机构融资

和私人资金相比，机构拥有的资金数量较大，挑选投资对象的程序比较正规，获得机构融资一般会提升企业的社会地位。机构融资的途径有银行贷款、非银行金融机构贷款、交易信贷和租赁、从其他企业融资等。

银行贷款主要有抵押贷款、担保贷款、信用卡透支贷款、政府无偿贷款担保、中小企业间互助机构贷款等多种形式，但比较适合创业者的银行贷款主要有抵押贷款和担保贷款两种，缺乏经营历史从而也缺乏信用积累的创业者，比较难以获得银行的信用贷款。

非银行金融机构是指以发行股票和债券、接受信用委托、提供保险等形式筹集资金，并将所筹集资金运用于长期性投资的金融机构。根据法律规定，非银行金融机构包括经中国银监会批准设立的信托公司、企业集团财务公司、金融租赁公司、汽车金融公司、货币经纪公司、境外非银行金融机构驻华代表处、农村和城市信用合作社、典当行、保险公司、小额贷款公司等机构。创业者还可以从非银行金融机构取得借款，筹集生产经营所需资金。

交易信贷指企业在正常的经营活动和商品交易中由于延期付款或预收货款所形成的企业间常见的信贷关系。企业在筹办期以及生产经营过程中，均可以通过商业信用的方式筹集部分资金。创业者也可以通过融资租赁的方式筹集购置设备等长期性资产所急需的资金。融资租赁是指实质上转移与资产所有权有关的全部或绝大部分风险和报酬的租赁。它指出租人根据承租人对租赁物的特定要求和对供货人的选择，出资向供货人购买租赁物，并租给承租人使用，承租人分期向出租人支付租金，在租赁期内租赁物的所有权属于出租人所有，承租人拥有租赁物的使用权。由于其融资与融物相结合的特点，出现问题时租赁公司可以回收、处理租赁物，因而在办理融资时对企业资信和担保的要求不高，所以非常适合中小企业融资。

另外，还可以从其他企业融资。尽管在大多数情况下，企业是资金的需求者而不是提供者，但是对于不同行业的企业，或者在企业发展的不同时期，部分企业还是会有闲置资金可以对外提供，尤其是一些从事公用事业业务的企业，或者已经发展到成熟期的企业，现金流一般会比较充足，甚至会有大量资金需要通过对外投资的方式实现较高收益。对于有闲置资金的企业，创业者既可以吸收其资金作为股权资本；也可以向这些企业借款，形成债权资本。

（三）风险投资

根据美国风险投资协会的定义，风险投资是指职业金融家投入到新兴的、迅速发展的、有巨大竞争潜力的企业中的股权资本。在我国，对于风险投资尚未形成统一的看法，比较普遍的观点是：风险投资是由专业机构提供的投资给极具增长潜力的创业企业并参与管理的权益资本。从定义可见，中美关于风险投资的界定有所不同，其投资对象有一定的差别。这是因为中国是一个发展中国家，很多行业方兴未艾，像零售、农产品之类的传统行业，虽然没有技术含量，但拥有一个广阔的、快速发展的市场，使得这些传统行业的市场增长速度和回报率并不低于高科技行业。所以，中国的风险投资不仅投资高科技项目，还对传统领域，如教育、医疗保险等项目感兴趣。

（四）政府扶持基金

创业者还可以利用政府扶持政策，从政府方面获得融资支持。政府的资金支持一般能占到中小企业外来资金的10%左右，资金支持方式包括税收优惠、财政补贴、贷款援助、风险投资和开辟直接融资渠道等。随着我国经济实力的增强，由政府提供的扶持基金也在逐步增加，如专门针对科技型中小企业的技术创新基金，专门为中小企业"走出去"准备的中小企业国际市场开拓资金等，还有众多的地方性优惠政策。创业者应善于利用相关政策的扶持，以达到事半功倍的效果。

（五）知识产权融资

知识产权是权利人对其所创作的智力劳动成果所享有的专有权利，如发明、艺术作品等。知识产权融资是知识资本和金融资本相互结合的产物。知识产权融资也是值得创业者关注的融资方式，在国内外已有诸多成功案例。数据显示，2018 年 1 月至 5 月，深圳市知识产权质押融资金额达 78 亿元，远超 2017 年全年水平，位居全省第一。

知识产权融资行为包括质押贷款、知产引资、技术入股、融资租赁等。（1）质押贷款是指企业或个人以合法拥有的专利权、商标权、著作权中的财产权经评估后作为质押物，向银行申请融资。（2）知产引资是指现有企业通过知识产权吸引合作第三方投资，企业通过出让股权换取第三方资金，共同获利。（3）技术入股是指拥有专利技术和专有技术的企业或者个人，通过知识产权的价值评估后，与拥有资金的第三方机构合作成立新公司的一种方式，使得拥有专利技术和专有技术的企业或者个人获得企业股权；也指企业股东或者法人将自主拥有的专利技术和专有技术，通过知识产权的价值评估后，转让到企业，从而增加其持有的股权。（4）知识产权融资租赁与传统行业中的设备融资租赁具有相似性，在租赁期间，承租方获得知识产权的除所有权外的全部权利，包括各类使用权和排他的诉讼权。租赁期满，若知识产权尚未超出其有效期，根据承租方与出租方的合同约定，确定知识产权所有权的归属。

三、创业融资的选择

企业的融资方式是多种多样的，各个企业应根据企业所处的发展阶段和资金需求状况，决定采用何种融资方式。初创企业的成长可分为五个阶段：种子阶段、起步阶段、成长阶段、成熟阶段、衰退阶段。在不同的发展阶段对资金需求有不同策略，因此其资金使用方式和筹集方式也不相同。以下介绍前四个阶段的融资策略。

（一）种子阶段的融资策略

在这个阶段，创业者仅有一个好的点子或创意而已。企业可能刚刚组建或正在筹建，基本上没有管理队伍。这一阶段的投资成功率最低，单项资金要求最少，获得的资金往往是考察项目的可行性。

企业应当在种子期内突破技术上的难关，将构想中的产品开发出来，取得雏形产品。此时的研究开发工作，并非指基础研究，而是指运用基础研究、应用研究的成果，为实用化而进行的对产品、工艺、设备的研究，研发的成果是样品、样机或者是较为完整的生产工艺和工业生产方案。

企业在种子阶段主要从事研究开发工作，活动比较单一，因而其组织结构十分简单松散。一位具有管理、技术经验的领导式人物、财务人员和几位在工程技术开发或产品设计方面具有专才的人就可以组成一个齐心协力、共同开发新技术的团体。企业这时还没有收入来源，只有费用支出。企业取得的资金主要用来维持日常运作。一部分资金作为工资提供给创业者们，另一部分则用来购买开发实验所需要的原材料。整个财务处于亏损期。

这一时期初创企业最需要的是能够长期使用的资金。融资策略是依靠股权融资，以支付少量的流动资金和固定资金。企业希望得到各个方面的资金，但一般只会得到个人投资者的青睐，几乎无法得到银行的资金支持。初创企业在种子期的技术不成熟、产品无市场、管理无经验、生产无规模，因而风险很高，敢于投资的机构和个人非常少。如果不是出于对创业者的极度信任，或对此项技术或产品非常了解，几乎很少有人愿冒此风险。

（二）起步阶段的融资策略

初创企业进入起步阶段时已掌握了新产品的样品、样机或较为完善的生产工艺路线和生产方案，但还需要在许多方面进行改进，尤其需要在与市场相结合的过程中加以完善，使新产品成为市场乐于接受的产品，为工业化生产和应用做好准备。这一阶段的资金主要用于形成生产能力和开拓市场。由于需要的资金较大——约是种子期所需资金的10倍以上，而且企业没有以往的经营记录，投资风险仍然比较大，因此，从以稳健经营著称的银行那里取得贷款的可能性很小，更不可能从资本市场上直接融资，只能依靠风险投资。

在起步阶段，企业需要解决两个问题。首先，是产品与市场的关系。此时，企业要制造出小批量的产品，送给客户试用并试销。然后，根据市场反馈回来的信息，对产品、生产工艺进行改进，以使产品满足市场的需要。只有这样，新产品才有可能得到消费者的认可。其次，是产品与生产的关系。满足客户需要的产品要能够大量生产出来，才有机会占领市场。在创业初期，产品的制造方法、生产工艺都很不稳定，需要反复多次地试验、调试，不断解决生产中出现的各类问题，才能提高产品的生产效率。

企业多采取一种单元组织的结构，即打破部门界限，将企业从事研究开发活动、生产制造活动、市场营销、售后服务等的人员有机地组合起来。对技术、生产、市场营销中出现的各种难题，企业能够迅速做出反应。在起步阶段，虽然企业财务仍处于亏损阶段，但亏损额随着产品销量的增加呈不断缩小的趋势。只要财务状况向好的方向发展，就意味着企业已基本渡过了起步阶段的种种危险，最困难的时期已成为过去，飞速发展的阶段即将来临。

此时中小企业既需要能够长期使用的固定资金，也需要短期融通的流动资金。其融资策略是吸引政府、企业及创投的资金。同时考虑以政府担保公司担保的形式从商业银行获得信贷资金，以支付流动资金方面的需求。因此，企业在创业期的融资策略应以创业风险投资、政府财政投资、中小企业投资公司投资、担保下的银行贷款等股权融资为主，信贷融资为辅。

（三）成长阶段的融资策略

经受了起步阶段的考验后，企业在生产、销售、服务等方面日趋完善。新产品的设计和制造方法已定型，企业具备了批量生产的能力，但要进一步巩固企业品牌形象。因此，企业在成长期需要扩大生产能力，组建起自己的销售队伍，大力开拓国内、国际市场；树立起企业品牌形象，确立企业在业界的主导地位。

成长期的主要工作是市场开拓，包括资金市场和商品市场的开拓。能有机会进入成长期的初创企业，其发展前景大都比较明朗。与种子阶段、起步阶段相比，影响成长阶段企业发展的各种不确定因素大为减少，风险也随之降低。企业为了扩充设备、拓展产品市场，以求在竞争中脱颖而出，需要大量的资金支持，所需资金约是起步阶段的10倍以上。

企业通常以集权、分权的结合为纽带，既注重整体的有效调整，又着眼于企业的自主经营；并且在要素投入（资金、人才、技术、信息管理等）和进程环节（研究开发、生产、销售与服务等）两个方面充分利用国内外资源进行跨国界的研发与市场营销一体化活动。由于销售额的迅速上升，企业利润也随之增长。企业由现金流平衡点转向损益平衡点，并实现盈利。

这个阶段的企业已具备了通过资本市场进行大规模融资的条件，极具投资价值。其融资地位已从被动转为主动。企业可以从自身利益、需要出发，确定合理的财务杠杆比例，采取种类较多的融资组合。这时的企业极具发展潜力，不宜进行股权融资，以免稀释股权。主要考虑以吸引商业银行的信贷资金和投资基金为主，以投资公司、海外投资者的股权融资为辅。

（四）成熟阶段的融资策略

处于成熟阶段的企业进行股权融资及外部融资同等重要，主要以大公司参股、雇员认股、股票公开上市等方式向社会各界筹集企业发展所需资金；从商业银行筹集以信贷额度为主要形式的资金来源，以解决发展所需的规模化生产、市场营销、产品研发以及基础研究的大批资金。这时的企业已具备一定的生产、销售规模，也就具备了一定的融资能力，可考虑在证券市场上进行股票、债券等形式的大规模融资。

案例6.4　张朝阳与搜狐的融资故事

张朝阳的创业故事，很多人已经耳熟能详，张朝阳也成为第一批吃风险投资这个洋螃蟹的中国人之一。1995年7月，张朝阳突然有了回国创业的强烈念头，美国随处可见的"硅谷"式创业更是激起了他的热情。他清楚地认识到互联网经济极为惊人的商业和社会价值，于是下定了创业的决心。1995年10月，张朝阳回到中国，担任美国ISI互联网商务信息公司中国首席代表。1996年，张朝阳连续几个月游说麻省理工学院媒体实验室主任内格罗蓬特和风险投资家罗伯特，争取到20多万美元的风险投资，之后在他们的风险投资支持下创建了爱特信公司，成为中国第一家以风险投资资金建立的互联网公司。

爱特信公司成立以后，开展了大量具体的工作，建立了ITC中国工商企业新闻网、ITC指南针、网猴等特色栏目。1997年9月，爱特信公司进入二期融资，并于1998年2月成功推出了大型中文网络——搜狐。1998年4月，公司成功获得二期投资的注入，由英特尔公司、恒隆公司、美国国际数据集团公司及哈里森公司共同注资215万美元。在获得两笔风险投资后，搜狐的发展有了强有力的资金保证。

1998年9月，搜狐上海分公司成立，1999年6月组建搜狐广州分公司。1999年，搜狐推出新闻及内容频道，奠定了综合门户网站的雏形，开启了中国互联网门户时代。1999年，搜狐又完成了两次大手笔的融资，相继融入600多万美元和3000多万美元，而且最后一笔仅以出让8%的股份为代价。2000年7月，搜狐公司正式在美国纳斯达克挂牌上市，并购了中国最大的年轻人社区网站ChinaRen，网络社区的规模性发展给门户加入了新的内涵，使之成为中国最大的门户网站，奠定了业务迅速走上规模化的基础。（来源：丁庭选：《大学生创业教育》，大象出版社2010年版。）

案例6.5　南存辉的创业融资

南存辉13岁初中刚毕业，父亲就因伤卧床不起。作为长子，南存辉辍学子承父业。从此校园里少了一个学子，人们的视野里却多了一个走街串巷的小鞋匠。从13岁到16岁，他每天挑着工具箱早出晚归，修了3年皮鞋。生活的苦难塑造了他坚强不屈的性格，更坚定了他的生活信心。天资聪颖的他，没有放弃对社会的观察和思索。

20世纪80年代初，温州掀起一阵低压电器创业潮。1984年南存辉找了几个朋友，四处借钱，在一个破屋子里建起了一个作坊式的"求精"开关厂。4个人没日没夜地干了1个月，做的是最简单的低压电器开关，可谁知赚来的第一笔钱只有35元。3个合作伙伴都沮丧极了，而南存辉却兴奋异常，因为他觉得自己终于找到了一条通往财富的路子。就从这35元的第一桶金中，他仿佛看到了创业的曙光。1984年7月，他与朋友一起投资5万元，在温州柳市镇办起了乐清县求精开关厂，开始了他在电气事业里的艰难跋涉。

与温州老板们普遍的家族经营相比，南存辉最与众不同的地方在于：自"正泰"成立之日起，他就矢志不渝地推行股份制，以稀释股份融资和吸引人才，改善家族企业的治理结构。当他的股权从100%退到目前的不到20%时，"正泰"却在他的"减法"中发展得越来越大。1990年开始创办温州正泰电器有限责任公司时，资金成为首要制约因素。由于银行贷款难度大、利息高，他选择了在亲戚好友中寻找合作人、吸收新股本的方法融资。他的弟弟南存飞以及亲朋朱信敏、吴炳池及林黎明相继加盟，成为股东。南存辉个人占股60%以上。这种融资，不仅使创业企业渡过了难关，还让投资者分享到了企业成功的巨大价值，是共赢的选择。到1993年，"正泰"的年销售收入达到5000多万元。锋芒初露的南存辉意识到"正泰"要想继续做大，必须进行一次脱胎换骨的变革。于是，南存辉充分利用"正泰"这张牌，走联合的资本扩张之路。他先后将当地38家企业纳入"正泰"麾下，于1994年2月组建了低压电器行业第一家企业集团。"正泰"股东一下子增加到数十个，而南存辉个人股权则被稀释至40%左右。（来源：张玉利：《创业管理》，机械工业出版社2008年版。）

案例6.6 惠州市知识产权质押融资

知识产权质押融资即企业利用自身专利作抵押，向金融机构融资的一种方式，尤其有利于缺少固定资产的科技型中小微企业融资。为促进中小企业融资，惠州市于2016年设立了知识产权质押融资风险补偿基金。当企业以专利作抵押物向银行贷款出现风险之后，该基金将按一定的比例补偿给银行，以分担它的部分风险，提高银行参与知识产权质押融资的积极性。

2018年初,该基金到位金额为2000万元,现达到2500万元,而最终它的规模将达到3000万元。目前,惠州市有6家与该基金合作的银行,包括建行、中行、邮储、浦发、广发和光大银行,它们为进入惠州市知识产权质押融资风险补偿基金企业数据库的企业提供知识产权质押贷款。该数据库正在接受企业申请加入,拥有有效发明专利或实用新型专利,信用良好且符合其他有关条件的企业均可申请。对于部分中小微企业还将予以优先扶持,如国家高新技术企业或进入高企培育库的企业,在国家、省、市级创新创业大赛中获优胜奖的企业,科技企业孵化器在孵企业,以及在知识产权方面有明显优势的企业。此前,为了降低中小微企业的融资成本,惠州市对专利质押融资贴息项目操作规程做了修订,贴息金额不高于企业以专利权出质所获贷款利息额的30%,每家企业每年补贴金额最高不超过20万元,资助不超过3年。同时,惠州市还引导保险机构参与到此类质押融资的合作中,进一步分散银行风险,帮助科技型中小微企业融资。(来源:《南方日报》2018年8月15日。)

思考与探索

1. 调研本地融资环境,阐述你对创业融资的认识和理解。
2. 结合本节学习,比较分析不同创业融资渠道的优势与缺陷。
3. 列举你认为理想的创业融资方式,并说明理由。

第三节　创业融资谈判

在认真权衡、选择融资渠道以后,创业者要积极通过有效融资谈判获得特定发展阶段所需要的融资。

一、坚持谈判原则

一切融资活动都以项目为基础,以谈判、签约为目标。谈判、签约的效率如何,不仅关系到项目的实施,也关系到双方的合法利益。创业融资有其特殊性,因此,创业融资谈判应坚持信息对称原则、平等互惠原则、效率原则、风险原则等基本原则。

信息对称原则。创业企业的人力资本状况和企业的潜在竞争优势是能否获得融资的关键条件。这就要求,一方面融资机构通过技术手段对创业企业进行信息深度挖掘，通过专业分析对融资的风险与收益进行全面评估；另一方面，创业企业诚实地披露相关信息，不刻意隐瞒对自己不利的信息，把机会主义风险降到最低。信息对称是精准判断融资风险与收益、降低交易成本、快速完成谈判和签约的基本前提。

平等互惠原则。融资机构和创业企业双方都有各自的利益，都是合法的融资主体，而创业融资是双方实现各自目标和利益的重要手段，因此，双方无论是法律地位还是实体地位，都是平等的。融资谈判只有在平等的基础上关照双方的合法利益，才能取得满意的结果。否则，一方凭借自身资源优势把自身愿望强加给另一方，只会为合作埋下催生另一方机会主义动机的隐患，最终损失的是双方的利益。

效率原则。谈判效率是任何谈判者都希望实现的结果，而诚信是效率的基础。假设双方都是诚信的，彼此建立信任，那么就能最大限度地降低谈判成本，跨过细枝末节而直达谈判目标。因此，诚信助长效率，诚信是市场经济高效运行的伦理基础。

风险原则。创业融资由于多缺乏抵押物，因而对谈判双方而言都存在风险。融资机构的风险在于因企业没有按照预想的方向发展、获利而难以收回融资成本，创业企业的风险在于因为没有抵押物而不得不承诺融资机构更多的股权。风险原则要求融资双方要对风险存在合理预期，不要夸大自身风险、忽视对方风险。要通过谈判合理设计风险回避条款，最大限度地保护双方的合法利益。

二、明确谈判任务

在融资谈判过程中，融资方的任务主要有：一是深入了解创业企业的基本情况、背景、实力和资金使用方向，以判断创业企业的真实状况以及提供融资的可能性；二是发现创业企业的战略落点，判断规划目标实现的可能性；三是指出融资项目及资料的缺陷，并要求创业企业按照规范要求进一步完善；四是与创业企业建立互信，为可能的紧密合作建立低交易成本的沟通机制；五是在对谈判过程和谈判内容反思的基础上，积累深入合作的经验与策略。

而创业企业的任务主要有：一是了解融资方及其融资政策的基本情况和背景以及融资实力，判断融资方满足需要的可能性；二是按照规范要求完善项目资料，突出潜在优势和发展前景的描述，真实披露相关信息，不阻碍融资方对融资项目和深入合作的独立判断；三是通过企业战略规划和商业计划书呈现企业发展的可靠路径，描述融资的用途及其可能存在的风险，在解决和回避风险的谈判过程中增进互信，以期降低谈判和未来合作的交易成本。

在融资谈判过程中,"谈判语言"有时会成为影响谈判进程和结果的关键因素。通常,谈判话术分为以下几类。首先,基础知识。由于资金供求双方是几乎完全不同的两类人,为了提高沟通的效率,创业企业必须学习与融资机构沟通的"谈判语言",一是专业知识类,例如财务、金融、企业管理等;二是法律法规类,主要包括与融资有关的各种政策法规;三是工作惯例类,主要包括各类融资工具、资金方和融资服务机构的工作惯例和工作流程。其次,资料清单。很多融资机构都有自己要求的资料清单,以便于规范工作流程和提高工作效率。银行、投资公司以及其他融资机构的各类融资工具,都有各自的资料清单。因此,创业企业在准备融资资料之前,最好根据资料清单认真准备。最后,申请书。申请书一般都有固定的格式,有的有固定格式的表格,有的仅明确必须具备的内容框架。

三、创业融资禁忌

创业融资决定着创业企业能否获得企业发展所需要的资金,是大学生创业过程中的关键环节。创业融资极为重要,必须避免盲目、短视、虚假和非法融资。

(一)盲目融资

创业融资不是越多越好,盲目贪多会造成融资成本增加,融来的资金没有产生相应的经济价值,反而会成为累赘。

融资成本是创业者为取得和使用资金而付出的代价,包括筹资费用和用资费用。筹资费用是筹措资金时发生的一次性支出,如贷款时向银行支付的贷款手续费、各种证明材料的制作费用;发行债券时的印刷费、发行费、律师费、公证费等。用资费用是因使用资金而生的费用,是融资成本的主要内容。例如,债务融资中支付的利息,股权融资时向股东支付的股利等。因此,充分考虑融资成本,进行与创业发展阶段相协调的融资规模,是避免盲目融资的重要原则。

一般来说,在各种融资渠道中,融资成本从小到大依次是:内源融资、债权融资、权益融资;而在债权融资中,短期融资的成本又低于长期融资。其原因主要有如下几点。(1)使用内部积累资金,可以避免对外筹资的各项手续费用,也不会伴随明显的用资费用。(2)采用举债方式融资,企业定期支付的利息可在所得税前作为费用扣除,与权益筹资情况下支付股东红利相比可以避税。(3)权益融资的成本实际就是股东投资的期望报酬,由于利润分配权利位于债权人之后,股东承担的风险大于债权人,因而会要求得到比债权人更高的投资回报，造成权益融资成本高于债权融资。（4）当企业采用举债方式筹资时，债务期限越长，经营产生变数的可能性越大，债权人收回本息的风险越大，要求的债务利率就越高。避免盲目融资，应按照成本由低到高的顺序安排融资，即优先使用自有资金或内源融资，然后考虑债权融资，最后才是权益融资。

（二）短视融资

创业企业在融资过程中的短视行为，主要表现在未充分考虑资金的稳定性、企业控制权以及非资金因素三个方面。

首先，资金的稳定性。创业项目要实现盈利，少则半年，多则三五年，甚至更长时间。在此期间，企业特别需要耐心的投资者予以支持。贷款（尤其是短期贷款）虽然可以解燃眉之急，却具有法定的还款期限和还本付息义务，这会使新创企业经常面临现金压力，甚至在还款期"拆东墙、补西墙"，严重影响企业项目的正常开展。相比之下，创业者自有资金、内部积累资金或股东入股资金属于永久性资金，在使用上可以高枕无忧。因此，从资金的稳定性考虑，这几类融资渠道均优于债权融资。在某些情形下，企业相当长时间内难以盈利，或实现现金净流入，权益融资将是企业唯一的融资选择。

其次，企业控制权。股份制企业的一大特征是，普通股股东以其持有的股票份额享有企业重大事项投票权；除非在破产情形，否则债权人不参与企业经营管理。因此，在创业融资中是采用债权融资还是采用权益融资，将会影响到企业控制权的配置。当采用债权融资方式时，企业既有股权结构不会改变，由此融资不影响创业者对企业的控制权力；而当吸收新股东入股时，随着股票数量的增加，原有股东持股份额下降，控制权被稀释，创业者对企业经营方向的控制力将相应减弱。因此，如果希望对企业经营掌握绝对控制权，应优先考虑债权融资，慎重选择权益融资；如果必须采用权益融资，也要慎重选择合伙人，力求找到志同道合的合作者。

最后，非资金因素。货币是一种商品，可以通过很多渠道得到。然而，除了货币，初创企业通常还需要管理和经营方面的帮助。很多创业者对项目的技术特点和市场前景非常了解，然而在管理企业方面却力不从心，因此，寻找有经验的战略合作者或风险投资者则可以事半功倍。例如，风险投资者作为职业的股权投资者，与被投资企业风险共担、利益共享。出于自身利益，他们在为企业提供资金的同时，积极参与企业经营管理决策，规范公司治理；有的风险投资者深谙资本市场运作规律，能够对不同时期的融资方案适时提出合理化建议，极大地弥补了创业者管理经验的不足。此外,有些权益投资者,能够利用自身的资源优势,为企业带来更广泛的人脉关系、技术诀窍等。这些权益融资的好处不是一般债权融资所能够替代的。创业者有必要根据自身的情况,对这些融资中的非资金因素予以考虑。

(三)虚假融资

信息不对称是经济生活中普遍存在的现象,产品的销售方比购买方具有更多关于产品质量的信息,工人比雇主更了解自己的技能和能力,公司的经理更了解公司的成本、竞争地位和商业机会。在创业融资中同样存在着信息不对称,一般来讲,资金需求者比投资者对企业的产品、企业的创新能力、市场前景更加了解,处于信息优势的地位,而投资者则处于相对信息劣势的地位。

投资前的信息不对称可能导致逆向选择,那些素质不高、技术上有缺陷、经营管理不善的创业企业可能从包装上下功夫,将各项数据和材料做漂亮;而真正优秀、潜力大的企业有可能没做好这方面的工作。投资后的信息不对称则与道德风险有关,被投资的公司的创业者往往既是大股东又是经营管理者,可能侵害投资者的利益,例如股权稀释、关联交易、滥用资金、给自己订立过高的报酬等,投资者对创业者的行为很难监控。一般来讲,企业的融资能力可定义为资金的供给方对企业提供的与企业投资能力有关信息的满意程度。企业显示信息的能力又可以用企业的规模、财务状况、现有可抵押或质押的财富水平以及企业能获得潜在资金的渠道等指标来反映。创业企业一般成立时间短,没有或很少有过往记录,规模较小,经营活动的透明度差,财务信息具有非公开性,潜在的投资者很难了解和把握创业者和创业企业的信息真实性。在我国,创业企业在获得金融和非金融服务方面仍然面临众多现实障碍。创业者群体不成熟,基础薄弱,国内的投资者也比较缺乏经验。换言之,由于创业环境、产业的不成熟,没有能够培育出成熟的投资者群体,他们对这个产业的认识、直觉、经验、判断都有待进一步提高,这也加深了创业融资中信息不对称的程度。

(四)非法融资

非法融资是指未经有关部门批准,并以吸收公众存款的名义,向社会不特定对象吸收资金,但承诺履行的义务与吸收公众存款性质相同的活动。

非法融资具有以下特点。一是未经有关部门依法批准,包括没有批准权限的部门批准的集资,以及有审批权限的部门超越权限批准集资。二是承诺在一定期限内给出资人还本付息。还本付息的形式除以货币形式为主外,也有实物形式和其他形式。三是向社会不特定的对象筹集资金。这里"不特定的对象"是指社会公众，而不是指特定少数人。四是以合法形式掩盖其非法集资的实质。五是和非法集资一样，集资方式变换多样，多种犯罪行为相互交织。虚假融资，非法套利融资，导致创业者在创富这条路上越走越偏。

案例6.7　波迪商店的融资

为了取得进一步的发展，我必须获得一部分资金。戈登和我计算过，要创办一家企业，需要4000英镑。我想，将我们的旅馆作为抵押是没有什么问题的。遗憾的是，我采用了错误的方式。在约见银行经理时，我穿了一件Bob Dylan牌T恤以及Justine牌牛仔裤。我没有意识到我应该穿得更正式一点。我充满热情地阐述着我的很多伟大的想法，述说着我如何在旅行中发现了这些自然成分，并为之起了一个很伟大的名字：波迪商店。但我需要4000英镑来创办这家企业……当我说完的时候，这名银行经理往椅子上靠了靠，说他不会借给我任何钱，因为我们已经有了很多的债务了。

我已经准备放弃了，但是戈登比我更顽强。他说："我能够得到这笔钱，但是，我们要按照他们的游戏规则与其进行周旋。"他让我先出去买一套工作礼服，然后，再找一个懂会计的朋友，做一份好看的、吸引人的'商业计划'，包括各项预计的损益数字以及各种各样的文字说明。最后，把这些东西都放在一个塑料袋里。

一个星期后，我们回到了同一家银行，并约见了同一名经理。我们都穿着礼服。戈登递上了我们的资料。这位经理翻看了几分钟，就批准了我们的贷款计划，而且，正如我所预计的，以我们的旅馆作为抵押。我如释重负，同时也为我第一次被拒绝而感到愤懑。毕竟，还是我，还有着同样的想法。显然，这位银行经理不愿意与婆婆妈妈的人打交道。（来源：伊丽莎白·切尔：《企业家精神：全球化、创新与发展》，中信出版社2004年版。）

案例6.8　公司非法融资800万

沈阳市民刘先生看中了一款投资管理项目，不但可以成为融资"合伙人"，还有远高于银行的高额利息。抱有几乎同样想法的122名沈阳市民共计投资8095000元！

位于沈阳市铁西区南八马路的辽宁腾飞投资管理有限责任公司于2014年5月19日注册登记成立，公司股东为李小可、伊某某，公司法定代表人李小可，注册资本认缴5000万元，实缴0万元。而且签订的投资担保合同及融资合同均系虚假。日前，犯集资诈骗罪的该投资管理公司的法定代表人和财务总监均终审获刑。

李小可、郝春玲于2014年7月19日至2014年12月2日期间，分别作为辽宁腾飞公司的法定代表人和财务总监，伙同李某（另案处理），谎称为宜阳县富源养殖专业合作社筹集资金，并承诺回报高额利息，使用伪造的富源养殖合作社印章与被害人签订了虚假的项目投资管理合同，向社会公众非法集资。

经审计，被告人李小可、郝春玲向谭某某等123名被害人非法集资款共计人民币8095000元，尚欠本金总计人民币7583078元。鉴于二被告人共同集资诈骗，数额特别巨大，现不能退赔赃款，给被害人造成极大的经济损失及至精神痛苦，法院酌情对二被告人予以从重处罚。考虑被告人郝春玲在共同犯罪中起次要、辅助作用，系从犯，依法可予以从轻处罚。被告人李小可对基本犯罪事实予以供认，依法可予以从轻处罚。

一审认定：一、被告人李小可犯集资诈骗罪，判处有期徒刑十四年六个月，剥夺政治权利三年，并处罚金人民币三十万元；二、被告人郝春玲犯集资诈骗罪，判处有期徒刑十年，剥夺政治权利一年，并处罚金人民币二十万元；三、责令被告人李小可、郝春玲共同向123名被害人退赔赃款共计人民币七百五十八万三千零七十八元。郝春玲上诉后，沈阳市中级人民法院终审裁定：驳回上诉，维持原判。（来源：《辽沈晚报》2017年2月17日。）

案例6.9　曹德旺：年轻人创业别先想着做富豪

中国著名企业家、福耀公司董事长曹德旺在与著名财经记者吴晓波的对话中，说到了目前正在全国各地广泛推进中的创业潮。他表示，现在的年轻人跟我们那一代人不一样了，今天注册公司，最好明天上市，成为中国首富，这就是他们的想法。曹德旺以他特有的语言说，这么年轻，如果变成首富了，到30多岁以后怎么办，做什么呢？不做人了，要去做神仙了。

随着经济转型的不断推进，我国正在出现一轮新的创业投资潮，越来越多的年轻人满怀憧憬投入其中。今天的市场，已经不同于20世纪80年代初中国改革开放初期出现的第一次创业潮。对于年轻人来说，今天的创业已经站在了前人的肩膀上。经过40年改革开放的培育，中国的市场经济体制已经基本成熟，创业投资不仅不再像前辈那样要承受种种观念束缚的压力，而且还能够得到政府和银行的支持。但是，换一个角度看，三四十年前的市场，还是一张白纸，只要善于动脑筋，又肯吃苦，创业投资时很容易为自己打开一片天地。而今天，市场已经基本饱和，再要开拓出一方天地，需要付出的心血并不比上一代少，甚至由于市场竞争的激烈，创业成功的可能性会远远低于预期。

对于当下的年轻人来说，投身创业，还面临一个老一辈创业者未曾面对过的现实问题。几十年来，在改革开放的征途上，出现了很多创业的成功者特别是涌现了很多富豪。这些进入富豪阶层的人物，大多数都是凭借自己多年的辛苦奋斗，并且抓住了市场机遇而成功的，他们成为年轻人学习的榜样、励志的目标，是完全应该的。但是，当整个社会把聚光灯集中在富豪身上，特别是不断出现的种种富豪榜，也产生了很强烈的炫富作用，使年轻人产生了一种浮躁心理，似乎创业的目标就是要成为富豪。很多年轻人投身创业，正像曹德旺所说，憧憬的是今天注册建立企业，明天上市，后天就成为首富。这种"一口吃个胖子"的心态，反映的是整个社会的浮躁对创业投资的不良影响，它对年轻人的创业是非常有害的。回顾老一辈的创业，一些今天已功成名就的大企业家，如福耀公司的曹德旺、希望集团的刘永好、娃哈哈集团的宗庆后，其年轻时无一不是从最微不足道的生意做起，即使是今天声震全球的亚洲首富李嘉诚，年轻时也是从"跑街先生"做起，在香港街头栉风沐雨。他们在创业时，从来没有想过自己要成为富豪甚至首富，而是一步一个脚印登上顶点。

今天的市场比起当年的市场有了发展，资本市场可以帮助一些创业者实现财富的"爆米花"式膨胀，特别是在"互联网+"大行其道的当下，创业有了新的门径，因此成为富豪在一些年轻人看来有了捷径可走，似乎不再是梦想。但是，不管是什么样的创业投资，都需要对市场做出精准分析，并且承担市场风险。在资本市场上，确实存在凭一个概念到处忽悠的所谓创业者，甚至通过资本市场实现一夜暴富。但是，这种贩卖概念的忽悠可以得逞于一时，却不能保持几十年的基业长青，一旦泡沫刺穿，不仅创业梦破灭，而且还会累及身家性命。在资本市场上，这种因为忽悠而最终栽了大跟头的人，并不在少数。（来源：《中国青年报》2018年5月22日。）

思考与探索

1. 结合具体案例，阐述融资谈判的要点和过程。
2. 分析创业企业融资谈判的重点和难点。
3. 结合具体案例，阐述你对创业融资禁忌的认识和理解。

第七章 创业企业管理

创业不仅是创业者建立新企业的过程，而且是创业者管理与经营企业的过程。管理的好坏决定着创业企业的成败。大学生创业者应在认识和把握企业成长规律的基础上，对创业企业进行生存管理、成长管理、财务管理以及战略管理，达到成功创业的目标。

第一节 创业企业生存管理

在激烈的市场竞争中生存下来，是初创企业的首要目标。

一、初创企业成长规律

企业生命周期理论是经济学与管理学理论关于企业成长问题最基本的假设之一。企业生命周期理论认为，如同人的生命一样，企业的创建与成长过程也存在生命周期规律，一般要经过培育期、成长期、成熟期和衰退期四个阶段，是一个从产生到消亡的过程。

第一，培育期。处于培育期的企业被称为初创企业或者说是初创阶段的企业。在这一阶段，企业的生存能力较弱，市场占有率低，管理工作不规范，市场地位不稳定，很容易受到既有企业的威胁，风险较大。但初创企业较有活力，由生存欲望所激发的奋斗精神、创新精神、大无畏精神成为这一时期企业成长的主要动力，是精神转化为物质的阶段。在培育期，企业要解决的首要问题不是成长而是生存。企业只有在市场上站住脚、活下来，才能为将来的迅速成长创造机会和希望。

第二，成长期。企业能经过培育期存活下来，一般会较快地进入成长期。这里的"成长"既可以是量的概念，指由小企业发展壮大为中型或大型企业的规模扩张状态；也可以是质的概念，指初创企业获得持续竞争优势的过程。处于成长期的企业可以在较短时间内获得较高速度的成长，规模经济开始产生作用，企业经济实力增强，市场占有率提高，员工人数增加，主营业务日益明显，抵御市场风险的力量显著增强。处于成长期的企业都是行业内竞争优势明显、比较引人注目的企业。虽已进入成长期阶段但因经营战略等方面的重大失误，断送企业命运的事例也不在少数，因此，成长期的企业依然不能掉以轻心，尤其应该注意不能为众多令人眩目的投资机会所诱使，放弃主阵地，盲目多元化经营，犯战略冒进错误。

第三，成熟期。企业过了成长期，就会进入成长速度放缓但利润率提高的收获期，这一阶段的企业被称为成熟企业。现实中能进入成长期的企业不多，能进入成熟期的企业更少。绝大多数企业在成长期阶段就销声匿迹，被无情地淘汰了。进入成熟期的企业一般规模较大，市场占有率较高，竞争对手已不太容易撼动其地位，因而不需要再做大量的投入，就可以获得较好的收益。成熟期后期的企业一般都开始多元化经营。追求持续成长的企业，会有效地利用成熟期获得的丰厚利润再投入新的事业领域中。由于现有事业已经不可能提供满意的成长空间，企业必须寻找其他新的增长点。这一转变被称为企业脱成熟化或企业蜕变过程。

第四，衰退期。成熟期的企业如果不能成功地脱成熟化和完成蜕变，就会沦为衰退企业（当然也有未"老"先衰的）。企业进入衰退期的原因很复杂，但以下原因普遍存在：一是企业随某个关键人物（如创业者等）的离去而衰退；二是随产品或服务市场的消亡而衰退；三是随技术的落后而衰退；四是由于企业组织的自然老化而衰退，例如患了大公司病的企业，官僚主义横行，本位主义泛滥，创新精神缺失，应变能力下降，等等，表现为企业失去活力或生命力。

企业持续成长的手段是创新。首先，企业可以通过不断的产品创新超越该产品或服务的生命周期而实现持续成长；其次，企业可以通过不断的技术创新，突破某一技术的生命周期而持续成长；再次，企业还可以通过对事业的追求或转换，跨越特定事业的生命周期获得持续成长；最后，企业还可以通过制度创新，不断为企业可持续成长构建新的制度平台，为企业注入活力，使企业保持精神上的年轻。这一系列的创新过程，就是企业的蜕变过程。习惯上，企业界把成长过程中的重大创新阶段称为第二次创业、第三次创业。这使企业的成长过程出现一定的动荡期，或者说是危机点。此时如果变革成功，企业就会进入一个新的成长期；但如果变革不成功，则进入衰退过程。

美国管理学家伊查克·爱迪思在《企业生命周期》一书中把企业的成长过程划分为成长、成熟和老化三大阶段共十个时期，如图7.1所示。其中，成长阶段从孕育期开始，经历婴儿期、学步期、青春期、盛年期，直到稳定期。稳定期是企业成长的巅峰，即成熟阶段，到达这一时期后，往往意味着企业即将进入老化阶段。企业的老化阶段一般要经历贵族期、官僚化早期、官僚期，然后死亡。

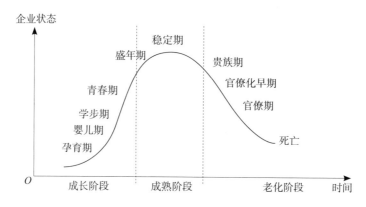

图 7.1 爱迪思企业生命周期模型

在生命周期的不同时期,企业存在不同的问题,有其特殊性,如表 7.1 所示。在每一个时期向另一个时期转换时,问题就产生了。为了学会新的行为方式,企业必须放弃旧的行为模式。当企业花费精力努力从旧的行为模式转变到新的行为模式时,出现各种问题都是正常的,企业凭借自己内在的能量就可以解决正常的问题,不正常的问题则需要外部干预解决。企业成长意味着具备了处理更大、更复杂问题的能力。创业家的职责就是对企业进行管理,使之能够进入下一个更富有挑战性的生命阶段,将企业引向盛年期,并保持生命力旺盛。

表 7.1 爱迪思企业生命周期模型中各个时期的特点

时期	特点
孕育期	企业尚未诞生,仅仅是一种创业的意图
婴儿期	行动导向,机会驱动。企业缺乏规章制度和经营方针;表现不稳定;易受挫折;管理工作受危机左右;不存在授权,管理上唱的是独角戏;创业者成为企业生存的关键因素
学步期	企业已经克服了现金入不敷出的困难局面,销售节节上升,企业表现出快速成长的势头。但企业仍是机会优先,采取被动的销售导向,缺乏连续性和重点,因人设事
青春期	企业得以脱离创业者的影响,并借助职权的授予、领导风格的改变和企业目标的替换再生。"老人"与新来者之间、创业者与专业管理人员之间、创业者与公司之间、集体目标与个人目标之间的冲突是这一时期的主要问题

续表

时期	特点
盛年期	企业的制度和组织结构能够充分发挥作用；视野的开拓与创造力的发挥已制度化；注重成果，企业能够满足顾客的需求；能够制订并贯彻落实计划；从销售和盈利能力来讲，企业都能承受增长所带来的压力；企业分化出新的企业，衍生出新的事业
稳定期	企业依然强健，但开始丧失灵活性，表现为：对成长的期望值不高；不努力占领新市场和获取新技术；对构筑发展远景失去了兴趣；对人际关系的兴趣超过了对冒险创新的兴趣
贵族期	大量的资金投入到控制系统、福利措施和一般设备上；强调的是做事的方式，而不问内容和原因；企业内部缺乏创新，企业把兼并其他企业作为获取新产品和市场的手段；资金充裕，成为潜在的被购并的对象
官僚化早期	强调是谁造成了问题，而不去关注应该采取什么措施补救；冲突和内讧层出不穷；注意力集中到内部的争斗，忘记了顾客
官僚期	制度繁多，行之无效；与世隔绝，只关心自己；没有把握变化的意识；顾客必须想好种种办法，绕过或打通层层关节才能与之有效地打交道
死亡	企业解散、倒闭

二、初创企业管理

初创企业，指刚刚创立且没有足够资金以及资源的各类企业。往往都有资金短缺、人才匮乏（通常只有创始人及为数不多的核心员工）、业务开拓吃力等问题。创立初期的企业首要任务是在市场中生存下来，让消费者认识和接受自己的产品。创立初期是以生存为首要目标的行动阶段，在这个时期，企业的首要任务是在市场上找到立足点，使自己生存下来。在该阶段，生存是第一位的，一切围绕生存运作，一切危及生存的做法都应避免。

爱迪思认为，初创期成就越大，自满程度越高，所出现的危机就越大，推动企业变革的作用力也相应地越大。此时企业终于认识到，需要一整套规章制度来明确该做与不该做的事情。规章制度的完善表明企业强调管理子系统的急迫性，这时企业就过渡到了下一个发展阶段。如果没有出现这种强调管理制度的情况，企业就陷入了被称为"创业者陷阱"或是"家族陷阱"的病态发展之中。爱迪思认为初创期出现的问题有些属于正常现象，随着企业的成长会慢慢得以解决，而有些问题则属于非正常现象，需要尽力避免，两类现象如表7.2所示。

表7.2　企业创立初期出现的正常与非正常现象

正常现象	非正常现象
所承担的义务没有因风险而丧失	风险使承担的义务消失殆尽
短期内现金支出大于收入	长期内现金支出大于收入
辛勤工作加强了所承担的义务	所承担的义务丧失
缺乏管理深度	过早授权
缺乏制度	过早制定规章制度和工作程序
缺乏授权	创业者丧失控制权
"唱独角戏"但愿意听取不同意见	刚愎自用，不听取意见
出差错	不容忍出差错
家庭支持	缺乏家庭支持
外部支持	外部干预使创业者产生疏远感

（一）创立初期的营销管理

在创立初期，企业急需将创造的产品或服务售出以获得收入，如此才能体现企业的价值，同时也为企业的进一步成长奠定基础，因此，销售是此时最重要的任务。企业创立初期的销售有时是不赚钱的，但为了争取顾客，即使不赚钱甚至赔钱也要坚持。此时企业的销售收入增长很快，但成本增加更快，加上价格往往与成本相差无几，这样就出现销量很大却没有利润的现象。随着企业逐渐成熟，创业者要对已有的销售行为进行规范，对客户进行筛选和细化管理，对产品售前、售中、售后整个过程进行监控，整合所有与销售相关的资源，逐步使销售收入与利润实现同步增长。营销成为这一阶段的重点。

（二）创立初期的人力资源管理

创立初期，由于企业规模小，组织结构层次简单，因此决策权在主要创业者手中，决策简单，只要经营班子确定了可行性方案，就可迅速执行；决策与执行环节少，使得决策集中高效，执行快速有力，对市场变化能够迅速做出反应；创立初期企业的机构设置、生产方式、经营形式、利益分配、规章制度以及人员使用都由企业自主决定，机构精干、决策自主、反应灵敏、工作效率高，尤其是在用人机制上，有充分的用人自主权的创业企业，能够吸引大批人才加盟。

（三）创立初期的其他职能管理

创立初期的企业系统相对集权，有可能使子系统之间严重失衡；缺乏计划和控制系统下的灵活性甚至是随机性，没有实施专业化管理的土壤。另外，如果各个部门之间协调不好会降低工作效率。计划方面，创立初期的企业更多注重的是对市场机会的开发和把握，以现有可利用的市场机会确定经营方向，包括远景目标（3～20年）和实施远景目标的战略（1～3年）；领导方面，通过与所有能提供合作和帮助的人进行沟通交流，并提供有力的激励和鼓舞措施，率领员工朝着某个共同的方向前进；控制方面，尽量减少计划执行中的偏差，确保主要绩效指标的实现。

总之，初创企业没有规范化的管理方式，只有结合实际情况进行实践，才能形成符合企业自身特点的管理风格。

三、初创企业的失败

我们正处在全球创业空前兴盛的时代，但无数创业公司最终都黯然收场、以失败告终。创业是高度不确定状态下的试错行动，失败很难避免。例如，情境的不确定性、创业活动的新颖性、机会窗口的短暂性以及创业者面对的时间压力和信息超载，均增加了创新创业失败的可能性。

获得创业失败率精确数据需要花费很大成本。一方面，失败不容易定义并加以识别；另一方面，创业者往往不愿意报告失败，甚至尽量回避谈创业失败经历。因此，很难得到可靠统计数据。虽然不同行业的失败率有着很大差异，但是对过去50多年大量企业失败率的研究表明：新企业的失败率很高，大多数企业倒闭发生在创建后的2～5年。虽然政府的数据、研究与统计学家对新企业失败和存活的统计数字不太一致，但二者都认为新建企业存在很高的失败风险。2013年发布的《全国内资企业生存时间分析报告》显示，截至2012年年底，我国实有企业1322.54万户，存续时间5年以下的企业653.77万户，占企业总量的49.4%，也就是说近五成的新企业在5年内死亡。其中，新企业成立后第3年死亡数量最多，死亡率达到最高，接近40%。在互联网领域，数据显示创业成功率不足5%。

哈佛商学院领导与管理学教授艾米·埃德蒙森（Edmondson，2011）根据失败原因（如表7.3所示）把失败分为三大类：常规生产型、复杂运营型和创新型。第一种常规生产型失败可预防，这种失败大多数是无益的，失败原因可能是异常行为、疏忽或能力不足；第二种复杂运营型失败可管理，这种失败是在复杂系统中不可避免的，大多是由事情本身的不确定性导致；第三种创新型失败或智能失败，这种失败能够提供有价值的新知识，具有创新性和学习价值，能够帮助企业领先竞争，使其在未来飞速发展。对于创业者而言，应该尽量少犯第一种失败错误，及时识别和管理第二种失败，鼓励尝试第三种失败，通过"小失败"获得"大学习"，学会策略性失败，以最小成本去试错和失败，获得最大化的反馈和学习成果。

表7.3 基于原因分类的失败类型连续谱

该受责备				← →			具有价值		
异常行为：个体故意选择违反规定	疏忽：无意中偏离规范	能力不足：没有能力、条件或培训能胜任工作	过程不恰当：胜任的个体采取了不恰当或错误的过程行为	任务挑战性：任务太难，不能可靠地执行每一次任务	过程复杂性：过程中有很多不良因素，需要创新性互动	不确定性：对未来缺乏清晰的认知，以致采取看似合理的行动，产生不良后果	假设检验：进行试验以检验想法或设计，不幸试验失败	探索检验：目的是丰富知识或对可能性进行调查，但导致不好结果

从某种意义上来说，创新型失败是一种主动试错，通过主动的试错，而不是被动的失败反思，及时发现创新创业过程中的潜在问题、发现客户的真实需求，具有主动性和前瞻性。如腾讯在发布新产品时采取"灰度发布"策略，即当新产品开发出来之后，先对10%的客户群体进行发布，这些客户群体会反馈意见，企业针对客户反馈的产品问题、缺陷，对产品进行进一步完善，在此基础上将产品的发布范围扩展到30%，进而扩展到70%、100%。这种产品发布方式实际上是将一个整体的产品风险进行了分割，通过规避每一个小范围的风险，降低了大的失败发生的概率。无论他们因为何种原因失败，败落到何种境地，他们仍通过自己多年的勇敢实践和最终的经验教训给我们留下了一份弥足珍贵的经验遗产。

案例7.1 创业成败在于管理？

几位天才般的年轻学生在大学寝室里就能创造未来，车库里可以涌现大批创业企业……硅谷的创业神话大抵如此。但是，创业公司多如春笋，最终成活下来的却寥寥无几。这种创业"灰姑娘"故事的误导之处在于，让人误以为有了天才的创意就可以成功。事实上，真正决定一个创业公司成败的，却是一些无比寻常的细节，一些普通到令人厌倦的管理技巧。

这正是埃里克·莱斯在《精益创业》中提出的新观点。莱斯的见解来自他本人的创业经历。他创办的第一个公司在第一轮互联网泡沫破灭之际惨败，2004年东山再起重新创业，一路磕磕碰碰最后却获得巨大成功。莱斯总结，创业成功其实并不是小概率事件，而是一门可以学会且可以被传授的专业，背后的秘诀就是，借鉴我们长期忽略的制造业，尤其是日本式精益制造的管理技巧。

第一次创业时，莱斯和他的伙伴踌躇满志，认为自己做对了所有的事情：有最好的产品、明星般的天才团队、前沿的技术、巧妙而适合时宜的创意。他们期待着自己的公司成为改变世界的企业。但是，"除了完美的概念，我们几乎从第一天开始就注定失败，因为我们不知道如何将对产品的洞见转化为一家伟大的公司"。莱斯在书中这样反思。这几乎是所有创业者的通病，绝大部分看起来充满希望的公司最后都以失败结束，大量新创意新产品都没能成功，很难见到企业最终实现他们最初的理想。人们总是以为传统的管理无法解决创业企业所面临的高度不确定性问题，所以创业者及投资者们干脆放弃管理而直接"去做"。

莱斯以略带讥讽的笔调，把他们称为创业的"去做"学派。他们认为，管理无法解决创业的问题，混乱才是解决方案。尤其对创业公司而言，只有不断地实践，不停地工作，哪怕混乱也比细致而有条不紊的管理强，甚至混乱本身在创业者和创业公司看来都代表着希望的迹象。

根据自己的经历和对其他创业者的观察，莱斯觉得，或许他们错了。创业公司的成功不是因为基因优良，或者在合适的时间合适的地点用合适的方法做了合适的事情，实际上，创业的公司都有可能成功。换句话说，创业也是一种管理方法，只是它有别于传统的管理方法，需要根据创业的高度不确定性特征做一些相应的调适。

莱斯2004年成功创业的IMVU（Instant Messaging Virtual Universe）部分地从正面印证了莱斯的创业管理经。IMVU的主要产品是一款3D人物场景聊天软件，莱斯在公司里担任CTO。刚开始，他们直接"去做"，打造了一个满是问题的产品，而且在产品还没有准备好之前就推给了消费者，还居然就这个非常初级的产品向消费者收费,而产品的改进和升级也过于频繁,甚至高达一天几十次。随后,他们强化了管理。通过和消费者不断沟通,吸取消费者意见——但不完全采用他们的意见,而是将他们的建议作为他们整体目标的一个信息源,将之有机融合,如此让企业步入快速上升通道。2011年IMVU的年营业收入达到5000万美元,有超过100名雇员。而当年看起来完全不可能的IMVU虚拟产品目录,现在已经有超过600万种,还在以每天7000种的速度增长,这些虚拟产品全部由消费者自行开发创造。

在大多数人的观念里,"创业"会比"管理"听上去更有创意,更酷,但是作者认为,创业只是管理的一种。在多数人看来,创业公司不宜严格地划分部门和职责界限,员工最好都是能够应对多种任务的多面手,作者则认为,创业公司的每一位成员都应该像传统公司一样,做自己最擅长的事,实现宏观目标是公司的责任。"归根结底,创业公司是一家公司,而不是一个产品。"对于他们来说,更重要的是要学习如何构建一桩可持续的生意,打造一个可以永续存在的公司。

莱斯提出了一个实用性很强的"创建—评估—学习"模型。产品毕竟是创业公司的基础,所以要尽快创建并发布产品,然后从各个角度评估顾客反馈,评估是否需要修正,边学习边改进产品。一个好的创业公司必须在这个学习的循环中迅速进步。借鉴丰田的精益制造模式,莱斯建议创业者在碰到问题的时候,也要持续地问5个为什么,由此找到问题的根源所在,然后再针对不同层面的原因,分别找出解决方案。这种评估、学习和改进的循环是产品能否成功,生意可否持续的最重要的决定因素。(来源:叶丽雅:《创业成败在于管理?》,载《IT经理世界》2012年第8期。)

| 案例7.2 马云的创业之路

1994年,马云创立第一个机构:海博翻译社。第一个月收入700元,房租2000元。马云独自背起麻袋去义乌,摆小摊养活翻译社。

1995年,马云意外在西雅图接触到互联网,他认定了互联网是未来的方向。回国后,马云和妻子、朋友筹集2万元创立了海博网络,并且启动了中国黄页项目。但是和杭州电信合作后,双方产生分歧,让马云决定放弃网站。

1997年年底,马云受邀担任当时中国外经贸部中国电子商务中心总经理,开始接触到外经贸业务,马云做B2B网站的想法开始逐步成熟。1999年,35岁的马云决心南归杭州创业,开始组建自己的又一个创业公司——阿里巴巴。

在马云看来,企业成功的经验各有各的不同,但失败的教训是相似的。

"我最大的心得就是思考别人怎么失败的,哪些错误是人们一定要犯的。"马云表示,做企业着实不易,"95%的企业都倒下了",避免犯倒下的人犯的错误,"把错误变成营养",就能成为那幸存的5%。(来源:http://www.sohu.com/a/158884537_99933865,访问时间:2019年7月28日。)

思考与探索

1. 结合案例,请阐述你对初创企业成长规律的认识和理解。
2. 结合案例,阐述初创企业管理的特点与策略。
3. 结合案例,分析初创企业避免失败的方法与策略。

第二节 创业企业成长期管理

当企业度过了以生存为主要特征的阶段后,企业发展就进入了成长期。而进入成长阶段的企业,其成长性并不相同,有的企业成长速度慢,而有的企业成长速度快。

一、成长期的特征

企业度过初创期后,随着产品和服务逐步被市场认可,销售收入不断增加,规模不断扩张,出现了非常强烈的成长冲动。从内部看,一方面,企业追求更多的利润;另一方面,创业者渴望权力。从外部看,市场对产品产生的需求要求企业扩大规模,或者某项新发明创造出新市场从而促进企业成长。

企业成长是一个动态过程,是通过创新、变革和强化管理等手段积累、整合资源并促使资源增值进而追求企业持续发展的过程。企业成长包括质和量两个方面。企业成长的量主要表现为企业经营资源的增加,包括销售额、资产规模、利润等;企业成长的质主要表现为变革与创新能力,指经营资源的性质变化、结构的重组等,如企业在创新、环境适应等方面的能力。所谓成长型企业,是指在较长时期(如5年以上)内,具有持续挖掘未利用资源的能力,不同程度地表现出整体扩张的态势,未来发展预期良好的企业。一般情况下,人们将销售收入增长速度超过行业增长速度且职工人数相对于创业初期有大幅度增加的企业界定为快速成长企业。

在企业成长过程中,快速成长的机会很难预料,但成长需要在企业内部做好准备。第一，确定目标。在通用电气公司的战略规划中，首要的问题不是"什么市场有着最大的成长潜力"，而是"每一市场的最低成长限度是什么，我们能否赶得上它吗，哪个市场部分（即使在缓慢成长的市场中）为我们提供了最好的机会"。企业的成长目标必须适当。企业需要把握能在风险和各种资源回报之间取得平衡的各种活动、产品和业务的组合。超过了平衡点，利润率的提高就会使风险大大增加；而低于平衡点，减小风险又会使生产率和利润率急剧下降，从而危及企业的市场地位。第二，营造氛围。正因为IBM为成长做了多年的准备，才能够在障碍一经消除就立即开始成长。IBM的事例表明，一家企业为了获得成长能力，必须在其内部营造一种持续学习的气氛，必须使所有成员，包括等级最低的员工，都愿意并准备承担新的、不同的、更重大的责任，并将其看成是理所当然的事。第三，准备人才。企业可以从外部引进各类专家或专门人才，但从根本上说，成长必须是来自企业内部的，即使是通过兼并、收购而获得的成长。而且，成长必须建立在公司的核心优势之上。第四，做好财务规划。必须为建立一个更大的企业做好财务上的规划，否则，当成长开始时，企业会发现自己处于财务危机之中，并可能因此使成长遭遇挫折。对于中小企业，即使是规模不大的成长，也会很快超过其财务基础，在人们一般很少注意的领域提出财务上的要求，使得现有的资本结构安排无法起作用。

二、企业成长的障碍

从数量上看，创业企业的数量很多，但能够实现成长的企业却不多，其中实现快速成长的企业则更少。新企业的成长会遇到各种限制和障碍。

（一）成长的资源限制

一家企业不可能无限制地扩张，新企业的快速成长往往会受到内部的管理能力、市场及资金等多方面的制约。

第一，管理能力制约。彭罗斯把企业视为一种有意识地利用各种资源获利的组织。她认为生产性资源（包括物质资源和人力资源）是任何企业必不可少的，但对企业至关重要的并不是要素本身，而是对它们的利用，即生产性服务。作为一种"功能"或"行动"，"服务"而非"资源"才是每个企业独特性的根源。生产性服务又有"企业家服务"和"管理服务"两个相对照的部分。前者用来发现和利用生产机会，后者用来完善和实施扩张计划，它们都是企业成长不可或缺的。不过在某种意义上，企业家服务对成长的动机和方向影响更深远，企业家管理是企业持续成长的必要条件。管理能力不足是企业成长的最大障碍，该观点被称为"彭罗斯效应"。企业在某个时点拥有的管理服务数量是固定的，一部分要用于企业的日常运作（不扩大规模）；另一部分用于扩张性活动，比如开发新产品，开发市场。假定企业的管理队伍不变，在这种条件下，企业成长所需的新增管理服务来自于两个途径：一是随着组织结构的调整，工作程序化增强，管理服务出现盈余，从而给企业带来持续的增长；二是由于"学习效应"，管理者越来越熟悉企业的经营活动，可以在不降低现有工作质量的前提下，额外安排出管理服务以支持企业成长。因此，如果管理企业当前事务所需的管理服务与企业规模成一定比例，而且企业扩张所需新增管理服务与扩张规模也成一定比例，则企业能够按照这一固定比例成长；否则就会出现管理危机，影响效率。

第二，市场容量限制。市场是企业得以生存与发展的土壤。企业家创业往往基于创新，包括向消费者推出全新的产品和服务，或对现有的产品和服务进行明显的改进。一旦企业实现了初期的快速成长，很快就会有其他的企业跟进，或者进行简单的模仿，或者予以改进和创新。不难理解，先进入的企业成长速度越快，跟进的企业就越多，企业家就会在更短的时间内面临激烈的竞争，信息发达和市场开放使这种规律更加明显。

众多竞争对手的加入，使顾客有了更大的选择空间。随着新产品在市场上经营时间的延长，顾客对产品的成本、价格及众多企业间竞争的情况将了解得越来越充分，竞价能力变得越来越强，此时的顾客往往要求较高的产品质量或索取更多的服务项目、更低的价格。无疑，顾客竞价能力增强使成长中的企业不得不调整市场战略以赢得新顾客和维持已有顾客。在企业自身方面，初创企业普遍是在行业内的细分市场上创业与经营，随着企业规模的扩大，初期的目标市场容量将无法支撑企业快速发展的需求，企业家必须寻求扩张，其一般通过地域扩张或产业延伸等途径实现扩张。企业在地域方面的扩张，往往受各地文化、法律和市场环境的影响；产业延伸则会面临多元化经营等相关障碍。这些情况都会改变成长中的企业运作环境，环境变得复杂而且很难被预测，可预见性的减弱进一步导致了管理的复杂。如果企业家不能很好地解决这些问题，市场局限性就会增强，最终阻碍企业继续扩张与成长。

第三，资金约束。企业的快速成长需要具备相应的资产，资产的来源主要有两种：负债和所有者权益。由于企业存在最优的负债结构，负债的多少往往取决于所有者权益的多少，因而企业的成长取决于所有者权益的增长。成长的主要表现是销售额的增加，而销售额的增加又要求资产的增加，这就意味着需要更多的资金来增加资产。这种情况下，尽管销售额的增加会为公司带来利润，但总体来看，负的现金流产生的资金问题也就随之产生。虽然公司可以通过提高财务杠杆来满足资金的需求，但一旦负债容量达到饱和、不能得到新的资金，企业的成长就会受到严重制约。

（二）持续创新和战略规划能力不足

富于创新是推动企业成长的主要动力。企业创立之后，创业者关注的核心问题是销售和生存，他们将大部分的精力和资源都投入市场的拓展，初期创新的推动力量会随消费者熟悉程度的增强和竞争对手模仿行为的增多而减弱。在缺乏资金、技术、人力资源和组织保障的情况下，中小企业的创新业绩会减弱，与竞争对手的模仿行为相比，由组织机制带来的改善随着企业的快速成长而显得力不从心，企业的创新机制需要从企业家个人行为转变为组织行为。生存的压力迫使初创企业更加注重行动而非战略思考，甚至许多人认为初创企业和中小企业没有也不需要战略规划。事实上，缺乏战略规划是制约企业成长的关键因素。

（三）创业者角色转变及管理团队建设滞后

在企业规模很小、经营业务比较简单的情况下，仅仅依靠创业者个人努力就可支撑企业运转，但在企业规模扩大、经营活动范围扩展、组织层次增多之后，仅仅依靠创业者个人的力量绝对不够，必须依靠企业全体员工的共同努力。因此，随着小企业的发展，适当弱化创业者在小企业经营中的决定性作用，更好地发挥团队的力量，是十分必要的。适当弱化创业者在小企业经营中的决定性作用，并不是说要降低创业者在小企业中的作用，也不是单纯把企业经营决策权从创业者手中分散给其下属，而是要把创业者个人的贡献转化成集体的成绩，将创业者成功的经营思想转化成企业文化的一部分，将企业融入社会整体之中，使企业的发展与社会的发展同步。这样的企业才真正具有持久的竞争力，才具有长期生存与发展的根基，才能摆脱小企业因规模小而面临的种种困扰。

三、创业企业成长期管理

成长期的创业企业与创立初期的创业企业相比，管理重点相应发生了变化，主要表现在以下五个方面。

（一）注重整合外部资源，追求外部成长

中小企业的人财物资源相对匮乏，因此借助别人（既包括竞争对手也包括合作者）的力量而发展壮大自身显得更加重要。这也是快速成长的企业特别擅长的策略，而通过上市获得短缺资源并迅速扩大规模是实现成长的捷径之一。首次公开发行股票（Initial Public Offerings，简称IPO），是指企业通过证券交易所首次公开向投资者发行股票，以期募集用于企业发展的资金的过程。IPO通常是企业家的梦想，标志着成功、财富和市场认可。IPO不仅使企业获得了发展所需要的大量资金，还为企业家创造了大量的财富。在资本市场发达的今天，创业者通过在国内外证券交易所上市，创造了许多财富神话。例如，1976年，两个20多岁的青年设计出了一种新型微机（苹果一号），受到社会欢迎；后来，风险投资家马克首先入股9.1万美元，创办了苹果公司；1977年至1980年的3年时间里，苹果公司的营业额突破了1亿美元；1980年，公司公开上市，市值达到12亿美元，1982年便迈入《财富》杂志500家大公司行列，成为创立5年之内就进入500家大公司排行榜的首家企业。苹果公司的上市犹如核爆炸的成功一样震撼着世界，早先在苹果公司下赌注的风险投资家更是大获而归，1美元的投资可获得243美元的回报。

（二）企业人力资本管理

快速成长企业的一个共同的成功要素是其强有力的人力资源管理。快速成长企业的经营者并不一定要受过高等教育，但他们要雇用一大批有能力的下属，通过构建规模较大的管理团队以让更多的人参与决策。首先，良好的工作环境。包括有竞争力的工资收入、利润、良好的工作条件以及健康保险等，由于小企业员工需要承担企业破产的风险，因此企业有义务为员工解除后顾之忧。例如为员工提供明确、持续的指导，并为他们提供开展工作所必需的各种资源。其次，成长的机会。成长的机会使员工感到安全，其表现形式多种多样，对于不同的员工，成长机会有不同的内容，可以是晋升，也可以是工作转换。但是人们需要改变一个错误的观念，即认为能够为员工提供稳定的工作和适度的退休金，员工就会感到安全；员工的安全感还来自于他们在学习或工作中掌握的各种技术与能力，企业为员工提供的学习技术和培养能力的机会越多，就越能鼓励员工通过学习提高自身应对变化的能力，从而更好地保障员工的未来安全。再次，员工有机会分享企业的成功。小企业所能提供的工资水平总是比不上大企业，更为不利的是，小企业有失败、被兼并和被收购的危险。事实上，小企业的员工总是承担着企业的部分经营风险,一旦企业倒闭,他们的生活就失去了保证。所以,让员工分享企业的成功才是公平的办法。例如一些优秀的小企业采用利润分享计划,让员工持股,并且可以根据需要随时兑换成现金,这是一种很好的员工激励机制。

(三)从创造资源到管好、用好资源

新企业的成长是靠资源的积累实现的,如果企业积累的资源不是被企业占有,而是被企业中的个人(不管是创业者、高层管理者还是一般的员工)占有,将威胁企业的成长。例如,东方数据公司在某石油物理勘探公司内,主要从事海上及陆地勘探资料的数据处理和地质解释。由于多年的积累和抢先投资购入先进设备,东方数据公司无论在设备的领先程度还是人员的素质和经验方面都走在国内的前列,特别是大型SUN计算机的引进,不仅使公司获得了巨额订单,一年内就收回投资,还使公司拥有了在技术设备方面的核心竞争力,提高了服务的质量和效率水平。因此公司的利润始终稳定地保持在较高水平,每年平均都在500万元以上。东方数据公司在地质数据处理及解释行业等领域,已经得到了较为广泛的认可,并逐步积累了充足的技术经验与优势。但是由于公司资源被个人占用的情况较为严重,客户管理工作不够周密,导致公司业务和人才的流失,"培养"了一大批竞争对手。因此,快速成长企业需要从注重创造资源转向管理好已经创造出来的资源,从资源开创转向资源的开发利用。需要采取必要的措施,管理好客户资源,管理好有形、无形资产,通过现有资源创造最大价值。

(四)形成企业价值观和文化氛围

企业价值观是支持企业发展的灵魂。大多数快速成长的企业都有比较稳定的企业价值观,用以支持企业的健康发展。对小企业而言,企业价值观一般是企业创建者自身价值取向的体现,这种取向直接影响着企业的发展。对成功企业的研究表明,在发展过程中,只有很少一部分企业从根本上改变了原有的价值取向,而大部分企业的价值观变化甚微。企业价值观的稳定性保证了企业发展的稳定性,有助于企业管理者与员工在企业战略上达成共识。通常,快速成长企业的创建者非常热爱自己所从事的事业,他们审时度势,认同和吸收符合社会发展方向的价值观念,并倾注全部心血使企业的价值观延续下去。

(五)重视用成长的方式解决问题

每个企业在成长过程中都会遇到各种各样的障碍。有的企业在障碍面前止步不前,有的企业则将阻碍变成动力,适时变革,积极应对,实现了新的发展。通过对企业实际做法的考察发现,差别在于经营者应对障碍的方式方法不同:一些

企业经营者采取的是被动的方式，用"救火式"的方法应对发生的各种问题，结果是"按下葫芦起来瓢"，问题反而更多、更复杂；而另一些企业经营者则采取了另外的方法，他们注重变革和创新，用成长的方式解决成长过程中出现的问题，其本质是推动并领导变革。从快速成长企业的实际经验看，成功的企业家在以下几方面往往表现得更为突出。第一，在成长阶段主动变革。创新和变革是推动企业乃至社会发展的主要力量，但需要付出成本。企业在创业初期特别是成长阶段实施变革的成本小，因为较强成长性可以为企业提供变革所需要的资源，可以吸引优秀的员工，进而减轻来自内部的变革阻力。第二，善于把握变革的切入点。企业变革不可能一下全面展开，需要把握好切入点，由点到面，层层深入。这种策略有许多好处，首先是变革的成本比较小，其次是见效快。变革的阻力主要源于人们对未来发展风险的预期以及对变革成功的疑虑，把握好切入点，从局部推进变革，往往可以在短期内取得效果，进而增强人们对变革的信心；而且这种方式的变革容易掌控。第三，重视人力资源的开发。计划变革但找不到合适的人才实施变革，是创业企业家在成长过程中经常面临的最大困境。重视人才储备，采取更为积极的人力资源政策，注重从内部及外部广泛挖掘人才，对变革的成功至关重要。第四，注重系统建设。企业成功的重要原因之一是拥有辅助日常经营活动的体系，即"经营系统"。埃里克·弗拉姆豪茨（2011）这样描述经营系统：建立经营系统是为了有效地工作，一个企业不仅要从事生产或服务，还要合理地管理基本的日常经营活动，包括会计、制表、采购、做广告、招聘人员、培训、销售、生产、运输和相关系统。企业在创建初期容易忽略经营系统的建立和发展，但随着规模的扩大，特别是当规模超过了其组织的运作能力时，这些系统就会承受越来越大的压力。

四、创业企业成长战略

初创企业在成长过程中最为突出的是发展战略问题。初创企业通常规模较小，但同样需要制定战略规划。明确的发展战略规划对初创企业来说至关重要。有了清晰的发展战略，初创企业可以集中并有效地利用自身资源和有意识地积累资源，进而降低资源不足对初创企业发展的制约。日本的佳能、本田等成功的企业，几十年前还是落后的、弱势的企业，根本不被福特、施乐和卡特·彼勒等美国的大公司看在眼里，但日本佳能等企业在当时就有明确的战略目标。这些企业在初期大多生产一些利润较低且被大企业忽略的产品，灵活地运用自身的资源，然后逐渐培养企业的制造能力，增强企业对市场的了解，积累实力。日本企业成功的奥秘在于战略意图清晰。例如，日本的佳能公司一开始就抱定"击败施乐"的战略意图，先掌握施乐的专利技术，获取技术许可；然后依靠施乐的技术生产产品，获取市场营销经验；最后强化内部的研发力量，许可其他制造商使用自己的技术，进一步强化自身的研发能力，进入施乐力所不及的日本和欧洲市场，最终成为施乐强有力的竞争对手。制定与实施战略决策，有助于小企业将精力集中于影响企业经营绩效的那些关键因素和环节，注重企业的发展方向与未来环境的适应性；积极主动地应对变化，利用环境变化中存在的各种机会，使企业在变化的环境中发展壮大。在起步阶段，初创企业的规划往往是非正式的，其战略意图也是模糊不清的，但随着时间的推移，初创企业的战略规划应该受到高度重视。

（一）新产品开发战略

新产品开发是指创造和销售新产品以增加企业收入的一种方式。在很多快速变化的产业中，新产品开发为竞争所必需。例如，计算机软件行业由于受到摩尔定律的作用，必须不断开发新产品才能在竞争中获得优势。又如3M公司把持续开发新产品作为企业生存的根本，其使命就是要成为"世界上最具创新性的企业"。尽管开发创新型的产品能获得丰厚的回报，却是一种高风险的战略。有效的新产品开发应遵循以下五个步骤。（1）发现需求并满足它。很多成功的新产品满足了目前尚未被满足的需求。（2）开发市场增值产品。最成功的产品还必须通过某种方式为顾客带来更多价值。（3）平衡质量和价格。每个产品都代表着质量和价格的一种均衡。产品质量与价格一定要匹配，顾客愿意为高质量的产品付高价，而不愿意为低质量产品付高价。（4）关注目标市场。每个产品都应该有一个特定的目标市场。这种专一性有利于企业有的放矢地进行促销活动并选择合适的分销商。（5）进行持续的可行性评估。一旦新产品上市，可行性分析和营销研究就不应该停止。应该通过焦点小组和调查来测试产品反馈，在合适的时机对产品进行渐进性调整。

（二）新产品衍生战略

企业通过改进现有产品，增强现有产品的市场渗透，采用产品扩张战略来实现成长。主要有以下四种做法。（1）改进现有产品。改进现有产品的方法，包括包装的变化、容量的变化、材料的变更、产品设计的变更、机能的变化等。改进产品意味着提高价值和价格潜力，增强新产品的获利能力。（2）施行市场渗透战略。企业通过强有力的营销行动或不断提高产能和效率来增加产品的销售。提高销售量的做法主要由增加广告支出、加大促销力度、降价销售或扩大销售队伍的规模来实现。（3）扩张产品线。企业通过制造其他规格的产品可以吸引不同的客户。由于不同规格的产品可以采用价格歧视的方法来定价，从而获取针对不同价格目标群体的销售。（4）地理扩张。很多企业仅仅从原始地点扩张到了新地域，就实现了增长。这种扩张在零售业、酒店业最为普遍。通过开设连锁店或分店的模式实现规模与利润的增长。

（三）国际扩张战略

国际扩张是企业快速成长的另一种形式。例如，新企业开始创建时，就把全球视为它们的市场，而不是将自己局限于某个国家，力图利用资源在多个国家销售产品以获得竞争优势。一旦企业决定采取国际扩张战略，首先要评估国际市场成长的可持续性，其次要结合自身优劣势，综合考虑选择许可经营、合资经营、特许经营、总承包项目以及全资子公司中的某一种扩张形式，实现企业的加速发展。

（四）企业并购战略

企业并购是指一个企业购买另一个企业的全部或部分资产或产权，从而影响和控制被收购的企业，以增强企业的竞争优势，实现企业经营目标的行为。从并购双方所处的产业状况看，并购可以分为以下三种形式。（1）横向并购，指生产同类产品或生产工艺相似的企业间的并购。这种并购，实质上是资本在同一产业和部门内集中，迅速扩大生产规模，提高市场份额，增强企业的竞争能力和盈利能力。（2）纵向并购，指通过处于生产同一产品的不同阶段的企业之间的并购，从而实现纵向一体化。纵向并购除了可以扩大生产规模、节约共同费用，还可以促进生产过程中各个环节的密切配合，加速生产流程，缩短生产周期，节约运输、仓储费用和能源。（3）混合并购，指处于不同产业部门、不同市场，且这些产业部门之间没有特别的生产技术联系的企业之间的并购，主要包括产品扩张性并购、市场扩张性并购和纯粹的并购。混合并购可以降低一个企业长期从事一个行业所带来的经营风险，另外通过这种方式可以使企业的技术、原材料等各种资源得到充分利用。

通过并购，企业可以在极短的时间内将企业规模做大，提高竞争能力，降低进入壁垒的风险和企业发展中的其他风险，还可以促进企业的跨国发展，增强对市场的控制能力。为保证企业并购成功，应该注意以下三个问题。一是目标公司应与本企业的发展战略相吻合。收购之前，必须是在企业战略的指导原则下来选择目标公司，使目标公司与本企业的发展战略相吻合，才能提高并购的成功率。二是并购前应详细审查目标公司。许多并购失败是由于事先没有能够很好地对目标公司进行详细的审查，由于信息不对称，收购结束后，企业才发现双方的企业文化、管理制度、管理风格很难相互融合，因此很难将目标公司融合到整个企业的运作体系当中，从而导致并购失败。三是合理估计自身实力。在并购过程中，收购方通常要向外支付大量的现金，这要求企业具备很强的实力和良好的现金流量，否则企业通过大规模举债完成并购会导致本身财务状况恶化，企业很容易因沉重的利息负担或者到期不能归还本金而导致经营状况恶化甚至破产。

案例7.3　发展萌芽：创新种子的缔造者

从19世纪70年代爱迪生擎白炽灯登上电力世界舞台，到20世纪60年代通用电气拓展了电力、军工、核能和航天航空等业务集团，在近百年间，通用电气形成了罕有匹敌的创新机制。

从爱迪生、汤姆生创业时期，通用电气就开始了创新传统的塑造历程，企业家精神、创新传统、科技力量、研发能力与时俱进，推动和护佑着企业成长。

在公司成立初期，总裁查尔斯·科芬领导通用电气公司建立起完善高效的中央集权式职能制组织结构，最大限度发挥合并的优势。在新的发展时期，由于创新需求加强，公司构建起有组织且实力雄厚的科研力量。

在第二代领导者杰拉德·斯沃普时期，通用电气公司多元化发展进入消费类电气产品等全新业务领域，加强了公司的市场力量，使业务发展更加平衡健康、可持续。

从第二次世界大战到1951年，总裁拉尔夫·科迪纳对公司组织结构和管理制度进行全面改革，公司的科技实力、业务多元化、公司规模和价值总量都经历了令人叹为观止的巨大发展。

公司创新组织结构，实行分部制和分权化改革，构建职业化管理制度，成为美国最优秀管理人才的西点军校，成为科技进步的代表，创新的源泉，为国家经济社会发展，国防安全等做出重大贡献。哈佛大学教授丹尼斯·恩卡纳西翁做过一个调查，发现全美《财富》500强中，有173家公司的CEO是从通用电气公司出去的。

通用电气公司的企业创新机制可以归纳为：在具有创新精神的企业家战略高层领导、控制与协调下，科研、组织结构、人力资源、资金、市场力量和外部关系等要素间协同合作，互动发展，推进公司的不断成功创新和长期可持续发展的动态机制。(来源:《砺石商业评论》2018年6月11日。)

案例7.4　小肥羊企业创业成长的要素分析及启示

小肥羊企业创立于1999年，成长迅猛，2003年就夺得了我国成长企业百强冠军，2008年在我国香港成功上市。火锅涮羊肉的吃法在我国由来已久，因为传统食法都是蘸小料的，羊肉的腥膻不被南方人接受，因此区域性很强，很难被推广。小肥羊企业创始人张钢发现了商机，开创了新食法——"不蘸小料涮羊肉"，取代小料的是更完美的锅底汤料。汤料中的滋补品对身体有极好的滋补作用，还可以去掉羊肉的腥膻味。这种食法不仅受北方人喜爱，也极大地吸引了非常讲究饮食营养健康的上海人、广东人等。张钢发现了商机，也善于利用各种可以实现商机的资源。小肥羊公司的羊肉来自于天然、无污染的内蒙古大草原。正是因为张钢具有敏锐的市场洞察力及卓越的前瞻力，识别了商机，并且寻找到可以实现商机的资源，利用独特的区域优势，小肥羊企业创立并成长起来。

小肥羊企业在创业成长初期，创新商业模式，运用连锁加盟的方式，靠品牌输出来实现盈利，迅速抢占市场，连锁加盟店最多时达700多家。但是因为运营不规范，管理上出现问题，小肥羊品牌曾受到重创。于是，从2005年开始，小肥羊企业建设完备的后台系统和食品安全体系，投入巨资建成我国最大的羊肉屠宰生产基地，和世界最先进的火锅汤料生产企业以及物流配送体系。小肥羊企业在全国各地的分店也缩编至300多家，并且趋向于直营化经营。经过资本运营，小肥羊企业于2008年在我国香港成功上市。小肥羊的创业战略是以经营小肥羊特色火锅及特许经营为主业，兼营小肥羊调味品及专用肉制品的研发、加工及销售。小肥羊企业构建了垂直一体化的大产业链发展模式，目前拥有调味品基地、肉业基地、物流配送中心和外销机构。搭建起从牧场田间到餐桌的食品安全保障体系。着力打造"成为领先的全球餐饮及食品服务供应商"的战略目标。创业学习对新创企业的成长是关键。小肥羊企业的管理层热爱学习、善于学习，总是能将学到的知识运用到对小肥羊企业的管理实践中来，比如，对加盟店的管理，采取国际化的方式，改变过去一次性收取加盟费的方式，改成年收入4%作为加盟费。

创业者发现商业机会后，要寻找、挖掘能利用机会来创业的资源，这些都需要创业者的素质、眼光、胆略。创业者不仅要有前瞻力、洞察力，还要善于经营和管理。有了机会，也找到了资源，并不意味着就能够得到市场响应，还需要有好的商业模式。小肥羊创新商业模式，占据中国中餐连锁第一名。所以，新创企业成长,一定要有一个独特的、引领企业成功的商业模式。同时,创业战略也很重要,新企业的创业战略决定了该企业的创业成长效果。(来源:屈燕妮、孙晓光:《新创企业成长要素分析及启示》,载《商业时代》2012年第4期。)

案例 7.5　京东商城的发展战略

从 2004 年至 2012 年,短短八年时间,京东商城已经成为全国电子商务领域最令人瞩目的初创企业之一,回顾其成长历程,我们不难发现,正确的战略选择对其生存和发展产生了极其重要的影响。

市场开发战略——从实体连锁店到网上商城

京东商城在 1998 年创业之初,定位为传统渠道商;到 2001 年,打算复制国美、苏宁的商业模式经营 IT 连锁店;到 2003 年,京东商城的 IT 连锁店已经发展到十多家;但最后由于"非典"的到来而被迫歇业。面对生存压力,京东公司于 2004 年创办了"京东多媒体网",开始尝试用线上和线下相结合的模式经营产品。2005 年,公司最终下定决心关闭零售店面,转型为一家专业的电子商务公司。从实体连锁店转型到网上商城,京东商城获得新的、可靠的、经济的、高质量的销售渠道,实现了市场开拓的战略目标,从而迅速摆脱困境,顺利度过了创业初始期,走上了稳步发展的道路。

一体化战略——创建自己的物流配送中心

鉴于国内物流体系还不够发达,服务品质和效率还远远满足不了顾客的需求,在绝大多数电商还在使用第三方物流配送时,京东商城从 2007 年就开始实施纵向一体化战略,建造自己的物流系统,陆续在北京、上海、广州、成都、武汉、沈阳建成了六个一级物流中心,在全国超过 170 个城市建立了配送站,还将投资数十亿元建设"亚洲一号"一级物流中心。目前,京东商城的自营配送已经能够覆盖 70% 以上的订单,不仅极大地提升了消费者的购物体验,同时也便于加盟京东开放平台的品牌商更好地开展电子商务。

多元化经营战略——从 IT 产品到日用百货

京东商城从 IT 数码起家,迅速发展成为国内最大的 IT 数码网络零售企业。之后,京东商城凭借购物方式便捷、价格实惠、服务完善的"B2C"电子商务模式的优势,开始实施多元化经营战略,于 2008 年进入家电领域,连续三年保持 200% 的增长;2010 年在图书领域异军突起,目前已与当当、卓越形成了三足鼎立的局面;2010 年年底京东开放平合上线,不到一年就吸引了 4000 多个品牌商入驻。如今,京东商城在 IT 数码、家电、图书、日用百货等多个垂直领域取得了傲人的业绩。（来源：葛海燕：《大学生创业教育与指导》，清华大学出版社2013年版。）

思考与探索

1. 结合案例，阐述企业成长期的典型特征。
2. 结合案例，分析新企业成长管理的主要原则和策略。
3. 结合案例，分析制定创业企业成长战略的重要性及步骤。

第三节　创业企业财务管理

财务管理是创业企业管理的重要内容。树立财务管理意识、重视财务管理问题、建立完善的财务管理制度，是财务管理产生效率的前提条件。

一、创业资金预算

初创企业到底需要多少资金呢？资金多了，会造成浪费；资金少了，可能会使现金断流，企业过早夭折。从新企业融资的角度来看，应该首先编制一份创业成本的清单，或为使企业运转起来而发生的成本清单。创业成本一般包括固定资产和流动资产的投入成本、企业的营业成本及税收等，如工资、设备、广告、租金、库存、税收等费用。如果企业要购买任何长期资产，比如经营用的房屋建筑物，同样要计入创业成本。表7.4是一家小公司的创业成本预算表，通过该表可以看到，一般企业至少要准备三个月以上的准备金。通常由于要投入固定资产及一些注册资本，第一个月的成本相对较高。对于较大的企业，固定资产的投资可能延续到以后的几个月甚至更长。

表7.4　某公司三个月的创业成本预算表

（单位：元）

项目	第一月支出数	第二月支出数	第三月支出数	三个月总支出数
创业者工资	6000	6000	6000	18000
员工工资	12000	12000	12000	36000
租金	4500	4500	4500	13500
广告费	1000	1000	1000	3000
用品支出	1500	1500	1500	4500

续表

项目	第一月支出数	第二月支出数	第三月支出数	三个月总支出数
电话费	300	300	300	900
水电费	300	300	300	900
保险费	30	30	30	90
税收	400	400	400	1200
设备费	20000			20000
设备安装维护费	50	50	50	150
开始的库存	10000			10000
营业执照	100			100
押金	2000			2000
现金	15000			15000
其他	3000			3000
总计	76180	26080	26080	128340

估算出创业成本，为筹集资金和新企业启动奠定基础。第一，能测定企业开始创建时需要的资金总量。这一估算对确定从什么地方筹集所需资金至关重要。第二，能对现有资本和估算成本进行比较，准确判断所持资金是否安全。第三，能决定一旦获得资金将如何运用它。明白哪些成本是可以节省的，而哪些成本是必需的。

二、预编财务报表

在分析创业成本和资金使用用途之后，下一步就是预编财务报表。对于成功的创业者而言，至少应该能够阅读各种财务报表并做简单的财务分析，这样才能制定正确的融资方针和措施。最主要的财务报表包括资产负债表、利润表以及现金流量表；通过对其的分析，创业者能够较全面地了解企业的经营和财务状况。对于投资者来说，新企业的预编财务报表能够使其了解新企业的财务运行情况，从而调整自己的融资决策。

（一）资产负债表及其分析

资产负债表反映各个期末（月末、年末）企业拥有的或控制的经济资源，企业所承担的债务和企业所有者享有的权益，它能够总括反映企业在该月或该年的财务状况，表 7.5 是某公司在筹集到 450 万元的货币资金后预编的资产负债表。

表 7.5 预编资产负债表

（单位：万元）

项目	初期	第一年	第二年	第三年
流动资产				
货币资金	450	26	23	24
应收账款		209	237	273
存货		203	227	255
其他		8	10	11
流动资产合计		446	497	563
固定资产				
固定资产总值		264	282	302
减：累计折旧		20	43	71
固定资产净值		244	239	231
资产总计	450	690	736	794
流动负债				
应收账款		62	90	102
应付税金		36	25	26
其他应付款		10	10	10
流动负债合计		108	125	138
长期负债		105	95	85
负债合计		213	220	223
所有者权益	450	477	516	571
负债及所有者权益总计	450	690	736	794

资产负债表的分析如下。(1) 资产负债表反映的是某一时间点上企业的财务状况，反映该时刻企业的资产、负债和所有者权益的状况。(2) 资产负债表是一个"均衡"表，遵循会计原理的基本公式：资产 = 负债 + 所有者权益。由表 7.5 我们可以看到，该企业每年的资产和负债及所有者权益都是相等的。(3) 平衡表中的数据都是按原始成本计算的，而不是按资产的市价计算。(4) 将资产负债表

上各项目的期末数和期初数进行对比,可从总体上了解企业财务状况的走势,分析不同时期财务状况的变化,判断财务状况是趋于好转还是趋于恶化。如表 7.5,资产和所有者权益每年都在增加,而负债基本不变,说明该企业财务状况还是比较好的。(5)依据资产负债表上的信息还可以对企业的财务及营运能力做更精确的分析,如计算资产负债率、流动负债率、流动比率、速动比率等都能更好地了解企业的状况。

(二)利润表及其分析

利润表又称损益表,它是反映企业一定时期(月度或年度)经营成果的报表,是根据"收入 – 费用 = 利润"的会计平衡公式和收入与费用的配比原则编制的。通过利润表可以考核企业的获利能力以及分析利润增减变化的原因,预测企业利润的发展走势,为投资者和企业管理者等利益相关人提供财务信息。利润表对所有企业主来说都是一张记分卡。如果企业不盈利,企业主核查一下利润表就能知道亏损的原因。企业主能够在净损失尚未导致企业破产前采取措施对出问题的地方予以纠正。表 7.6 是某公司预编的利润表。

表 7.6 预编利润表

(单位:万元)

项目	第一年	第二年	第三年
销售收入	1239	1491	1620
减:销售成本	992	1201	1274
销售利润	247	290	346
减:销售和管理费用	129	143	161
减:折旧	20	23	28
税前利润	98	124	157
减:所得税	51	66	83
净利润	47	58	74

利润表的分析如下。(1)利润表不同于平衡表,它是一段过程记录,通常反映企业一年、一季或一月的营运状况。创业者可以利用利润表提供的会计信息,了解企业在某一经营期间实现利润或发生亏损的情况,评价企业经营业绩的好坏,分析企业盈亏增减的原因,预测未来盈利能力的变化趋势,从而做出相应的决策。(2)有一些支出并没有发生资金的流出,只表现为应付账款,但在下一期会表现出来,还有一些支出(如折旧),不是现金的流出。(3)要分清业主的报

酬与员工的报酬。员工的报酬（如工资、奖金、补贴）应算作费用计入成本，而业主的所得却要从纯利中支出。（4）预编利润表中的收入及利润估计值极大地依赖于创业者对销量的估计，也依赖于对成本的估计，因为销售量的任何增长都将伴随成本的上升。因此，创业者既应对市场做更充分的调查，也应对成本有准确的估计。

（三）现金流量表

现金流量是某一段时期内企业现金流入与流出的数量。创业者应当明白现金流量并不等于利润。一个可以盈利的企业也会由于现金的短缺而破产。所以，如果现金流量出现明显的亏空，仅用利润这个指标来评估初创企业是否成功，就可能导致错误的结论。因此，创业者在创业之初，一定要注意资产的流动性，密切关注现金的流动。如果企业的资金周转不畅，那必然会死气沉沉，虽不倒闭也离倒闭不远了。现实中这样的情况很多，一些企业的账面上营业收入、利润均很多，却多为呆账死账，这就掩盖了现金缺乏的事实，给企业带来极大的隐患。表7.7是某公司预编的现金流量表，从表中可以看出，它的现金状况是良好的。

表7.7　预编现金流量表

（单位：万元）

项目	第一年	第二年	第三年
经营活动产生的现金流量			
销售商品、提供劳务收到的现金	1239	1491	1620
现金流入小计	1239	1491	1620
购买商品、接受劳务支付的现金	510.5	551.6	632
支付给职工的现金	300	300	350
支付的税金	51	66	83
支付其他与经营活动有关的现金	13	20	34
现金流出小计	874.5	937.6	1099
经营活动产生的现金流量净额	364.5	553.4	521
投资活动产生的现金流量			
购建固定资产所支付的现金	264	18	20
投资活动产生的现金流量净额	-264	-18	-20
筹资活动产生的现金流量净额			
吸收权益性投资所收到的现金	477	39	55

续表

项目	第一年	第二年	第三年
现金流入小计	477	39	55
分配股利所支付的现金	16.2	18	18
现金流出小计	16.2	18	18
筹资活动产生的现金流量净额	460.8	21	37
现金流量净额	561.3	556.4	538

现金流量表的分析如下。(1)资产负债表和利润表只能表现企业某一时期的经营成果，并不能表现企业具体现金收支情况，如某企业销售一批商品，2005年12月完成商品所有权转移，但并未收到现金，这笔收入会以应收账款的形式算作营业收入反映在资产负债表和损益表上。有可能直到2006年3月，企业才收到钱，那么，这一收入就不能再记入资产负债表和损益表，只有现金流量表能反映企业实际的现金收支情况。(2)现金流量表反映公司在一定时间内现金来源的应用情况，如表7.7所示，主要包括三个方面，即经营活动现金收支、投资活动现金收支、融资活动现金收支。(3)如果出现异常，就应该提前预警。(4)扩大收益，发挥企业的营运能力。

(四)现金流管理

通过对财务报表的分析，我们知道，创业者应该花更多的时间对现金流进行管理。对现金流影响最大的是应收账款、应付账款以及存货。如果能够加快应收账款的回收，延迟应付账款的支出，保持适度的存货水平，就能够显著地降低现金危机。

(1)应收账款。许多客户希望能够赊账消费，所以创业者为了避免客户流失，不得不延长赊账期。这使企业的大量资金以应付账款的形式存在，减少了现金供应，削弱了企业的营运能力。对于缺乏资金周转的新企业来说，应付账款的增加可能给企业带来毁灭性的打击。因此，创业者在创建企业之初就应建立可行的赊账和回收政策。一是在准许赊销之前仔细地筛选客户。要求客户填写详细的赊销申请是预防坏账的第一道防线，在赊给客户之前，创业者以此来充分收集有关客户信用的信息，然后再利用这些信息建立并验证未来的客户信用指标。二是建立企业的书面信用政策，让每位客户预先知道企业的赊账条款。三是采取各种措施，加快回收应收账款。如迅速递送购货账单，因为客户在收到账单之前，很少会主动付款；还可以给消费者折扣，让他们快速支付。

（2）应付账款。为改善现金流，企业一方面要求客户尽快支付账款，另一方面在不损害企业信用等级的前提下，应尽可能地延长应付账款的日期。一是应尽可能地与供应商谈判以求最佳赊账期限，二是通过计划可支配的现金支出来改善企业的现金流。例如，给员工每两个星期或一个月发薪而不是每星期发薪可以减少管理成本，使企业在支配现金方面时间更宽裕；通过雇用兼职员工或自由职业者而不是全职长期员工来减少支出。

（3）存货。对很多小企业来说，存货是一项重要的投资，可能在现金收支上造成沉重的负担；过度的存货会降低存货周转率，导致收益率下降，浪费企业宝贵的现金。据统计，典型的商业存货只有20%能快速周转，因此创业者必须注意并及时盘出滞销的存货。存货过少也有弊端，可能会导致产品脱销，使客户无法及时得到产品，从而损失客户。

综上所述，监控应收账款、应付账款和存货的情况，能帮助每位创业者进行现金流管理，有效地避免现金危机。

三、资金需求分析

初创企业的资金需求可通过一定的方法进行估算与预测，常用的方法有销售百分比法和盈亏平衡分析法。

（一）销售百分比法

销售百分比法建立在企业经营的历史财务报表的基础上。销售百分比法的核心部分是预测企业来年的销售收入（或营业收入），在此基础上假定收益表和资产负债表中大多数项目同销售收入保持一致。

1. 销售百分比法的具体步骤

（1）考察过去的财务报表，确定哪些项目与销售收入保持固定的比例，确定哪些项目可以严格以销售收入预测值为基础进行估计，其他项目则选择其他基础做出估计。根据财务实践经验，成本、息税前收益和总资产与销售收入的比例是固定的，而利息费用、税额、净收益和大部分负债（除应收账款）与销售收入比例并不固定。

（2）预测销售收入。根据数年的历史销售情况，结合将有可能出现的影响销售的因素，确定一个发展趋势。

（3）预测与销售收入保持固定比例的项目。

（4）预测非固定比例的其他项目。

（5）估算企业现实资金需求。利用公式：企业融资需求 = 总资产变动 – 留存收益增加额 – 应付账款增加额。

2.销售百分比法预测融资需求实例

某公司2016年12月31日资产负债情况，如表7.8所示。

表7.8　某公司简要资产负债表

（单位：万元）

资产	金额	负债及所有者权益	金额
现金	5	短期借款	5
应收账款	35	应付票据	10
存货	56	应付账款	25
长期投资	4	应付债券	50
固定资产净值	50	实收资本	55
合计	150	留存收益	5
		合计	150

某公司2016年的销售收入200万元，现在还有剩余生产能力，即增加销售收入，不需进行固定资产方面的投资。假定税后销售利润率为10%，如果2017年的销售收入提高到240万元，需要融资多少？

（1）将资产负债表中预计随销售变动而变动的项目分离出来。因为较多的销售量需要占用较多的存货，发生较多的应收账款，需要较多的现金。在负债与所有者权益一方，应付账款和应付票据也会随销量的增加而增加，但短期借款、应付债券、实收资本等不会自动增加。公司的盈余如果不全部分配出来，留存收益也会有适当增加。通过销售百分比法，预计某公司随销售增加而自动增加的项目和其在销售收入中的占比，如表7.9所示。

表7.9　某公司销售百分比

资产	销售百分比	负债及所有者权益	销售百分比
现金	2.5	短期借款	不变动
应收账款	17.5	应付票据	5
存货	28	应付账款	12.5
长期投资	不变动	应付债券	不变动
固定资产净值	不变动	实收资本	不变动
合计	48	留存收益	不变动
		合计	17.5

在表7.9中,不变动是指该项目不随销售的变化而变化。表中的百分比都是用表7.8中有关项目的数字除以销售收入求得,如存货:56÷200=28%。

(2)确定需要增加的资金。从表7.9中可以看出:销售收入每增加100元,必须增加48元的资金占用,但同时增加17.5元的资金来源。从48%的资金需求中减去17.5%自动产生的资金来源,还剩下30.5%的资金需求。因此,每增加100元销售收入,公司必须取得30.5元的资金来源。在本例中,销售收入从200万元增加到240万元,增加了40万元,使用30.5%的比率可预测销售的增加,也即将增加12.2万元的资金需求。

3. 最后确定对外界资金需求的数量

上述12.2万元的资金需求,有些可通过企业内部来筹集。2016年,销售利润24(240×10%)万元,如果公司利润分配给投资者的比率为70%,则将有30%的盈余即7.2万元被保留下来;从12.2万元中减去7.2万元的留存收益,则还有5万元的资金必须向外界来筹集。

用销售百分比法确定融资量的做法比较简便,但项目在销售收入中所占比例是随情况的变化而变化的。因此,要随变化了的情况及时地、合理地对相关比例和相关融资量进行调整。

(二)盈亏平衡分析法

作为创业者,盈亏无疑是一切行为关注的核心。创业者可以借助盈亏平衡分析的方法来对成本及销售量做出决策。盈亏平衡分析法就是通过计算盈亏平衡点及经营安全率来确定企业必须销售多少产品才能补偿成本,也就是在利润为零时,销售多少产品才能保本。

1. 盈亏平衡分析的假设条件

(1)生产量等于销售量。

(2)成本项目可以划分为固定成本和变动成本。在一定时期和一定的产量范围内,单位变动成本和固定成本都是不变的。

(3)在一定时期和一定的产量范围内,产品售价是不变的。

2. 盈亏平衡分析的基本公式

基本公式是以单一产品为基础来计算的。大多数创业者在创业之初经营的都是单一产品,因此,盈亏平衡分析基本公式是一种比较有效的分析工具。

(1)成本与产量的关系。总成本是固定成本与变动成本之和,它与产品产量的关系也可以近似地认为是线性关系,即:

$$C = C_f + C_v Q$$

式中，Q 为产量，与销售量相同；C 为总生产成本；C_f 为固定成本；C_v 为单位产品变动成本。

（2）销售收入与产量的关系。产品销售收入是产量与产品市场价格的乘积。即：

$$R = P \times Q$$

当产品的市场价格稳定时，销售收入（R）是产量的线性函数。

在销售收入及总成本都与产量呈线性关系的情况下，可以很方便地用解析方法或图示法（如图 7.2 所示）求出以产品产量、产品销售价格、单位产品变动成本等表示的盈亏平衡点。在盈亏平衡点，销售收入 R 等于总成本 C，假设对应于盈亏平衡点的产量为 Q^*，则有：

$$PQ^* = C_f + C_v Q^*$$

盈亏平衡产量：

$$Q^* = \frac{C_f}{P - C_v}$$

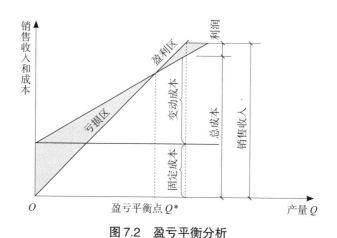

图 7.2　盈亏平衡分析

（3）经营安全率。盈利的企业也并不一定安全。盈利太少，对于企业来说仍然存在很大的风险。一般而言，以企业盈利区的值占实际销售额的比率大小来衡量企业经营的安全性，该比率称为经营安全率。

$$经营安全率 = \frac{实际销售额 - 盈亏平衡点销售}{实际销售额} \times 100\%$$

经营安全率越高,说明企业经营越安全,抗风险能力越强;经营安全率越低则说明企业安全性越差。表7.10是经营安全率与企业经营情况的判断标准。

表7.10 经营安全率判断标准

经营安全率	30%以上	25%~30%	15%~25%	10%~15%	10%以下
经营安全状态	安全	较安全	不太好	要警惕	危险

3.盈亏平衡分析例解

以新兴公司第一年的经营情况为例。固定成本 C_f=2640000元,销售价格 P=2000元,单位变动成本 C_v=1290元,实际销售额为12390000元,则盈亏平衡点和经营安全率分别为:

$$Q^* = \frac{C_f}{P-C_v} = \frac{2640000}{2000-1290} \approx 3718.3$$

$$经营安全率 = \frac{12390000-3718.3 \times 2000}{12390000} \times 100\% \approx 39.98\%$$

从计算结果可看出,新兴公司在第一年要生产大约3718.3件产品才能保本,该企业的经营风险不大,较为安全。

案例7.6 轻松学英语的现金流管理

霍格是"轻松学英语"(Effortless English)的创始人。当他开始创业时,拥有的资金很少,仅仅以200美元启动了他的创业计划。当时,很多人都不看好他。但是,霍格有他自己的秘密武器,就是尽管他从项目中赚的钱很少,但他花费的更少,他的现金流始终是充裕的。这样,他的资金灵活性就很大,他可以把省下来的钱投到项目上。从创业之初到现在,霍格一直住在旧金山的一套很小的公寓里,租金相当便宜。事实上,当他能够租用更好、更宽敞的办公场所时,他仍然住在那里。为什么?他想最大化他的资金自由度,他想将更多的资金投入到项目中去。如果创业者想创业,也必须这么做。第一步,精简创业者的创业花费,直到低于创业者获得的利润;第二步,再精减创业者的创业花费,直到更低于创业者获得的利润。如果创业者做不到这一点,就不要创业了。(资料来源:杨明海、耿新、费振国:《创业实务:创业准备、实施与保障》,电子工业出版社2011年版。)

案例 7.7　未雨绸缪——钱在哪儿？

　　成功创业者的重要特征之一，就是能够洞察或认准机遇，并通过有效的市场营销和财务计划，将市场机会化作重大财务成就。斯考特·贝克，一位稍显腼腆而又早慧的创业者，曾经不止一次而是两次获得了这样的成功，早先是在百视达公司（Blockbuster Video），新近则是在波士顿鸡连锁经营公司（Boston Chicken）。贝克对创业的驾驭能力出自家庭的熏陶，他的父亲也是一位成功的创业者，曾与几位合伙人一起于20世纪60年代联手创办起一家废物管理公司。在芝加哥城南长大的贝克，年少时常在暑期打工，这样就有许多的机会，与父亲及其合伙人谈论经商的话题。贝克总是表现出良好的商务意识，而涉及财务决策时，他也像一个真正的冒险者。事实上，有一段时间，他曾中断在南墨索蒂斯特大学的学业，拜访父亲的一位合伙人，并开始涉足白银期货的交易。

　　1991年，曾与贝克一起开办专营店的萨阿德·纳德姆向他谈起一家名为"波士顿鸡"的新的熟鸡专营店。一开始，他并不热心，但最终他同其他两位合伙人对此机会重视起来，他们投资了2400万美元，将这家企业控制起来。波士顿鸡创建于1985年，起初由于资金不足，管理不善而步入困境。人们对营养和健康的日益关注，给这家连锁经营公司带来了发展机遇，也令贝克和他的合伙人看好它的发展前景，因为该公司对市场供应的产品可以替代一般的快餐食品——汉堡包、炸鸡之类，而且更有营养。于是，贝克带领一帮人开始大规模地扩张连锁店，他们不是一次一家、两家地增设分店，而是大批量地进行。这种经营战略的实施，令公司资金负担极重，因此需要创造性的融资安排。

　　1992年，由于扩张引起资金严重短缺，公司在财务上陷于困境，虽然有830万美元的销售收入，却亏损580万美元。不过，随着扩张努力的继续（增设175家分店），1993年，贝克和他的合伙人终于从4250万美元的收入中赢得160万美元的利润。对此，贝克并不满足，他觉得必须将公司上市，募集更多的资金，进一步扩大规模。1993年11月9日，波士顿鸡上市，股价迅即劲升，首日的成功表现位列此前两年所有行业新股之首。该股原始招股价为20美元，但其当日收市价攀升到48.50美元。这一天，公司售出了190万股股份，占其1680万股的全部股份的11%（大多数股份为贝克及其他公司董事持有）。

　　贝克和他的合伙人，继续坚持大规模扩张战略，到1996年年末，公司已经拥有1100多家遍布美国的快餐服务店。为了拓展业务领域，1995年公司更名为波士顿市场（Boston Market），开始供应许多新的品种，如牛肉面包、火鸡、火腿等，还有许多家庭餐桌的辅助菜肴以及三明治系列产品。这样，公司对自己的定位已远不只是快餐，而是一个面向所有忙碌人士提供服务的集团。由1992年的2000万美元，贝克成功地将公司发展成1996年的10亿美元，其中不断地进行财务分析和财务预算是这一飞跃的重要动因。贝克招来拉里·泽旺，前波西科比萨屋公司的经理，也是一位成功的企业家，决定由他来接掌公司董事长兼总经理职务。公司的未来目标是组建新的公司——波士顿市场国际公司，今后10年在中国经营600家专卖店。随着美好蓝图的逐步实现，这一成长步伐将会对其现金流量与资产负债情况产生重大影响。

财务计划向创业者展示一幅完整的图画：公司组织何时能够得到资金，有多少资金，资金投向何处，有多少资金可用，公司未来的财务状况如何，等等。这为预算控制提供了短期基础，能够帮助创业者避免现金短缺——初创企业中最为普遍的一个问题。财务计划要令潜在的资金需求维持适当的流动性，保证债务的偿付，获得良好的投资回报。（来源：李志能、郁义鸿、罗博特·D.希斯瑞克：《创业学》，复旦大学出版社2000年版。）

思考与探索

1. 结合案例，阐述你对创业企业财务管理的认识和理解。
2. 结合案例，阐述创业资金管理的有效方法。
3. 结合案例，阐述创业公司财务分析的依据、目标和方法。

第八章 创业风险控制

由于资金、技术、社会经历以及社会资源等因素的制约，大学生创业面临着较大风险。《2017年中国大学生就业报告》数据显示，即使在浙江等创业环境较好的省份，大学生创业成功率也只有5%左右。因此，大学生创业，首先要学会识别和判断创业风险，然后学会控制和防范创业风险。

第一节　创业风险的内涵

创业风险始于创业项目、创业环境和创业产品需求的不确定性。创业项目不同，风险的类型和概率也存在差异，但没有一个创业项目是零风险的。

一、风险的基本内涵

风险是不确定性及其带来的期望值的变动。某个事项或者某个经营活动，其产生的结果往往是不确定的，其收益或损失在事前往往不能准确地估计和评价，不确定性带来的变动就是风险。风险强调波动性或者称为不确定性，即相对于期望值的偏离程度；风险强调损失，即不确定事项可能带来的损失。风险具有以下特征：第一，结果的不确定性；第二，结果可能是损失，也可能是收益，但令人关注的是损失；第三，客观存在性，在某种程度上可以用概率论和统计学工具描述；第四，风险评估的过程受主观因素的影响。

一般认为，风险由三个基本要素构成，分别是风险因素、风险事故和风险损失。三者共同作用，同时影响着风险产生和发展的过程。

（一）风险因素

风险因素又被称为风险隐患或者风险条件，指的是引起风险事故发生的条件、增加风险事故发生概率的原因以及风险事故发生之后致使损失加剧的因素。风险因素的存在只是风险事故发生的先决条件，并不一定导致风险事故的发生；而风险事故发生时，必定有相应的风险因素存在。风险因素是风险事故的必要条件，分为实质性风险因素、道德性风险因素和心理性风险因素。

首先，实质性风险因素是一种有形因素，指的是某一标的物本身具有的容易致使损失扩大或增加损失发生概率的客观条件和原因。例如汽车的制动系统质量不高、轮胎摩擦系数过低、安全气囊数量不足等，都属于车祸的实质性风险因素，前两个因素增加了发生车祸的概率，第三个因素在发生车祸的时候会造成损失加剧。其次，道德性风险因素是一种与人的道德品质有关的无形因素，是指由于个人的不良企图及恶意行为,致使风险事故发生或损失扩大的原因和条件。例如贪污、造假、盗窃、为了得到赔偿金而制造事故等。再次,心理性风险因素也是一种无形因素,与人的心理状态有关,指的是由于人们疏忽大意或者心存侥幸,致使风险事故发生的概率增加和损失扩大的因素。例如出门时忘记关闭煤气和电器设备,购买了车辆保险之后驾车时放松了警惕等。后两种因素统称为非实质性因素或人为因素。这样风险因素就被分为两类:实质性因素和人为因素。

（二）风险事故

风险事故是直接引起损失发生的意外事件,通常是显性的、外露的,是人们看得见的风险事件,例如火灾、车祸、盗窃等。风险事故是风险隐患变成现实的体现,会直接导致损失的发生。

（三）风险损失

损失是指非计划、非故意和非预期的经济价值减少或人身伤害。这里强调"非计划、非故意和非预期",因为这是风险损失独有的特征,与其他造成经济价值减少的行为相区别。诸如固定资产折旧、捐赠这样的行为都会导致经济价值的减少,但这不是损失,因为它们是有计划的、故意和有预期的。损失又分为直接损失和间接损失。直接损失是风险事故本身,即直接造成的、有形的、实质的损失,例如厂房失火造成建筑物、机器、原材料等固定资产的损失。间接损失是由于直接损失导致的无形损失,包括利润的减少和恢复原状的投入等,例如厂房失火后停产造成的收入损失、为了修复厂房建筑和机器而产生的额外费用等。综上,风险是风险因素、风险事故和损失三个要素的结合体,三者之间的关系如图8.1所示。

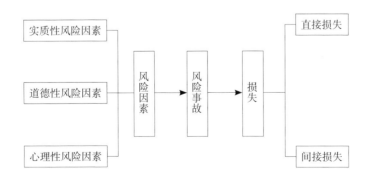

图8.1 风险三要素

二、创业风险的界定

创业风险指由于创业环境的不确定性、创业机会与创业企业的复杂性、创业者与创业团队能力与实力的有限性导致创业活动偏离预期目标的可能性。

创业风险具有以下基本特征。(1)客观性。创业风险是客观存在的,是不以人的意志为转移的,它总是出现在创业活动过程中,而且没有办法完全消除。(2)损害性。创业风险与人们的利益密切相关,损害是创业风险发生的后果。(3)不确定性。空间不确定、时间不确定、损失程度不确定。由于各种因素是不断变化的、不确定的、难以预料的,因此造成了创业风险的不确定性。(4)可预测性。虽然风险具有不确定性,但创业者可对某种风险发生的概率及造成的损失程度做出客观判断,从而对可能发生的风险进行预测和预防。(5)可控性。风险是在特定条件下的不确定性的一种表现。当条件改变时,风险事件的后果也可能改变。因此,控制好引发创业风险的条件,创业风险也将得以控制。

三、创业风险的类型

创业风险包括技术风险、市场风险、环境风险、财务风险、人力资源风险以及管理风险等类型。

(一)技术风险

技术风险是指由于技术的不确定性而导致创业失败的可能性。创业活动常常表现为将某一创新技术应用到实践并将其转化为产品的过程。而判断技术是否可行,这种预期与现实之间往往存在很大落差,蕴含着巨大的风险。将一项技术变为现实的产品或服务,需经历从研发到商品的商品化的过程。任何一个环节的技术障碍,都将使创业活动前功尽弃。在创业活动中,一方面,研发阶段的初始设计方案能否成功是不确定的;另一方面,新技术产品的商业化生产能否成功也有着很强的不确定性。这是因为新产品的商业化生产往往需要相应的工艺创新,需要通过技术整合,形成批量化生产所需的产品制造方案、产品制造流程、产品制造系统、生产过程的技术控制,甚至还需要相应的管理方案和商业方案。否则,再好的产品设计也难以在商业生产中取得成功。

随着科学技术迅猛发展,产品生命周期日益缩短,更新换代速度日益加快,尤其高新技术产品。一方面,替代技术的出现,产生了更多的竞争对手,对初创企业形成一定的压力,甚至使初创企业陷入困境。另一方面,科技加速进步、新技术不断出现的社会环境中,原有技术极易被新技术取代。常见的情况是,某个创业活动为开发某项技术,可能花了很大力气,但该项技术能够保持某些方面和某种程度的技术优势的时间却不一定很长,甚至在较短时间内就会被其他更新的技术所替代,且被替代的时间是难以确定的。当技术更新比预期提前出现时,原有技术将蒙受提前被淘汰的损失。因而对于依托高新技术产品的创业者而言,如果不能在高技术寿命周期内迅速实现产业化,收回初始投资并取得利润,那么必将遭受巨大的风险损失。

(二)市场风险

市场风险是指由于市场的不确定性而导致创业失败的可能性。创业往往是依托某一创新技术,而创新技术产品多数是新鲜事物,它的市场多是潜在的、有待成长的。产品推出后,消费者往往不能及时了解其性能,从而对新产品持观望态度,甚至做出错误判断。例如,微波炉上市之初,消费者担心微波的辐射危害,厂家、商家、新闻媒体都不得不反复向人们宣传"微波炉不会害你",一些早期用户也来现身说法,才打消部分消费者的恐惧和困惑。因此,创业者对于市场是否会接受以及市场有多大容量难以提前做出正确估计,而市场容量往往决定了产品的市场商业总价值。创业者在制定创业计划时,会根据调查的数据进行主观的推理,结果可能过大地估计市场的需求量。如果一项高技术产品的推出投入巨大,而产品的市场容量较小或短期内不能为市场所接受,那么产品的市场价值就无法实现,投资就无法收回。

(三)环境风险

环境风险是指外部因素影响创业发展而带来的风险。外部环境因素对创业者来说是可变的,同时也是不可控的。国家的产业政策、投资政策、融资政策、知识产权保护政策、环境保护政策、关税与外贸政策等都会对创业者产生极为重要的影响。具体而言,一是政治法律环境风险。各国政府在不同时期,根据不同需要,制定出经济政策和经济方针,这些方针政策能够对创业活动产生重要的影响,这种影响甚至是决定性的,如进出口限制、税收政策、价格管制等。二是经济环境风险。一般是指影响创业生产经营的各种经济因素,如供应市场、资金市场和人力资源市场等。同时,地区经济发展水平往往决定了消费者收入水平、消费支出模式与消费结构,从而决定了社会购买力的大小。三是技术环境风险。科技的发展对创业者来说,是机遇也是风险。但不断推出的新技术,则可能是一种

"创造性的破坏因素"。新技术出现的周期缩短，会给创业者的经营与管理带来更多不确定的因素。四是人口环境风险。创业与人口环境密切相关。例如，人口的规模、密度、地理位置、年龄、性别、家庭结构、流动性等因素影响着创业的发展。五是自然环境风险。自然环境风险是指企业所依赖的自然资源条件，包括自然资源、地理位置、交通等。自然资源的种类、数量和可用性也会给创业带来一定风险。六是社会文化环境风险。一个国家或地区的风俗习惯、社会风尚、宗教信仰、语言文字、文化教育、价值观、伦理道德规范、审美观念、居民生活习惯与方式等对创业的成功也有一定的影响。

（四）财务风险

财务风险是指因资金不能适时供应而导致创业失败的风险。大学生创业，除了具备创业家的素质和选择合适的项目外，还需要具备一定的资金。否则，一切都只是空谈而已。一方面，创业，尤其是依托高技术产品进行的创业，所需的创业资金规模较大，融资渠道较少，如果创业者不能及时解决困难，易造成创业失败。对于高技术创业活动，由于资金不能及时供应，导致高技术迟迟不能实现产业化，其技术价值随着时间的推移不断贬值，甚至很快被后面的竞争对手超出，而使初始投入付之东流。另一方面，创业需要持续的投资能力，即随着创业活动的进一步实施，往往需要进一步的投资。若缺乏这种持续投资能力，资金支持不能按时按需到位，就可能导致创业的失败。

（五）人力资源风险

人力资源风险是指由于人的因素，包括创业者、创业团队中的主要成员对创业发展产生不良影响或偏离经营目标的潜在可能性。首先，创业团队风险。有观点认为创业是一个人的事业，其实这正是许多创业公司倒闭的重要原因之一。因为创业需要多方面的知识，凭借一个人的能力是无法掌握的。创业会遇到很多的问题，这些问题也会使创业者身心疲惫，没有精力去关注公司的战略问题。创业时的待遇一般来说也是比较低的，很低的待遇很难提升员工的忠诚度，也很难调动他们的积极性。由于缺乏构建一个组织的经验，创业者往往会面临如下的创业团队风险：用于内部沟通的时间越来越长，但沟通效果却越来越差；构建的组织不是一个分工合作的协作体系。其次，个人风险。一是人的诚信产生的风险，要预防和控制人主观产生的偷懒、搭便车、隐瞒利益信息等风险；二是人的能力产生的风险，例如能力的匹配度以及其专用性特征，都会产生潜在的风险。最后，人员流失产生的风险。企业人员流失是一种流动性风险，虽然它是一种正常现象,但往往也会给企业带来不同程度的损失。尤其是关键员工的流失,更会对企业产生诸多不利影响。关键员工的流失会使企业有形资产和无形资产遭受损失,削弱了企业的核心竞争力;员工的流失增加了企业的招聘成本、培训费用及寻求新消费者所需的成本,导致企业关键岗位在一段时间内空缺,进而影响到企业的正常运转和发展的连续性。

(六)管理风险

创业管理风险是指在创业过程中因管理不善而导致创业失败的风险。创业者不一定具备精深的技术知识,不一定是初创企业最大的股东,也不一定会成为优秀的企业家,但在创业阶段,创业管理能力对创业活动的顺利进行起着举足轻重的作用。首先,决策风险。创业过程中因为决策失误而产生的风险被称为决策风险。经济学家西蒙认为"管理就是决策",由此可见决策对创业的成功非常重要。决策一旦失误,往往会造成不可估量的损失,从而导致创业的失败。在创业实施过程中,更多的是实行集权式决策与管理,创业者往往就是最终的决策者。因此,对于创业者而言,切忌把自己的喜怒哀乐或不切实际的个人偏好作为决策的依据,或者在缺乏科学分析的情况下仅凭个人经验或运气做出决策。其次,组织风险。由于创业企业的组织结构不合理产生的风险被称为组织风险。创业企业的迅速发展如果不伴随着组织结构的相应调整,往往会成为创业企业潜在危机的根源。对于初创企业,创业者从最开始就应该注意其组织结构的设计与调整,人力资源的甄选、考评,薪酬的设计及学习与培训等方面的管理;从一开始就建立健全各种规章制度,并形成和发展企业文化。最后,其他创业风险。创业活动还经常伴随着其他风险,如机会风险、知识产权风险等。机会风险主要是指创业者选择创业所放弃从事其他职业的机会成本。知识产权风险是指创业过程中涉及知识产权的各种风险,例如,侵权风险,指非知识产权拥有者以违法的手段给创业造成损失的可能性;泄密风险,指泄露技术秘密或商业秘密而给创业造成损失的可能性。

> **案例 8.1** 联邦快递的创业风险
>
> 被誉为"隔夜快递业之父"的美国著名企业家弗雷德·史密斯,凭着其特有的直觉预见到一种隔夜传递服务将十分重要。1971年6月28日,"联邦快递"公司正式成立,总部设在小石城旧址。
>
> 公司正式成立后,弗雷德·史密斯便积极努力地争取第一个大消费者,寻求

与美国联邦储备系统签订服务合约。得到的却是联邦储备系统拒绝接受"隔夜快递"服务的消息，理由是联邦储备系统下属个别地区的银行不同意弗雷德·史密斯的建议。用飞机为联邦储备系统快递票据的计划彻底失败了，特地购买的两架飞机被闲置在机库里动弹不得，刚刚建起来的联邦快递公司和年仅26岁的弗雷德·史密斯面临着首战失利的沉重打击。竞争对手和传播媒介都认为他把继承的财产用于搞联邦快递公司的冒险简直是疯了。

弗雷德·史密斯并没有被铺天盖地的反对声吓退。1972年到1973年初，弗雷德·史密斯投资75000美元组成了由专家、飞行员、技师、广告代理商等组成的高级顾问小组，再次深入地进行市场调查。通过对市场潜力更深入的可行性分析，他们明显地发现，随着新兴技术的兴起，往昔那种旧的货运传统正在改变，而现在托运东西多是小件包裹，但比以前更讲究时效。弗雷德·史密斯根据再次调查的市场情况重新制订了营业计划。新的营业计划比原来的计划复杂得多，所需资金投入量也很大，首先要有一定数量的运输工具，如飞机和汽车。其次公司还要在全国建立服务网、开通多条航空线。史密斯毅然决定把自己全部家产850万美元孤注一掷地投入联邦快递公司，然后竭尽全力对华尔街那些大银行家、大投资商进行游说。很快，他筹集到了9600万美元，创下了美国企业界有史以来单项投入资本的最高纪录。

在获得风险投资之后，史密斯做的第一件事就是再次购买了33架达索尔特鹰飞机，一切准备就绪，1973年4月，联邦快递公司正式开始营业。联邦快递公司一开始向全美25个城市提供服务，但令人失望的是，第一天夜里运送的包裹只有186件。在开始营业的26个月里，联邦快递公司亏损2930万美元，欠债主4900万美元，联邦快递处在随时都可能破产的险境。

为了改善经营情况，史密斯竭尽全力争取消费者，开拓市场，为得到美国行政总局的合约，联邦快递公司在西部开辟了6条航线，把价格杀得很低，以至于令人怀疑是否还有利润可言。然而史密斯却着眼于更长久的利益，他认为尽管这笔业务并没有很高的利润，却可以用来充当公司的门面。在困境中拼搏的联邦快递公司遇到了意外的好运气，首先是政府解除了对航空运输业的限制，极大地增加了货运行业的运输量。由于对商业运输的需求猛增，国内主要货运机构对大城市的业务都应接不暇，根本就没有力量去满足小城市的需求，这就为联邦快递提供了重大的市场缺口，使它的业务量很快增加。1975年，公司的经营状况开始好转，7月是联邦快递公司第一个盈利的月份，全公司创利5.5万美元，当年的营业收入达到了7500万美元。1976年，联邦快递公司获纯利350万美元；1977年经营收入突破 1 亿美元，获纯利 820 万美元。（来源：杨明海、耿新、费振国：《创业实务：创业准备、实施与保障》，电子工业出版社 2011 年版。）

> **案例 8.2　高科技也会有高风险**
>
> 铱星移动通信系统是美国依星公司委托摩托罗拉公司设计的一种全球性卫星移动通信系统，它通过使用卫星手持电话机，透过卫星可在地球上的任何地方发送和接收电话信号。从高科技而言，铱星计划的确是一个美丽的故事，它开创了全球个人通信的新时代，被认为是现代通信的一个里程碑，使人类在地球上的任何"能见到的地方"都可以相互联络，然而，如此高的"科技含量"却好景不长，价格不菲的"铱星"通信在市场上遭受到了冷遇，用户最多时才 5.5 万，而据估算它必须发展到 50 万用户才能盈利。由于巨大的研发费用和系统建设费用，铱星公司背上了沉重的债务负担，整个铱星系统耗资达 50 多亿美元，每年的维护费用就要几亿美元。2000 年 3 月，铱星公司背负 40 多亿美元的债务正式破产。谁也不能否认铱星的高科技含量，但用 66 颗高科技卫星编织起来的世纪末科技童话在商用之初却将自己定位在了"贵族科技"，铱星手机价格每部高达 3000 美元，通话费用极其昂贵，而事实上，随着地面网络的广泛覆盖，移动电话的国际漫游已成为可能，卫星移动电话的市场无疑在被不断地压缩，用户群的规模也相应地不断减少，没有了市场，也就没有了收益，也就失去了控制自己命运的能力，最终只能以失败而告终。（来源：曾晓洋、胡维平：《市场营销学案例集》，上海财经大学出版社 2005 年版。）

思考与探索

1. 结合案例，阐述创业风险的特征。
2. 结合案例，分析创业风险的类型。
3. 分析创业风险案例，描述引发创业风险的主要因素。

第二节　创业风险识别

创业环境的不确定性、创业机会与创业企业的复杂性、创业者及创业团队与创业投资者的能力与实力的差异性，是创业风险产生的根源。要规避创业风险，首先要知道风险来自哪里，才能从源头上加以控制，运用科学的程序防范。

一、创业风险因素

造成创业风险的因素主要有资金因素、诚信因素、资源因素和管理因素等四个方面。

首先,资金因素。创业者可以证明其构想的可行性,但往往没有足够的资金实现商品化,从而给创业带来一定的风险。当一个创业者最初证明一个特定的科学技术突破可能成为商业产品基础时,他仅仅停留在自己满意的论证程度上。然而,在将预想的产品真正转化为商品的过程中,即转化为具备有效的性能、低廉的成本和高质量的商品,需要大量复杂且可能耗资巨大的研究工作,从而形成创业风险。

其次,诚信因素。在创业中,存在两种不同类型的人:一是技术专家,二是管理者(投资者)。这两种人接受不同的教育,对创业有不同的预期、信息来源和表达方式。技术专家知道哪些内容在科学上是有用的、哪些内容在技术层面上是可行的、哪些内容根本就是无法实现的。技术专家要承担的风险一般表现在学术上、声誉上,以及可能的零回报。管理者(投资者)通常比较了解将新产品引进市场的程序,但当涉及具体项目的技术部分时,他们不得不相信技术专家。如果技术专家和管理者(投资者)不能充分信任对方,或者不能够进行有效的交流,那么诚信因素将会带来更大的风险。

再次,资源因素。资源与创业者之间的关系就如颜料和画笔与艺术家之间的关系。没有了颜料和画笔,艺术家即使有了构思也无从实现,创业也是如此。没有所需的资源,创业也就无从谈起。在大多数情况下,创业者不一定也不可能拥有所需的全部资源,这就形成了资源缺口。如果创业者没有能力弥补相应的资源缺口,可能会使得创业无法起步,也可能在创业初期就受制于人。

最后,管理因素。管理缺口是指创业者并不一定是出色的企业家,不一定具备出色的管理才能。进行创业活动的主体主要有两种:一是利用某一新技术进行创业的创业者,他可能是技术方面的专业人才,却不一定具备专业的管理才能,从而形成管理缺口;二是有某种"奇思妙想"的创业者,可能想出了新的商业点子,但在战略规划上不具备出色的才能,或者不擅长管理具体的事务,从而形成管理缺口。

二、创业风险识别

创业风险识别是企业依据创业活动的迹象,在各类风险事件发生前运用各种方法对风险进行的辨认和鉴别,是系统地、连续地发现风险和不确定性的过程。创业风险识别是一项复杂而细致的工作,需按特定的程序、步骤,采用适当的方法分析风险因素,并客观地做出评估。

第一,确定导致创业目标不确定性的各种因素。创业风险识别,必须要辨识所要发现或推测的因素是否存在不确定性,如果所有要素是确定的,则不能称之为风险。在此基础上要确定要素的不确定性本身必须是客观存在的,是事实上存在的,不以人的意志为转移,也不是凭空想象和捏造的。

第二,建立创业风险因素清单。建立清单是识别创业风险的基础工作和前提条件。创业风险因素清单可以在创业风险机理研究的基础上构建。清单中应明确列出客观存在和潜在的各种风险,包括影响创业研究、实施、控制以及影响企业的生产、经营和经济效益的各种因素。清单可以参照商业清单或调查表的形式,通过深入研究、分析来制定,通过理论研究成果和实际的经验进行判断。

第三,确定重要的风险事件并对其可能的结果进行测算。根据清单中的各种重要风险来源,创业者应分析和推测各种可能性,并结合创业管理的方法和手段,测算其对创业成本耗费和创业绩效指标变化等的影响程度。

第四,创业风险因素分类。对创业风险因素进行分类,目的在于更加深入地理解创业风险的性质、特征和构成,在此基础上制定更好的管理对策。对创业风险进行分类必须结合创业风险要素的性质和可能性结果,以及二者之间的关联程度,更加确切地理解风险、预测结果。

第五,创业风险排序。风险识别的结论是对其进行归类,即根据风险分类和各种可能的影响结果按照一定的方法进行轻重缓急程度的评估,并给予排序,分别列入不同的风险级别。每个风险级别都有自己的风险特征,包括不同的发生频率和严重性。对此,创业者可使用"风险识别图"把各类风险标在上面,如图8.2所示。该图中纵轴代表风险导致损失的严重性,横轴表示其发生的频率。

严重程度 高	严重但不经常发生	严重并且经常发生
严重程度 低	不严重也不经常发生	不严重但经常发生
	低　　发生频率　　高	

图 8.2　风险识别图

创业风险不是一个一维的概念，没有哪一种方法能够同时达到所有的目的。创业者应充分考虑风险的两个方面。一方面是对风险更深刻的理解，创业者必须从全局监控的角度出发采取各种办法认识风险的存在，尽力避免风险带来的未经任何抵补的损失。另一方面，创业者也应该清醒地认识到，没有风险就不会有超额利润或收益，坚持零风险就等于断绝自身超额利润或收益的来源，因此发生一定的损失是不可避免的，关键在于密切监视风险并将损失控制在事先确定的可接受范围内。风险识别的核心是使创业企业能够清楚地认识到自身所能承受风险的程度，并从容地继续其业务发展。

三、风险识别方法

风险识别就是要识别出项目风险所在和引起风险的主要因素，并对其后果做出定性估计。在实践中，用于识别创业风险的方法有很多，常用的有环境扫描法、事故树分析法、情景分析法和风险清单法等。

（一）环境扫描法

环境扫描是一个复杂的信息系统，是收集和整理企业内部和外部各种事件、趋势的信息，了解和掌握创业所处的内外环境变化，辨别企业所面临的创业风险和机遇，为预警和控制系统提供科学的信息和数据的系统。在企业层面上的环境扫描，一方面提供企业外部环境中人口、社会、文化、政治、技术和经济要素未来可能产生的变化，另一方面提供企业内部资源、管理者、竞争能力、竞争优势及创业的变化信息，在信息综合的基础上提供系统的创业内外环境信息。因此，环境扫描的功能应包括：使管理层对环境的变化增加认识，更加了解创业和决策制定，加深对行业变化和市场趋势的理解，了解资源的配置状况，了解管理者本身的状况和决策能力，熟悉创业的运行状况，根据需要和不同的阶段确定相应影响因素。

作为一种系统的方法，环境扫描在创业管理领域提出了三种主要的模式。一是定期模式。主要是对环境出现紧急情况和危机之后的一种反应，属于一种短期行为，关注的重点是现状，对未来关注较少。二是周期性模式。属于更加成熟和系统的模式，运行时功能活跃并且资源集中，能够对过去进行合理的回顾和对未来做出相对客观的展望。三是连续性模式。主要对企业的内外环境而非特定性风险和事件进行连续的监察，通过科学的信息系统来进行分析和传播。通过环境扫描，一旦创业风险信号被捕捉到，创业者必须马上进行分析和做出反应，并传递到后续创业风险管理阶段，因此环境扫描具有很强的系统性、标准性、程序性、实践性和技术性。

从创业管理和创业风险识别的角度看，只要从事与创业及其风险因素有关的企业活动的人都应该承担环境扫描的重任。例如，从事采购、营销和生产等职能的管理者，创业规划人员等。这些人员除了做好本职工作外，应该承担环境扫描的任务。但一些技术性很强的环境扫描任务，还需要借助于专业人员。例如，对纳米技术未来走向及基因技术应用的分析都不是非专业人员能够胜任的。建立独立的机构负责对各个层次定期和不定期扫描，是创业企业风险识别的组织保障。至于企业到底选择哪种方式来进行环境扫描，主要取决于自身的实力、外部环境变化的频率及对风险的重视程度。

（二）情景分析法

情景分析法是一个战略角度的分析技巧，它使得创业者能够评估不同的偶然事件对自身利润流量的潜在影响。它使用多维的预测方法，帮助创业企业对其长期的关键性薄弱层面做出评价。不利事件的发生会给创业造成巨额损失甚至导致创业失败，而情景分析法则可以帮助创业者在那些有可能发生并具有灾难性后果的事件发生之前考虑并了解这些事件的影响，从而提前采取行动。表8.1给出了情景分析的一些实例。

表8.1 情景分析实例

风险	例子
政治风险	某国发生严重的政治动荡，一家公司在该国拥有大量的投资，公司需要对此做出迅速反应，评估投资可能会受到的影响
法律风险	一名消费者起诉一家保健品公司，因为该公司的产品导致消费者有不良反应
信用风险	某公司对其5个最大的信用风险暴露进行了考察。每个风险暴露都具有不同的流动性问题，而且市场已经朝不利于公司的方向波动了10%
名誉风险	公司业务员以低于成本价格倾销自己的产品，员工长期挪用公款
操作风险	银行采用了新的操作系统，该系统不能与原先的系统兼容，因此不能保持数据的统一性，这样可能造成无法进行付款或不能将交易进行记账等后果

作为一种非常主观的风险识别工具，情景分析法通常由创业者使用。但情景分析又是一项困难的工作，因为它要分析的是一系列事件对公司整体状况的影响。它要求每名创业者走出纯粹的数字统计范畴，进入市场经验和逻辑判断世界。设计精良、发展成熟的情景分析，可为创业发展提供有意义的借鉴。情景分析的整个过程可以被分解成5个步骤，如表8.2所示。

表8.2 情景分析的过程

	对初始情景的描述
情景定义	基本假设
	定义时间跨度
情景要素分析	确定情景要素：与此情景相关并受到影响的风险层面和风险要素
情景预测	要素在给定时间跨度内的未来发展状态
	潜在损失
	合并所有结果
情景合并	检查一致性错误，并重复计算
	独立的有效核定
	概况结果
情景展示和后续步骤	分析与评估
	下一步：运用规避措施

第一，情景定义。按照创业者的要求定义一个假想的情景。定义情景，就是为了回答这样的问题："xx事件的后果是什么？"这些情景通常伴随着特定的情景条件和基本假设。尽管对相关情景进行辨认更多的是一门艺术而不是科学，在选择情景时还是要遵循两个原则，即了解创业者的产品组合；理解市场中的相关事件。有数不清的因素会对产品组合造成影响，如重要的市场事件、政治选举、世界性金融危机、大规模的税收改革、严重的洪涝灾害等。因此，对各种政策的不同结果进行推测，对创业者来说是非常有用的。

第二，情景要素分析。在确定要分析的情景后，准备阶段的下一步是执行上一个广泛的意见征询程序。这个过程涉及企业中相关领域的专家和相应的业务部门，其目的是为了进一步从情景中提取所需数据。意见征询是一个标准化过程，以保证持续的信息反馈。为了清楚地了解这一过程，可以给所有的被征询者一份书面的情景描述和问题清单，请他们在一个确定的日期前答复。情景要素分析的目的是确定所有要进行分析的相关风险层面和风险要素。例如，股票市场的剧烈动荡可能会引发某些公司的违规违约行为，从而带来巨大损失。此外，还要充分考虑事件的二级影响和三级影响，比如，这些事件对公司未来的收益状况和员工雇用方面所带来的一系列影响。

第三，情景预测。情景预测是情景分析的核心工作。对每个情景要素都要做出两个预测，即要素在给定时间跨度内的未来发展状态和与此相联系的潜在损失。这一步骤同样需要依靠相应的部门和专家来进行，或者是必须与这些部门和专家保持紧密的接触。目标不是去发现最有可能发生的状况，而是去辨认不利或是极端的情景。因此，这个过程可能会导出不止一个对潜在收益的评估结果，为此需要做出选择。而且，随着信息收集过程中资料的不断反馈，情景本身也会变得更加清晰，因此情景分析过程必须具备足够的弹性来吸纳数据的反复精练和对原始情景的不断更新，它必须是一个互动过程。

第四，情景合并。将每个情景要素所做的预测合并到一个统一的情景中去。对合并后的情景，不仅要核对它在一致性方面的错误，还要核对那些被重复计量的因素和相互矛盾的假设，最后是结果的合理性。可从寻找任何与主题无关的内容着手，保证所有反馈信息的一致性。如果确有一两处偏离主题的内容，就应该去寻找被征询意见的人，确保其理解所问的问题。对问题的错误理解通常会产生不一致的信息，为了避免受到这样的信息干扰，在对信息进行回顾之前，可以先进行一些背景研究。例如，不断记录现在和以后若干年的真实收益，这将为创业者的评估结果提供依据；了解现在的市场环境以便与假设的环境做比较；从预算部门得到进一步的收入预测数字，这是对分析结果好坏的独立核对方式；要求一个基线收入预测，这将帮助创业者了解市场环境，以及其是对一部分收入，还是对所有的收入都会造成影响。

第五，情景展示和后续步骤。情景分析的结果经常会令人非常吃惊而且会受到质疑。人们容易对潜在的损失程度感到震惊，虽然情景事件发生的概率很低，分析所得的结果也不能被打上任何折扣。既然整个分析过程都是很主观的，那么它的假设也容易出现漏洞。如果给定大部分情景讨论的边界环境，这种对话会是一个激进的过程。因此，在对研究结果做展示时，最重要的是在说明研究结果之前先明确地阐述整个过程的假设和目标，才能正确地理解研究成果和它们的价值。

情景分析的主要目的是让创业者认识到破坏性的损失确有可能发生。但更重要的是，要让创业者能够采取适当的行动来应付这些未必发生的低概率情景。研究结果的展示对每名相关人员来说都应是一次学习的经历。成功展示的结果往往是制定一个行动计划,如采取保值避险措施、解除一笔业务、对分析进行修改、建立一个具有复验性特征的工作程序、取消原定计划等。

(三)座谈讨论法

这种定性的方法不仅要利用公司内部的信息,往往还需要利用外部的资源提供信息。既包括消费者、供应商、股东等企业利益相关方,也包括外部专家、审计机构、监管机构、管理咨询顾问等。在实践中,往往采用小组讨论的形式,借鉴管理层、员工及其他相关人员的经验,共同寻找风险因素。具体实行的时候往往以公司业务模块为单位,比如由市场营销部门的负责人召集市场部、采购部、广告部等相关人员进行讨论,集合每个成员的智慧,挖掘影响公司销售目标的潜在风险。讨论的过程可以采取管理学中常用的头脑风暴法。风险识别贵在全面,风险识别阶段的目的是尽可能地找出影响企业实现目标的所有风险因素。而头脑风暴法恰恰是启发参与者的创造性、利用集体智慧、自由畅谈、追求数量的方法,与风险识别的目的吻合。美国学者亚历克斯·奥斯本(Osborn,1953)对头脑风暴法的描述是:"头脑风暴是一个团体试图通过聚焦成员自发提出的观点,从而为一个特定问题找到解决方法的会议技巧。"可见,头脑风暴是一个过程,目的是产生新观点,手段是通过在讨论中设定一系列的具有激励性的规则和技巧。

头脑风暴法的原则有以下几点。(1)平等。每个参与者在会议期间是平等的,不存在上级和下属的区别,也不存在权威。必须鼓励所有的参与者卸下包袱,放开思想,毫无顾忌地发表自己的观点。如果会议的环境或是氛围令人拘束,参与者在表述观点时瞻前顾后,这样是产生不了有创造性的想法的。因此,作为会议的组织者,要尽量消除上下级、权威等地位差异的影响,创造一个自由平等的气氛,鼓励大家放开身心地参与进来。(2)无错、无评判。每个观点和想法都是平等的,并且在头脑风暴中不存在错误的观点。在会议中应该禁止成员对想法或观点的评价。一方面,评价占用脑力资源,而在头脑风暴中宝贵的脑力资源应当用在新想法的产生上;另一方面,对某观点和想法的评价往往会产生两个结果,批评或称赞,并且小组成员往往意见不一,这样就很容易跑题,把人们的注意力从新想法的产生过渡到对已有想法的争论上。对各种观点的评价应当放在头脑风暴之后。此外,应当鼓励奇思妙想,哪怕它看起来荒诞和愚蠢。怪异的观点不一定无效,而且具有创造性的想法更容易激起其他成员的想象力,提高新观点产生的效率。(3)追求数量。在头脑风暴阶段,追求的是想法的数量而非质量。数量越多,产生好的想法的可能性也就越大。至于质量问题,则是留待会后评价汇总阶段来解决的。如果执着于想法的质量和成熟度,势必会影响新想法产生的速度,降低头脑风暴的效率。另外,风险识别的主旨是追求风险因素的全面性,这与追求数量的原则相吻合。(4)及时记录。应该及时记录头脑风暴讨论中已经产生的想法,并显示在黑板、显示屏等大家都能看到的标板上,使每个成员都能随时回顾已经产生的想法并对它们综合考虑,再提出新的创意。并且,公共显示的方法还可以尽可能地保证没有遗漏,这对风险识别尤其重要。

头脑风暴法的实施程序。(1)确定主题和参会人员。在会前,要将会议讨论的主题、想要达到的目标明确地表述出来,并且具体细化。头脑风暴会议的时间一般在半小时到一小时之间,时间过短人们可能达不到头脑兴奋的状态,时间过长又容易产生疲劳感。希望在这一较短的时间内解决所有的问题是不现实的。因此,每次会议的主题一定要具体而明确,例如确定为市场风险因素的识别,而不是所有风险因素的识别。主题确定之后,就可以确定参与会议的相关人员,一般在十人左右。人数太少不利于信息交流和思想启发,人数太多则不容易控制,每人发言机会不足,容易产生边缘人。人员分工明确,一般分为三类:主持人一名、记录员一名和参与者若干。如果参与人员互相认识,则尽量使参与人员在职称、地位等方面平等,以免领导人员在场对其他人员造成压力。如果参与人员互不相识,则在会议过程中不应当互相介绍,把每个参与人员平等对待。(2)会前准备。在准备阶段,需要做两方面的工作。一是人员的准备。告知所有的参与人员会议的时间、地点和议题,必要的时候预先发放一些参考资料。特别是议题的明确尤为重要,确保所有的参与人员对要解决的问题有一定的了解。二是会场的准备。会议场所中要有显示器或者黑板等公开显示观点和想法的设备。在会场中不得出现分散人们注意力的东西,如书报杂志之类,确保人们在舒适的环境中集中精力。此外,圆形的会议座次安排比讲课式的安排更开放和平等,更有利于头脑风暴的实施。(3)明确纪律。为了保证头脑风暴法的效果,需要规定几条纪律,使参会者务必遵守。首先要保证头脑风暴原则的执行,例如与会人员需要互相尊重、平等相待,不可以对其他人的观点进行评判等。然后要保证会议的顺利进行,例如不得私下议论,影响他人的发言和思考;发言要切中主题,不绕弯、不跑题;全体人员需要精力集中,积极投入,不做旁观者,等等。(4)进行讨论。讨论开始时,一般由主持人简短介绍会议的主题、讨论的目标,然后参会人员打开思维,开始头脑风暴。在发表观点的过程中,记录人员要及时将发言人的观点和想法总结，记录于公共显示面板上，方便大家及时回顾和综合考虑。在会议的过程中，主持人要注意调节气氛，使参会人员积极主动地参与讨论，激发灵感，大胆想象，提出标新立异的想法。尽可能地涵盖所有的风险因素。(5) 总结归纳。在头脑风暴结束后，由部分或是全体参会人员，将讨论过程中的观点和想法进行整理分析和归类，将重复的观点进行合并，形成简洁的风险因素列表。此时要认真评价每一个观点，绝不轻易地删除任何一个可能的风险因素。

案例 8.3 神奇百货的创业风险

在"大众创业，万众创新"的浪潮下，更多的人选择了自主创业的道路，其中不乏学生群体。神奇百货创始人王凯歆在高二下学期休学，创办了针对 95 后的电商平台——神奇百货。2016 年 1 月，神奇百货获得了 1500 万元 A 轮融资。然而在之后的一年内神奇百货经历了非法裁员、数据造假、涉嫌漏税等风波。2016 年 10 月，神奇百货官网无法访问，APP 内容清空，王凯歆的创业之路蒙上了一层阴影。前期准备环节，王凯歆称会在三到五年里，赚够 95 后的钱，她强调了项目的收益，却没有充分的市场调研，也缺乏详细的可行性分析。筹资融资阶段，王凯歆获得投资人朱波提供的 230 万元成立公司，她做出成绩后，在 A 轮融资中获得了更多橄榄枝。由于她没有借债，尽管项目停摆，她并没有背负上债务。经营管理方面，神奇百货商品定价不合理，为吸引用户，原价销售还补贴邮费，收效甚微却没有转变定价策略；供应商不足十家，商品种类少，无法满足顾客需要；以代购为核心业务，商业模式并未随规模的扩大而升级。财务管理方面，神奇百货被举报报表造假、王凯歆挪用公款，王凯歆的投资人发声明称其没有挪用公款，记账业务也由专业公司完成。人力资源管理阶段，神奇百货 A 轮融资后扩张过猛，招聘过多员工，砍掉了核心部门供应链以缩减开支，导致企业正常运营受阻。并且由于神奇百货未能处理好员工的辞退，导致前员工在互联网上爆料，对公司产生负面影响。以上风险管理上的缺陷使神奇百货很难在激烈的竞争中存活下来。（来源：杜菁薇：《基于风险管理角度对学生创业成败的研究——以神奇百货创始人王凯歆为例》，载《中国乡镇企业会计》2017 年第 6 期。）

案例 8.4 一个有趣的风险识别案例

一个生产塑料制品的企业老板为了骗贷，就在银行风控人员前来考察之前进行了生产现场包装。主要是临时招募一些工人组织生产，在生产车间营造出一种热火朝天工作的场面。一般人员都会以为这企业的订单很多，机器满负荷运转进行生产,所以需要营运资金是很正常的,而且贷款之后的还款来源也是有保障的。但不巧的是,这次来考察企业的是一个银行老风控人员。他跟着企业老板看了生产现场之后,又去了趟洗手间。出来之后悄悄地告诉行长说:这企业有问题,这热火朝天的生产场面是临时包装出来的。行长很惊讶:你怎么知道的呢?这个老风控经理说:因为这个生产车间的厕所很干净,一直在用的厕所跟刚开始用的厕所差别很大,无论是气味还是使用痕迹。(来源:http://www.360doc.com/content/17/0727/00/33209086_674406225.shtml,访问时间:2019 年 7 月 28 日。)

| 案例8.5　企业战略的风险识别

影响企业战略的环境因素有很多,比如政治经济、行业变革、市场机制和技术更新等。只有对外部环境有一个充分的评估和认识,才能做出正确和有利于企业发展的企业战略;才能根据环境的各种变化,有针对性地做出战略调整和重点转移,使企业健康地发展下去。反之,如果对外部环境评估严重不足,将会做出不利于或者错误的企业战略,使企业完全陷入被动状态,更甚者使企业倒闭。

80 年代中期的豫西某三线工厂是很辉煌的新兴企业,当时部分企业高层成员错误分析环境形势,认为已有两个定型产品生产和外贸任务,而且连续几年都有超市场需求的生产能力,外贸市场也不断增加订量,生产设施、人力资源等均居同类企业前列,在今后 10 多年内完全能够让企业发展下去,于是将已完成初样试制的某新型号产品转让到别的企业,并且几乎终止了其他新型号产品的开发,而维持老型号产品的生产。最终,仅经过不到 5 年,国内产品存量太多,国内市场需求萎缩几乎为零;国外市场锐减,企业几乎全线停产,只有依靠断断续续的少量外贸需求组织生产,苦熬十几年,最终因对企业战略外包市场环境评估不准,步入企业破产之列。因此,企业必须通过翔实的调查研究,运用科学的方法和工具,对实施战略的外部环境进行谨慎周密的评估,才能确保企业战略的顺利实施。(来源:师良贤:《企业战略的风险识别及案例分析》,载《重庆与世界(学术版)》2016 年第 2 期。)

思考与探索

1. 结合案例,列举和分析重要的风险因素。
2. 结合案例,阐述创业风险识别的一般步骤。
3. 结合案例,分析风险识别方法的应用策略。

第三节 创业风险应对策略

当企业面对不同风险的时候，可采取不同的风险应对策略。本节重点介绍企业风险回避、企业风险降低、企业风险分担三种风险应对策略。

一、企业风险回避

风险回避是指考虑到影响预定目标达成的因素，决策者结合自身的风险偏好和风险承受能力，做出的中止或放弃某种策略方案、改变某种策略风险的处理决定。风险回避的前提在于企业对自身的条件和外部形势、客观存在的风险的属性及大小有准确的判断与认识。风险回避是在风险产生之前将其化解于无形，大大降低风险发生的概率，有效避免可能遭受的损失。

风险回避可分为积极的风险回避与消极的风险回避。二者存在差异，但也存在着相同点。相同点在于二者都认识到企业自身的实力不足以承受可能遭受的损失，都希望尽可能在风险发生之前减少其发生的可能性。从风险的偏好来说，积极的风险回避者和消极的风险回避者同属于风险厌恶者，但二者对于风险认识的能动性是不同的。消极的风险回避者更惧怕风险，风险承受能力和应对能力也较差，他们不会去主动识别风险，更谈不上应对风险。积极的风险回避者不会一味地回避风险，从而丧失商业机会，他们对自身的能力更了解，更有自知之明，能够更好地应用"有所为与有所不为"这条法则。

企业风险回避并不是盲目地一味回避风险，而是在恰当的时候，以恰当的方式回避风险，是一种策略性回避，主要出现于以下情况：当某项活动风险极大时，企业确实无力加以防范和控制，于是主动回避；当实现某项活动有许多方案，而各种方案的风险程度高低不同时企业，企业选择低风险的方案；当在实现某项活动的过程中遇到不可逾越的风险因素时，企业采取措施绕道，迂回包抄。风险回避可采用以下四种策略。（1）步步为营。企业中的某项经营活动，若要一步到位肯定跳跃太大，不确定因素增加，是企业所不能接受的。如果分步实施，则可能回避部分风险，增加安全性。（2）避实就虚。是指不与风险正面冲突，从风险低处着手，绕过风险障碍，待企业竞争能力和抵抗风险的能力增强、时机成熟后，再进入较高的风险领域。在企业经营活动中，竞争对手之间存在着技术水平、产品质量、销售、品牌以及经济实力等方面的高低强弱之分。实力较弱的企业若与竞争对手正面交锋，则难免处于劣势，此时可绕道行之，在他处发挥自身优势，积累实力，然后再与竞争对手进行正面交锋。（3）瞒天过海。竞争风险来自于竞争各方的较量。因此，若能够瞒过对手，趁其不备突然袭击，可令对手防不胜防，风险自解。（4）移花接木，是指企业将有限的资源投放在有把握、风险较小的项目上，或者回避某种政策或技术壁垒而采取的一种风险回避策略。

二、企业风险降低

风险降低是指风险承担主体将自身可能遭受的损失或可能承担的不确定性后果转嫁给他人的风险处理方法。风险降低主要通过风险转移的手段来实现。尽管风险转移的手段各异，但都试图达到同一目的，即将可能由自己承担的风险转移给他人，从而降低自身承担的风险。风险转移可以通过保险、外包和出售的方式来实现。

（一）保险与风险转移

保险的基本运作机制在于投保人与保险人共同签订保险合同，投保人向保险人交纳保费，来换取保险人对投保人遭受的经济损失给予补偿，或在约定时间发生时给予一定保险金的承诺。保险人利用大数法则，通过大量的互相独立的个体将个别风险的不确定性转化为可以预测的稳定支出，实现风险的降低。保险是风险降低中一项很普遍、容易操作的方法。它可以规范各方关系，保护企业利益。保险公司接受风险转移是因为可保风险是有规律的。通过研究不同风险的发生概率，寻找规律，保险公司为企业的风险转移提供渠道。

（二）外包与风险转移

企业在生产经营活动中注重核心竞争力的培养，强调根据企业自身特点，专门从事某一领域、某一业务，在某一方面形成自己的竞争优势，必然要求企业将其非核心业务外包给其他企业。外包业务的根本出发点在于确定企业的核心竞争力，把企业内部优势资源集中在具有核心竞争力的活动上，剩余的其他业务交给最好的专业公司。在企业竞争过程中，环境、技术、市场需求瞬息万变，企业投资于自身非核心竞争优势的业务存在巨大的风险。通过外包策略，可将风险转移给外包商，从而降低自身风险。

企业外包业务有助于以下三个方面风险的转移，从而降低自身风险。一是质量风险转移。在外包业务中，企业通过严格有效地控制产品质量、服务质量、交货时间等，出现问题全部由外包商承担，同时将由质量问题导致的风险也一并转移给外包商。二是资金占用风险转移。通过外包，合同制造商将帮助企业解决一部分资金占用问题，从而降低资金占用的风险，具体表现在：帮助企业重构财务预算，从而避免对未来投资的不确定性；将不能创造价值的业务单元或者设备资产转交给外包商，企业能够获得一笔现金流，从而释放出一部分资源进行其他投资；将固定成本业务转化为可变成本业务，有利于企业规模组织结构的扁平化。三是技术风险转移。外包有利于企业获得原先无法凭自身实力取得的技术和技能。通过外包，企业可以将价值链中的每个环节交由最适合企业情况的、最好的专业公司来完成，常常还能获得最先进、最前沿的技术和技能。除此之外，企业可以获得可利用的外部服务设备等资源，降低自身技术风险。

（三）出售与风险转移

出售也是一种风险转移的方式，通过这种转移，降低了出售方的风险。企业认为不可取而拟转让的资产或实体，对于受让方来说其价值则可能截然相反，因为各个企业在自身经营所处的行业、自身的技术以及特殊的财务资本结构与经营方式等方面存在差异，对于同一项资产或实体的评价是各不相同的，正是"横看成岭侧成峰"。实体的权属问题与风险概念是密不可分的，以实体所有权的转移时间作为风险转移的时间，其理论依据在于，转移实体所有权是买卖合同的主要特征和法律后果，风险和收益都是基于所有权而产生的。因此，当所有权因买卖合同生效而发生转移时，风险就随之发生转移。当实体在卖方手中时，卖方就不可避免地承担着占有或经营此实体的风险。通过出售，所有权从卖方手中转移到买方手中，风险也随之转移给买方。

出售的风险转移方式常常发生在经济不景气、资源紧缩、产品滞销以及企业财务状况恶化的时期，或者企业原先的经营领域处于明显劣势的时候。当企业原有经营领域的市场吸引力微弱，获利丧失而趋向衰退时，市场占有率受到侵蚀，企业经营活动受阻而有意从原有的领域抽身，另辟蹊径，于是将实体出售给新的进入者，从而实现企业长远的经营目标。通过这种方式，企业能够合理配置资源以发展新的事业领域，并实现风险转移。

三、企业风险分担

风险分担指的是由于单个企业的风险承受能力有限，企业选择与多个风险承受方承担属于某市场、产品或服务的总量一定的风险，从而降低单个企业承担的风险。风险分担与收益分摊是相辅相成的。由于风险与收益对应，所以联合投资可以起到分担风险的作用。

　　风险分担是以巨额资金投资项目的客观要求。一个项目从萌芽、开发、生产到投放市场，通常建立在巨额资金投入的基础上，而单独一家企业的筹资能力是有限的，难以单独满足项目资金上的要求。通过一家企业发起、多家企业联合起来共同投资于一家企业，可以做到风险的分担。对于一定的风险项目，企业投资该项目所需承担的风险是一定的，但因自身资金实力有限、主观认识的局限性以及风险感知的偏好，个别企业往往不具备独自承担全部资金风险的能力。因此，通过联合投资协议，各方根据自身的资金特点，选择在不同的时期投入资金，在保证投资项目顺利进行的情况下，企业共享投资收益的同时，分担各自承担的风险。

　　在联合投资中，由于不同企业投入项目的风险资金存在差距，联合投资方对项目风险和项目前景的认识很难达成一致，所以各个企业对于风险愿意付出的监督成本、管理水平等与资金的投入不构成严格的比例，因此，存在着"搭便车"的现象，这对联合投资是一种障碍。避免"搭便车"现象的关键在于通过完善联合投资契约，加强对双方或者多方的约束力，以及对风险资金管理与使用的认识。对于风险投资业，联合投资方式已经成为迅速集聚资金，降低风险，发挥协同管理作用的最受欢迎的方式。在现代经营环境中，可以通过联合具有技术优势、管理优势、资金优势及营销优势的企业，共同进行联合投资，从而充分分担风险。在分担风险的同时，也实现了优势互补。学会判断、选择及规避风险，从而能够驾驭风险、管理风险，在风险中寻求机会创造收益，对创业者意义深远。

|案例8.6　"问题酸奶致消费者不适"赔偿案

　　消费者李某购买并饮用由某牧场有限责任公司生产的酸奶后，出现呕吐、恶心等症状。李某及时去医院就诊并向媒体曝光。接报案后，大地保险公司理赔人员第一时间前往医院对伤者进行人伤探视、调查取证工作，了解事故情况，确定事故原因为食物中毒，属于食品安全责任险保险责任。随后，保险公司积极协助，配合被保险人做好消费者家属的安抚工作，为被保险人与消费者的事故赔偿相关事宜进行磋商，提供专业的咨询服务，并最终促成双方达成赔偿协议。近年来，食品安全问题多发致使公众对食品安全的忧虑不断增加，在食品安全领域实行责任保险制度，一方面能够在事前通过保险费率经济杠杆作用促使生产者强化和改善安全生产管理，防范事故发生；另一方面事故发生后通过保险合同实现对受害人因侵权所遭受的经济赔偿，维护消费者的合法权益，保持了社会稳定。（来源：《中国保险报》2017年3月14日。）

案例8.7 低价规避市场风险

马克士·斯宾塞零售公司是英国最有效率的零售公司。可是创业者们知道它是从1便士货摊起步的吗？

公司的创始人米采·马克士于1882年从波兰到英国时年仅19岁，身无分文，举目无亲。起初他当小贩以维持生计。1884年，他在利兹市的露天市场上摆了一个货摊，后来移进了有遮盖的市场大厅。在销售中马克士采取了一项革新，他把货摊分为两段，价格为1便士的商品集中放在一段货摊上，超过1便士的放在另一段货摊上。后者分别标价，前者则挂着一块牌子，上面写道："不要问价钱，都是1便士。"结果这个广告牌很适应群众的要求，绝大多数消费者欢迎价格低廉的日用品。而摊面展示商品，易于挑选、价格固定、便于购买。

后来，马克士又想出两个主意即自己挑选、自我服务。在20世纪下半叶，这已成为零售商的主要经营原则。直到1894年，他才与汤姆·斯宾塞合伙成立了马克士·斯宾塞公司。而成为超级市场，则是1924年，米采·马克士的儿子西姆·马克士访问美国，大开眼界后，决心把公司改革成为"超级市场"。

新的商品政策是：要求降低生产成本，向消费者提供优质商品，并把价格降到消费者购买力所及——售价每件在5先令（0.25英镑）以内，把重点放在生产和销售热销商品上。这样，畅销品得到发展，滞销品被无情淘汰。商品目录经过严格挑选，主要挑选那些不断提高质量，降低成本的商品，结果占1926年70%的商品项目，在1932年就不销售了。1928年至1932年，公司有17个百货商店停止营业，而公司的营业额却戏剧性地上升了。由于柜台场地空出来，可以出售畅销商品；同时，对消费者的需要迅速做出反应，讲究商品的规格；由于营业额的增长，制造厂商获得更多的订货和盈利，反过来使产品不断降低成本。这个改革的成功，使公司成为英国和欧洲最大的零售商，1933至1939年，营业额增加了3倍多。（来源：杨明海、耿新、费振国：《创业实务：创业准备、实施与保障》，电子工业出版社2011年版。）

案例8.8 风险分担

唐人神集团是首批农业产业化国家重点龙头企业，致力于生猪全产业链一体化经营30年。集团位列全国饲料、肉类前十强，跨入我国制造业500强。2011

年3月，集团在深交所上市。饲料销售是唐人神集团的主业。2014年，集团实现销售收入100.69亿元，同比增长41.4%，实现利润总额9.18亿元，同比增长34.8%。其中饲料销售收入为95.24亿元，占集团销售收入的94.59%，饲料销售利润为8.69亿元，占集团利润总额的94.66%。目前集团在全国拥有51家饲料子公司，2614名饲料营销员。庞大的营销体系有助于稳定提升饲料销售业绩，但行业地域性限制和终端养殖户的天然弱势成为饲料发展的制约瓶颈：一是受制于运输成本，饲料销售区域性极强，通常同一销售商覆盖半径不超过50公里，加之品牌众多，经销商林立，市场竞争异常激烈；二是生猪养殖是产业链中最薄弱的环节，风险集中、养殖户抗风险能力低、自身资金少、缺乏合适抵押担保，难以获得银行贷款支持。主业发展受限的同时，人力成本、原材料价格上涨以及同业竞争加剧、食品安全和环保要求趋严等多方面挑战，使集团必须寻求创新发展之路。

2011年9月，唐人神集团出资1亿元创新设立湖南大农担保有限责任公司，与集团全产业链一体化经营相匹配，专门为养殖户购买"骆驼"牌饲料提供银行贷款担保。经过近4年的反复探索和实践，确立了"担保公司＋合作银行＋养殖户"的产业链融资模式，在合作三方之间构建了风险分担和利益共享机制，促进了共赢发展。截至2015年3月末，累计发放担保贷款2.87亿元，覆盖养殖大户1610户。（来源：宋利亚、徐芳：《全产业链模式下融资风险分担机制创新研究：唐人神集团案例》，载《金融发展研究》2015年第6期。）

思考与探索

1. 结合案例，分析创业者可能采取的创业风险应对策略。
2. 结合案例，比较不同风险应对策略之间的差异。
3. 结合案例，阐述你认为重要的其他风险应对策略。

参考文献

[1] 阿莱克·阿什. 中国科技革命是如何威胁硅谷的（2018-06-05）[2019-08-05].https://www.guancha.cn/AlecAsh/2018_06_05_458930.shtml.

[2] 埃里克·弗拉姆豪茨. 企业成长之痛：创业型企业如何走向成熟. 北京：清华大学出版社，2011.

[3] 安德鲁·杜布林. 心理学与人际关系. 北京：中国人民大学出版社，2010.

[4] 奥利弗·威廉姆森. 资本主义经济制度：论企业签约与市场签约. 北京：商务印书馆，2002.

[5] 班杜拉. 自我效能：控制的实施. 上海：华东师范大学出版社，2003.

[6] 彼得·德鲁克. 创新与创业精神. 北京：中国社会科学出版社，2005.

[7] 彼得·德鲁克. 创新与企业家精神. 北京：机械工业出版社，2009.

[8] 彼得·德鲁克. 卓有成效的管理者. 北京：机械工业出版社，2009.

[9] 布鲁斯 R. 巴林杰. 创业管理：成功创建新企业. 北京：机械工业出版社，2017.

[10] 曾晓洋，胡维平. 市场营销学案例集. 上海：上海财经大学出版社，2005.

[11] 查尔斯·斯皮尔曼. 人的能力：它们的性质与度量. 杭州：浙江教育出版社，1999.

[12] 陈皓. 合伙人时代：开启股权合伙创业新模式. 广州：广东经济出版社，2017.

[13] 陈美君. 主动性人格与大学生创业意向的关系研究. 暨南大学硕士学位论文，2009.

[14] 陈淑妮，肖凌琳，裴瑞芳. 创业能力、组织创业气氛和内部创业意愿的实证研究——以深圳高新技术人员为背景的调节效应模型. 中国人力资源开发，2012(10).

[15] 陈夙，项丽瑶，俞荣建. 众创空间创业生态系统：特征、结构、机制与策略——以杭州梦想小镇为例. 商业经济与管理，2015(11).

[16] 陈巍. 创业者个体因素对创业倾向的影响：感知环境宽松性的中介作用. 吉林大学博士学位论文，2010.

［17］大前研一.创新者的思考：发现创业与创意的源头.北京：机械工业出版社，2013.

［18］代明，陈景信，宋慧.知识创业：创业新发展领域述评.科技进步与对策，2017(4).

［19］丁桂凤，李永耀，郑振宇.创业学习的概念、特征和模型.心理研究，2009(3).

［20］丁娟，仁桥，陈忠卫.新创企业如何有效获取创业知识——基于创业学习视角的案例研究.重庆科技学院学报(社会科学版)，2017(8).

［21］丁庭选，常俊标.大学生创业教育.郑州：大象出版社，2010.

［22］杜安国.扫清风险绊脚石——企业风险管理案例分析.北京：立信会计出版社，2009.

［23］杜菁薇.基于风险管理角度对学生创业成败的研究.中国乡镇企业会计，2017(6).

［24］法兰西丝卡·吉诺.为什么我们的决定常出错.北京：北京时代华文书局，2015.

［25］菲利普·科特勒.营销管理：分析、计划、执行与控制.上海：上海人民出版社，1999.

［26］富兰克·H.奈特.风险、不确定性和利润.北京：中国人民大学出版社，2005.

［27］高冰.微型企业创业者的人力资本和社会资本对创业机会识别的影响.东北财经大学硕士学位论文，2013.

［28］高明明.创业警觉性、创造性思维与创业机会识别关系研究——基于吉林省中小企业的实证研究.吉林大学硕士论文，2012.

［29］葛宝山，王侃.个人特质与个人网络对创业意向的影响——基于网店创业者的调查.管理学报，2010(12).

［30］葛海燕.大学生创业教育与指导.北京：清华大学出版社，2013.

［31］谷力群.论大学生创业精神的培养.辽宁大学博士学位论文，2013.

［32］顾沈静.创新创业教育对跨学科教育的吁求.重庆高教研究，2015(5).

［33］郭桂萍.推动大学生自主创业理论探讨与模式选择.经济研究导刊，2014(3).

［34］郭鹏.创业者特质对创业倾向的影响——以吉林省青年创业者为例.吉林大学硕士学位论文，2011.

［35］郭润萍，陈海涛，蔡义茹，卢珊.战略创业决策逻辑的理论基础、类型分析与研究框架构建.外国经济与管理，2017(5).

［36］贺尊.创业学概论.北京：中国人民大学出版社，2011.

［37］亨利·埃兹科维茨.麻省理工学院与创业科学的兴起.北京：清华大学出版社，2007.

［38］霍华德·史蒂文森.新企业与创业者.北京：清华大学出版社，2002.

［39］霍华德·马克斯.投资最重要的事.北京：中信出版社，2012.

［40］吉尔福德.创造性才能.北京：人民教育出版社，2005.

［41］姜彦福，沈正宁，叶瑛.公司创业理论：回顾、评述及展望.科学学与科学技术管理，2006(7).

［42］杰弗里·蒂蒙斯，小斯蒂芬·斯皮内利.创业学.北京：人民邮电出版社，2005.

［43］杰弗里·蒂蒙斯.战略与商业机会.北京：华夏出版社，2002.

［44］卡尔·施拉姆.创业力.上海：上海交通大学出版社，2007.

［45］库伯.体验学习：让体验成为学习和发展的源泉.上海：华东师范大学出版社，2008.

［46］拉里·法雷尔.创业时代.北京：清华大学出版社，2006.

［47］李志能，郁义鸿，罗博特·D.希斯瑞克.创业学概论.上海：复旦大学出版社，2000.

［48］李钟文，威廉·米勒，玛格丽特·韩柯克，亨利·罗文.硅谷优势——创新与创业精神的栖息地.北京：人民出版社，2002.

［49］林崇德.培养和造就高素质的创造性人才.北京师范大学学报：社会科学版，1999(1).

［50］林金贵，邹艳辉，杨邦勇.大学生创业资金支持系统构建研究.福建工程学院学报，2010(2).

［51］林木明.创业实践教育的国际经验与中国探索——基于英美创业实践教育的启示和借鉴.福建论坛（人文社会科学版），2017(8).

［52］刘国新，王光杰.创业风险管理.武汉：武汉理工大学出版社，2004.

［53］刘玉峰.完善政策建构机制 重视人才培养路径——浅析欧盟区域创新创业发展模式.中国社会科学报，2018.

［54］卢福财.创业通论.北京：高等教育出版社，2017.

［55］罗伯特·冈瑟.决策的真理.北京：人民邮电出版社，2011.

［56］吕荣.提升大学生创业能力及发展创业教育相关性研究.西南财经大学，

2011.

[57] 马克·多林格.创业学——战略与资源.北京:中国人民大学出版社,2006.

[58] 马云:真正的榜样在你附近[EB/OL](2018-04-21)[2019-08-05].

[59] 迈克尔·莫理斯,唐纳德·库拉特科.公司创业——组织内创业发展.北京:清华大学出版社,2005.

[60] 梅强.创业基础.北京:清华大学出版社,2016.

[61] 苗青.基于规则聚焦的公司创业机会识别与决策机制研究.浙江大学博士学位论文,2006.

[62] 纳敏.对企业成长中"彭罗斯效应"的思考——基于企业家精神的视角.管理观察,2012(2).

[63] 潘剑峰.加强创业教育培养大学生创业能力.中国高教研究,2002(2).

[64] 齐宁宁,潘月游.大学生创业人格研究现状分析.科学中国人,2016(21).

[65] 钱永红.个人特质对男女创业意向影响的比较研究.技术经济,2007(7).

[66] 屈燕妮,孙晓光.新创企业成长要素分析及启示.商业时代,2012(4).

[67] 芮绍炜.华为、Google的内部创业模式比较.企业管理,2016(4).

[68] 沙彦飞,郭立新,张小兵.不确定情境下创业决策标准文献述评.中国集体经济,2018(17).

[69] 沙彦飞.基于效果逻辑推理的创业思维.中国集体经济,2018(1).

[70] 单标安,陈海涛,鲁喜凤,陈彪.创业知识的理论来源、内涵界定及其获取模型构建.外国经济与管理,2015(9).

[71] 师良贤.企业战略的风险识别及案例分析.重庆与世界,2016(6).

[72] 石邦宏.人力资本交易原理.北京:社会科学文献出版社,2009.

[73] 宋利亚,徐芳.全产业链模式下融资风险分担机制创新研究:唐人神集团案例.金融发展研究,2015(6).

[74] 陶明,毛晓龙.期望信念、性别差异与创业选择——基于期望理论视角再论企业家精神及其教育启示.生产力研究,2008,176(15).

[75] 谭颖,李小瑛.教育水平异质性与创业决策——基于CLDS的实证分析.学习与实践,2018(8).

[76] 唐靖,姜彦福.创业能力概念的理论构建及实证检验.科学学与科学技术管理,2008(8).

[77] 王波.基于市场的视角分析如何从创意到创意产品.文化产业研究,2016(2).

[78] 王辉耀.开放你的人生.北京:人民出版社,2008.

[79] 王会涛.我国大学生自主创业的模式选择和对策研究.云南财经大学硕士学位论文,2012.

[80] 王娇玲,闻雯,汤艳婷,王秀晓.个人特质与大学生创业倾向关系研究.出国与就业,2011(18).

[81] 威廉·拜格雷夫,安德鲁·查克阿拉基斯.创业学.北京:北京大学出版社,2017.

[82] 谢雅萍,黄美娇.创业学习、创业能力与创业绩效——社会网络研究视角.经济经纬,2016(1).

[83] 邢楠.我国大学生创业资金筹集的难点及对策.经济纵横,2012(1).

[84] 邢芸.父辈创业对子代创业机会有影响吗?.教育经济评论,2016(04).

[85] 西蒙.管理行为.北京:北京经济学院出版社,1988.

[86] 熊彼特.经济发展理论.北京:商务印书馆,1990.

[87] 徐凤增.创业机会识别与杠杆资源利用研究.山东大学博士学位论文,2008.

[88] 徐佩印.成功人生设计.合肥:中国科学技术大学出版社,2000.

[89] 杨道建,刘素霞等.创业知识视角下创业学习对大学生创业成长的影响研究.科技管理研究,2018(16).

[90] 杨娟.基于矢量理论的企业家异质性耦合研究.湖北经济学院学报,2014(1).

[91] 杨明海,耿新,费振国.创业实务:创业准备、实施与保障.北京:电子工业出版社,2011.

[92] 叶丽雅.创业成败在于管理?.IT经理世界,2012(8).

[93] 叶明海,王吟吟,张玉臣.基于系统理论的创业过程模型.科研管理,2011(11).

[94] 伊丽莎白·切尔.企业家精神:全球化、创新与发展.北京:中信出版社,2004.

[95] 尹苗苗,蔡莉.创业能力研究现状探析与未来展望.外国经济与管理,2012(12).

[96] 尹向毅.创业是否可教——基于教育学视角的分析.高等教育研究,2017(5).

[97] 盈芳.现代企业的合伙人制度与管理.现代企业,2016(5).

[98] 约翰·霍金斯.创意生态:思考在这里是真正的职业.北京:北京联合出版

公司,2011.

[99] 张斌,申仁洪.大学生创业基础理论与实践.北京:高等教育出版社,2013.

[100] 张京京,董敏.创新型人才培养模式及其比较.职业,2009(14).

[101] 张敬伟,李蕊.创业领域的认知风格研究:述评与展望.燕山大学学报(哲学社会科学版),2019(1).

[102] 张敬伟.不确定性条件下的决策原则.企业管理,2014(8)

[103] 张龙,刘洪.技术进步特征与企业重构.研究与发展管理,2003,15(5).

[104] 张秀娥,赵敏慧.创业学习、创业能力与创业成功间关系研究回顾与展望.经济管理,2017(6).

[105] 张秀娥.创业管理.北京:清华大学出版社,2017.

[106] 张玉臣,叶明海,陈松.创业基础.北京:清华大学出版社,2015.

[107] 张玉利,王晓文.先前经验、学习风格与创业能力的实证研究.管理科学,2011(3).

[108] 张玉利.创新与创业基础.北京:高等教育出版社,2017.

[109] 张玉利.创业管理.北京:机械工业出版社,2008.

[110] 赵光辉.择业学.北京:知识产权出版社,2015.

[111] 赵鹤.再论创业的定义与内涵:从词源考古到现代释义.教育教学论坛,2015(1).

[112] 郑美群.职业生涯管理.北京:机械工业出版社,2010.

[113] 周海涛,董志霞.美国大学生创业支持政策及其启示.高等教育研究,2014(6).

[114] 周伟光.300位私营公司创业者的失败教训.北京:石油工业出版社,2009.

[115] 周文辉,周依芳,任胜钢.互联网环境下的创业决策、价值共创与创业绩效.管理学报,2017(8).

[116] 朱蕾蕾.创业环境对大学生创业意向的影响研究——以创业能力为中介变量.山东财经大学硕士学位论文,2014.

[117] 朱仁宏,曾楚宏,代吉林.创业团队研究述评与展望.外国经济与管理,2012(11).

[118] Alvarez, S. A. & Busenitz, L. W. (2001). The entrepreneurship of resource-based theory. *Journal of Management*, 7(6).

[119] Block, Z and MacMillan, I. C. (1993). *Corporate Venturing: Creating New Businesses within the Firm*. Boston, MA: Harvard Business School Press.

［120］Bunderson J. S. & Sutcliffe K. M. (2002). Comparing alternative conceptualizations of functional diversity in management teams: process and performance effects. *Academy of Management Journal*, 45(5).

［121］Busenitz L. W., West III G. P., Shepherd D., Nelson T., Chandler G. N. & Zacharakis A. (2003). Entrepreneurship research in emergence: past trends and future directions. *Journal of Management*, 29(3).

［122］Bygrave W. D. & Hofer C. W. (1991). Theorizing about entrepreneurship. *Entrepreneurship Theory and Practice*, 16(2).

［123］Chandler, G. N. & Jansen, E. (1992). The founder's self-assessed competence and venture performance. *Journal of Business Venturing*, 7(3).

［124］Chen, C. C., Greene, P. G. & Crick, A. (1998). Does entrepreneurial self-efficacy distinguish entrepreneurs from manager?. *Journal of Business Venturing*, 13(4).

［125］Collins, H. ed. (2018). *Collins English Dictionary*. Australia: Harper Collins Publishers.

［126］Cooney T. M. (2005). What is an entrepreneurial team?. *International Small Business Journal*, 23(3).

［127］Cooper A. C., Dunkelberg W. C., Woo C. Y. & Dennis W. J. (1990). *New business in America: the firms and their owners*. Washington, DC: NFIB Foundation.

［128］Cope J. (2005). Toward a dynamic learning perspective of entrepreneurship. *Entrepreneurship Theory & Practice*, 29(4).

［129］De Noble. A., Jung, D. & Ehrlich, S. (1999). Initiating New Ventures: The Role of Entrepreneurial Self-efficacy. Paper presented at the Babson Research Conference. Babson College, Boston, MA.

［130］Dougherty, D. & Heller, T. (1994). The illegitimacy of successful product innovation in established firms. *Organization Science*, 5(2).

［131］Douglas, E. J., & Shepherd, D. A. (2000). Entrepreneurship as a utility maximizing response. *Journal of Business Venturing*, 15.

［132］Edmondson, Amy. (2011). Strategies for learning from failure. *Harvard Business Review*, 89(4).

［133］Ensley M. D., Pearson A. W. & Amason A. C. (2002). Understanding the dynamics of new venture top management teams: cohesion, conflict, and new venture performance. *Journal of Business Venturing*, 17(4).

［134］Fisher, J. L. & Koch, J. V. (2008). *Born Not Made: the Entrepreneurial Personality*. Santa Barbara, California: Greenwood Publishing Group.

［135］Forbes D. P., Borchert P. S., Zellmer-Bruhn M. E. & Sapienaza H. J. (2006). Entrepreneurial team formation: an exploration of new member addition. *Entrepreneurship Theory and Practice*, 30(2).

［136］Gaglio, C. M. & Taub, R. P. (1992). Entrepreneurs and opportunity recognition. Paper presented at 12th Annual Babson College entrepreneurship research conference, Frontiers of Entrepreneurship Research, Boston.

［137］Granovetter, M. (1973). The strength of weak ties. *American Journal of Sociology*, 78(6).

［138］Grant, R. M. (1991). The resource-based theory of competitive advantage: Implications for strategy formulation. *California Management Review*, 33(30).

［139］Hambrick D. C. & Mason P. A. (1984). Upper echelons: the organization as a reflection of its top managers. *Academy of Management Review*, 9(2).

［140］Hamel, G. (1993). *Lead and Revolution*. Cambridge: Harvard Business School.

［141］Hmieleski K. M. & Ensley M. D. (2007). A contextual examination of new venture performance: entrepreneur leadership behavior, top management team heterogeneity, and environmental dynamism. *Journal of Organizational Behavior*, 28(7).

［142］Hoang, H. & Gimeno, J. (2010). Becoming a founder: how founder role identity affects entrepreneurial transitions and persistence in founding. *Journal of Business Venturing*, 25(1).

［143］Holmqvist, M. (2003). A dynamic model of intra- and inter-organization learning. *Organization Studies*, 24(1).

［144］Kaish, S. & Gilad, B. (1991). Characteristics of opportunities search of entrepreneurs versus executives: Sources, interests, general alertness. *Journal of business venturing*, 6(1).

［145］Kamm J. B., Shuman J. C., Seeger J. A. & Nurick, A. J. (1990) Entrepreneurial teams in new venture creation: a research agenda. *Entrepreneurship Theory and Practice*, 14(4).

［146］Kirzner, I. M. (1979). *Perception, opportunity and profit: Studies in the theory of entrepreneurship*. Chicago, IL: University of Chicago Press.

[147]Laferrère, A. (2001). Self-employment and intergenerational transfers: liquidity constraints and family environment. *International Journal of Sociology*, 31(1).

[148]Lechler T. (2001). Social interaction: a determinant of entrepreneurial team venture success. *Small Business Economics*, 16(4).

[149]Leonard, D. A. & Swap, W. (1999). *When Sparks Fly: Igniting Creativity in Groups*. Boston: Harvard Business School Press.

[150]Murray B. Low & MacMillan I. C. (1988). Entrepreneurship: past research and future challenge. *Journal of Management*, 14(2).

[151]Man, T. Lau, T. & Chan, K. F. (2002). The competitiveness of small and medium enterprises: a conceptualization with focus on entrepreneurial competencies. *Journal of Business Venturing*, 17(2).

[152]Markman, G. D., Balkin, D. B. & Baron, R. A. (2001). Inventors' cognitive mechanisms as predictors of new venture formation. Paper presented at the meetings of the Academy of Management, Washington, D. C.

[153]Miller, D. (1983). The correlates of entrepreneurship in three types of firms. *Management Science*, 29(7).

[154]Mitton, D. G. (1989). The compleat entrepreneur. *Entrepreneurship Theory and Practice*, 13(3).

[155]Morris, M. & Kuratko, D. (2002). *Corporate Entrepreneurship*. USA: Harcourt College Publishers.

[156]Obschonka, M., Silbereisen, R. K. & Schmitt-Rodermund, E. (2010). Entrepreneurial intention as development outcome. *Journal of Vocational Behavior*, 77(1).

[157]Obschonka, M., Silbereisen, R. K., Schmitt-Rodermund, E. & Stuetzer, M. (2011). Nascent entrepreneurship and the developing individual: early entrepreneurial competence in adolescence and venture creation success during the career. *Journal of Vocational Behavior*, 79(1).

[158]Osborn, A. (1953). *Applied Imagination: Principles and Procedures of Creative Problem Solving*. New York: Charles Scribner's Sons.

[159]Pech, R. J. & Cameron, A. (2006). An entrepreneurship decision process model describing opportunity recognition. *European Journal of Innovation Management*, 9(1).

[160] Politis D. (2005). The process of entrepreneurial learning: a conceptual framework. *Entrepreneurship Theory and Practice*, 29(4).

[161] Robbins S. P. (2001). *Organizational behavior* . New York:Prentice Hall, Inc.

[162] Romer, P. M. (1986). Increasing returns and long-run growth. *Journal of Political Economy*, 94(5).

[163] Roxas B. (2008). Entrepreneurial knowledge and its effects on entrepreneurial intentions: development of a conceptual framework. *Asia-Pacific Social Science Review*, 82(2).

[164] Stevenson, A. ed. (2010). *The Oxford English Dictionary*. London: Oxford University Press.

[165] Tardieu L. (2003). Knowledge and the Maintenance of Entrepreneurial Capability. Center for Economic Analysis, University of Aix-Marseille. [online]. (Last updated 2 August 2019). Available at https://pdfs. semanticscholar. org/fce9/0f9dd9e2f0e4cb31b27f7ca3692496a60c23. pdf.

[166] Thurik, R. (2007). Entreprenomics: entrepreneurship, economic growth and policy. [online]. (Last updated 2 August 2019). Available at https://www. researchgate. net/publication/42242018_Entreprenomics_Entrepreneurship_Economic_Growth_and_Policy.

[167] Widding, L. (2005). Building entrepreneurial knowledge reservoirs. *Journal of Small Business & Enterprise Development*, 12(4).

[168] Wit, G. D., & Winden, F. A. A. M. V. (1989). An empirical analysis of self-employment in the Netherlands. *Small Business Economics*, 1(4).

[169] Zoltan, A. (2006). A formulation of entrepreneurship policy. *Foundations and Trends in Entrepreneurship*, 2(3).